国家“双高计划”提升国际化水平建设项目阶段性成果

新时代高等职业教育国际化理论与实践

马仁听◎著

中国铁道出版社有限公司
CHINA RAILWAY PUBLISHING HOUSE CO., LTD.

内 容 简 介

本书在借鉴先进国家和地区高职教育国际化经验的基础上，以广州铁路职业技术学院的国际化办学为基础，全面回顾学校国际合作方面的做法和经验，提出在“一带一路”背景下如何更好地推进我国的高职教育国际化合作。本书共分为八章，主要包括高职教育国际化合作的发展历程、高职院校国家化发展的理论依据、我国高职院校国际交流合作的动力机制和影响因素、我国高职教育国际交流与合作发展的形成、“一带一路”倡议与高职院校国际化、部分国家高职教育国际化经验、广州铁路职业技术学院国际化发展路径与实践以及促进我国高职院校国际交流与合作发展的建议等内容。

本书适合高职教育国际合作的同行、学者以及感兴趣的人员参考阅读。

图书在版编目（CIP）数据

新时代高等职业教育国际化理论与实践 / 马仁听著 .—北京：中国铁道出版社有限公司，2021.6

ISBN 978-7-113-27898-4

Ⅰ.①新… Ⅱ.①马… Ⅲ.①高等职业教育 - 国际化 - 研究 - 中国 Ⅳ.① G718.5

中国版本图书馆 CIP 数据核字 (2021) 第 068260 号

书　　名：新时代高等职业教育国际化理论与实践
作　　者：马仁听

策划编辑：韩从付　　　　**编辑部电话：**(010)63549501
责任编辑：贾　星　彭立辉
封面设计：崔丽芳
责任校对：苗　丹
责任印制：樊启鹏

出版发行：中国铁道出版社有限公司（100054，北京市西城区右安门西街 8 号）
网　　址：http://www.tdpress.com/51eds/
印　　刷：北京建宏印刷有限公司
版　　次：2021 年 6 月第 1 版　2021 年 6 月第 1 次印刷
开　　本：787 mm×1 092 mm 1/16　**印张：**16.75　**字数：**223 千
书　　号：ISBN 978-7-113-27898-4
定　　价：68.00 元

序

教育在促进国之交、民相亲、心相通方面日益发挥重要作用。教育对外开放是我国改革开放事业的重要组成部分，有利于我国引进国外优质教育资源和先进的教育治理经验，为我国加快实现教育现代化、办好人民满意的教育赋能。习近平总书记高度重视教育对外开放工作，在一系列重大场合多次对外宣示要扩大教育对外开放。2018 年 9 月，习近平总书记在全国教育大会上强调，要扩大教育开放，同世界一流资源开展高水平合作办学。这为我国教育对外开放指明了方向。

目前，由于新冠肺炎疫情影响，我国教育对外开放面临一定的阻力，疫情背景下的国际形势发生了变化，但和平与发展的时代主题没有变；部分西方发达国家的对外战略发生了变化，但全球化的发展趋势没有变；以美国为首的部分西方发达国家教育对外开放的政策发生了变化，但我国教育对外开放的政策没有变；学生对优质国际教育资源及教育机会的向往和追求并未改变，全球抗疫取得的成效使人类命运共同体理念更加深入人心。我们要以宽广的胸怀、长远的眼光来审视国际形势的发展，坚持用全面、辩证、长远的眼光分析当前教育对外开放形势，努力在危机中育新机、于变局中开新局，更加开放地接纳世界来访之客，以世界胸怀和国际眼光立于时代的潮头。目前，我国正在加快建设具有国际先进水平的中国特色职业教育体系，加强职业教育对外开放，不仅是加快现代职业教育体系的需要，更是提高我国职业教育服务经济对外开放能力的需要。

2020 年 6 月，《教育部等八部门全面部署加快和扩大新时代教育对外开放意见》指出：要“打造‘一带一路’教育行动升级版，扩大教育公共产品国际供给”。2019 年 4 月，教育部、财政部《关于实施中国特色高水平高职学校和专业建设计划的意见》明确了高职教育要“开发国际通用的专业标准和课程体系，推出一批具有国际影响的高质量专业标准、课程标准、教学资源……积极参与‘一带一路’建设和国际产能合作，培养国际化技术技能人才，促进中外人文交流”。近两年出台的《职业教育提质培优行动计划（2020—2023 年）》《国家职业教育改革实施方案》等政策文件均对职业教育对外开放提出了明确要求。以上政策的密集出台，既体现了经济社会发展对大幅提升高职教育国际服务能力的迫切诉求，又充分彰显了我国高职教育积极参与“一带一路”职业教育国际治理的高度自信。

目前，我国进一步明确了职业教育的功能和作用，确定了职业教育与普通教育是两种不同的教育类型，这对于摆正职业教育的地位、发挥职业教育服务社会和个体发展的能力，以及推进职业教育治理体系和治理能力现代化，都具有重要的战略意义。职业教育始于经济、产业发展，兴于经济、产业发展，与产业发展有着天然的联系，对国民经济发展起着重要的支撑作用。习近平总书记 2014 年对职业教育做出重要指示，要求“职业教育以促进就业为导向，坚持产教融合、校企合作，坚持工学结合、知行合一，引导社会各界特别是行业企业积极支持职业教育，努力建设中国特色职业教育体系”。2016 年，中共中央办公厅、国务院办公厅印发《关于做好新时期教育对外开放工作的若干意见》特别指出：“鼓励职业院校配合企业走出去，鼓励社会力量参与境外办学。”目前，我国职业学校共开设1 200余个专业和10余万个专业点，基本覆盖了国民经济各个领域，每年培养1 000万左右的高素质技术技能人才。可以说，职业教育在服务“一带一路”倡议和建设人类命运共同体过程中具有基础性、先导性、直接性等作用，大力推进职业教育对外开放能为产业“走出去”提供强有力的人才支撑。

进入新时代，作为国民经济发展支柱和“高铁走出去”外交的亮丽名片，中国铁路行业迎来大发展的高光期。《全国国土规划纲要（2016—2030年）》提出，到2030年，全国铁路营业里程到达20万千米以上。伴随着“一带一路”倡议深入推进，中国高铁优势凸显，以“亚吉铁路”为代表的国际铁路项目正在整体输出中国管理、技术、标准和装备。“东中西”联动、“六廊六路”的发展态势和开放格局对高端国际化技术人才的培养提出更高要求。职业教育在服务“一带一路”建设、配合企业走出去、培养产能人才等领域大有可为。作为广东仅有的具有行业转制背景的轨道交通类公办高职院校以及国家“双高计划”建设单位，广州铁路职业技术学院地处国家“一带一路”倡议重要节点城市——广州。该校积极贯彻《推进共建“一带一路”教育行动》提出的“鼓励中国优质职业教育配合高铁、电信运营等行业企业走出去，探索开展多种形式的境外合作办学，培养当地急需的各类‘一带一路’建设者”的政策要求，根据“一带一路”所需、学校所长，坚持“依托行业、立足广州、辐射全国、面向世界”的办学定位，充分发挥政府高度重视、行业背景深厚、区域产业集聚等多重优势；“走出去、引进来”双向发力，在共建共享优质教育资源、创新人才培养模式、搭建国际合作平台、输出职教标准、增强服务创新能力等方面先行先试；从党和国家事业发展全局的高度，将国际化路径体现到学科体系、教学体系、教材体系、管理体系建设各方面；在讲好中国故事、扩大国际话语权基础上，努力做到培根铸魂、启智润心，在实现职业教育高质量发展上书写“奋进之笔”，为服务国际产能合作和中外人文交流贡献智慧和方案。

马仁听教授的新著《新时代高等职业教育国际化理论与实践》从理论和实践两个层面系统梳理了高职教育国际化办学的发展历程与国家政策，提出了高职院校国际化的发展理论，深入分析了国际交流合作的动力机制与影响因素，在借鉴先进国家和地区高职教育国际化经验的基础上，分享了广州铁路职业技术学院国际化办学的做法和经验。该书注重理论联系实际，在高职教育国际化的理论与实践方面进行了可贵的探索，不乏真知灼见，为职业院校探索实践国际化发展提供了重要参考和借鉴。

华南师范大学教育科学学院

卢晓中

2021 年 3 月于广州

前言

高等教育国际性是现代高等教育的基本特征之一。随着经济全球化发展，高职教育国际化已经成为新常态。教育部、财政部《关于实施中国特色高水平高职学校和专业建设计划的意见》（教职成〔2019〕5号）明确提出要建设一批“中国特色、世界水平的高职学校和专业群”“到2035年，一批高职学校和专业群达到国际先进水平”。中国高职教育要从引进优质职业教育资源、参与制定职业教育国际标准、打造中国职业教育国际品牌、服务中资企业“走出去”等多个方面融入国际化建设中。高职教育国际化是对“一带一路”倡议的回应，是“高铁走出去”的重要实践，可推动与中国企业和产品“走出去”相配套的职业教育合作办学。通过多举措推动优质职业教育“走出去”或“引进来”，可以实现优质资源共建共享与互利共赢。

广州铁路职业技术学院作为地处国家“一带一路”倡议重要节点城市、广东省唯一的以培养轨道交通专业人才的高职院校，积极响应“一带一路”倡议，发挥筑造国际化轨道交通教育和本土化人才高地，增进“一带一路”国家文化互信的桥梁和纽带的重要作用。学校主动对接国家“一带一路”、高铁“走出去”和粤港澳大湾区建设，坚持“引入、培育、输出”相结合，面向老挝、马来西亚以及白俄罗斯国立交通大学等院校开展合作，着力推进“一带一路”沿线国家本土化人才的培养和专业国际化建设，搭建服务“一带一路”国际化人才培养、专业国际化建设和师生国际化交流三大平台。本书在借鉴先进国家和地区高职教育国际化经验的基础上，以广州铁路职业技术学院的国际化办学为基础，全面回顾学校国际合作方面的做法和经验，提出在“一带一路”条件下如何更好地推进我国的高职教育国际化合作，为中华民族伟大复兴提供教育支持。

高等职业教育国际化是一个面向国际发展的、动态的、渐进的过程，广州铁路职业技术学院的实践丰富了我国高等教育国际化的内容，将轨道交通行业的国际规则和标准有机地融入院校的治理策略、教学、职教研究等过程中，从而提升本地区职业教育质量，达到与国际院校相当的水平。

本书读者对象为高职教育国际合作的同行、学者及相关感兴趣的人员，敬请广大读者和研究人员提出宝贵意见。

2021 年 3 月

目 录

第一章 高职教育国际化合作的发展历程

第一节　概 念 界 定

一、高等职业教育

联合国教科文组织制定的《国际教育标准分类法》指出：按照教育等级和计划定向交叉分类，我国“高等职业教育”对应的是5B，课程内容面向实际和具体职业，旨在帮助学生获得具有从事某个职业或行业所需的实际技能和知识。《中国教育百科全书》将高等职业教育界定在高等教育范畴，明确指出其培养目标为着重于学生实际技能培养，为国民经济各部门输送高级应用型人才和高级技术工人，教育层次主要涵盖专科、本科和研究生；教育形式主要包括学历教育和非学历教育两种。

《国家职业教育改革实施方案》指出，职业教育与普通教育是两种不同的教育类型，具有同等重要地位。职业教育为我国经济社会发展提供了有力的人才和智力支撑，现代职业教育体系框架全面建成，服务经济社会发展能力和社会吸引力不断增强，具备了基本实现现代化的诸多有利条件和良好工作基础。

一般认为，高等职业教育是以技能培训和技术应用为代表的高等职业教育，以及以文化学习和理论研究为代表的学科型普通高等教育，是我国教育的重要组成部分，主要包括高等职业专科教育和高等职业本科教育，是教育发展中的一个类型，肩负着为经济社会建设与发展培养人才的使命；同时，高等职业教育也是我国职业教育体系中的高层次教育。

二、教育国际化

教育国际化是全球化的重要表现，也是其推动力量。简·奈特（Jane Knight）认为，所谓高等教育国际化，是将院校和国家层面的高等教育在其目的、功能和供给中融入国际、跨文化或者全球化维度的过程。美国比较教育学家菲利普·阿特巴赫把教育国际化定义为“把国际的、跨文化的或全球性的维度融入教育目的、功能及实施中去的一个过程。”我国学者袁利平指出，教育国际化是不同国家教育理念、教育方法、教育制度、教育模式的相互学习、交流与合作的过程。由此可见，对于教育国际化的概念，国内外学者都强调教育国际化的过程性、国际性、目的性或功能性。《2019 中国高等职业教育质量年度报告》显示，“国际影响力 50 强”指标主要涵盖留学生培养培训、专业课程标准采用、国（境）外服务与影响等 3 个维度，强调专业课程标准水平、国（境）外服务与影响，重视国际合作的内涵和质量。

根据教育部、财政部《关于实施中国特色高水平高职学校和专业建设计划的意见》，新时期的高等职业教育要以习近平新时代中国特色社会主义思想为指导，扎根中国、放眼世界、面向未来，强力推进产教融合、校企合作，聚焦高端产业和产业高端，实现“引领改革、支撑发展、中国特色、世界水平”的建设目标。这也为高职教育国际化指明了方向：要以构建人类命运共同体思想为指导，用具有国际化大视野和大格局的行动推进“双高计划”建设，融入世界职业教育话语体系，走进世界职业教育中心，参与职业教育全球治理。

本书认为教育国际化就是适应经济全球化，顺应教育国际发展形势的现实需求，在培养对象、制度、内容、形式、方法等方面具有国际性的教育服务，是国家之间合作交流的一种形式，有助于提升国家的国际影响力和国际竞争力。

三、高等职业教育国际化

对“高等职业教育国际化”这一概念，职业教育领域也有过不同的界定，孙芳仲、林若红在《高职教育国际化发展的探析》一文中给出的内涵界定是

"高等职业教育国际化应该是作为我国职业教育面向世界的办学过程，容纳世界先进的职业教育资源的一个活动过程，它的核心是培养具有国际视野的具有竞争力的高素质人才，尤其是具有创新能力、实践能力的技术性人才"。上海第二工业大学高教研究所杨旭辉给出的界定是"高职教育国际化是在经济全球化的大背景下，各个主权国家在高级技术应用性教育方面相互交流、相互借鉴的过程"。扬州职业大学刘正良博士在《高职教育国际化的结构适应性与对策思考》一文中的定义是"高职教育国际化是指国内高职教育与国际教育机构、国际企业的交流合作，培养具有国际发展意识、国际交往能力和国际竞争力的高素质劳动者和高技能人才的过程"。从这些定义或者相对定义中可以看出，不同研究者从不同角度对高职教育国际化这一概念进行定义，侧重点虽有不同，但却对高职教育国际化这个教育过程中的教育目的、教学手段、教学效果进行了限定。

高等职业教育国际化是指一个国家高等职业教育以国内化甚至区域化为基础和前提，面向国际发展的、动态的、渐进的过程，是把国际的、跨民族的、跨文化的、全球的观念融入高职教育教学、科研和服务中的过程，即高等职业教育国际化是一个活动过程。随着高等职业教育国际化程度指标体系的不断发展和完善，高等职业教育国际化逐渐变为动态的、渐进的过程。

高等职业教育国际化就是依据国际公认的课程标准，运用科学合理的教学手段，培养具有国际视野和在国际范围内通用的技能人才，是一个综合而又完整的教育过程，强调对培养对象——人的塑造和激发，使之趋向于合乎共同标准的教育活动。也就是说，高职教育国际化的内涵应包括教育观念、人才培养模式、课程体系、师资队伍等理论内容，也包括国际化合作与交流等具体活动。我国高等职业教育要走向国际化就必须从教育理念、培养方式、课程体系、师资队伍、合作与交流等职业教育的内涵特征上全盘考虑。

第二节　西方高等教育国际化的历程

20 世纪 80 年代以来，高等教育国际化（Internationalization of Higher Education）被更多的专家和学者提及。克拉克·科尔（Clark Kerr）认为“学习的进一步国际化是全世界高等教育机构的两个运动规律之一”，他在《扩展高等教育的国际维度》一书的序言中呼吁：我们需要一种超越赠地学院观念的新的高等教育理念，即高等教育要国际化。自中世纪大学产生以来，国际化一直伴随在高等教育左右。

一、西方近代高等教育国际化

随着人文学科和自然学科的逐渐兴起，大学职能也逐步发生变化，这些都对当时国际高等教育产生了重要影响。在 19 世纪初至第一次世界大战前夕，这一百多年国际化中，德国和美国的高等教育国际化表现最为出色。

柏林大学以“学术自由、教学和科研相结合”为原则，明确哲学院的中心地位，提倡习明纳（Seminar）教学方式，开创了近代大学的模式，对欧洲乃至世界大学产生了深远的影响。她创建的模式为高等教育国际化的“继起”拉开了序幕。在创建伊始，洪堡为柏林大学聘请了全欧洲最杰出的教师，建成后的以柏林大学为代表的德国大学影响了整个世界，除对美国、法国、英国以外，还对日本、希腊、荷兰、比利时、俄罗斯、丹麦、挪威、瑞典等国产生了深远影响，世界各国赴德留学的学生接踵而至。在这一过程中，美国从德国大学中获益颇多。从 1814 年起第一批 4 名美国学生赴德学习，到第一次世界大战前，约有一万名美国青年和学者到德国大学学习，仅柏林大学前后接纳的美国学生就超过五千人。这些留学生学成回国后，按照德国大学的经验改造美国大学。1868 年成立的约翰·霍普金斯大学就是以柏林大学为蓝本的美国第一所进行科学研究和培养研究生的大学。而这一时期移居美国任教的德国教师也促进了高等教育的国际交流，1845—1860 年间有 100 万德国人移居美国，1870—1910 年则高达 375 万人。在德国移民中，许多人对美国文化和教育的发展做出了很大的贡献。

（一）追逐大学理念的国际化主流

19 世纪高等教育的国际化是对大学理念的追逐。19 世纪以前大学的功用主要表现在探索普遍知识和培养人才方面。柏林大学开创了大学开展科学研究的先河，美国“赠地学院运动”中所体现的大学服务社会的理念又执 19 世纪下半叶大学之牛耳。这一时期所表现出来的大学模式的国际间的移植、大学教师和学生的流动，无不是对大学理念追逐使然。

（二）追求卓越的国际化目标

高等教育国际化是“化者”和“被化者”互动的过程。当然这一过程极具复杂性，“化者”出于一定目的（或者无目的）对“被化者”的高等教育有意识和无意识地产生影响，“被化者”也是主动或被动在高等教育方面发生了改变。19 世纪的国际化更多地表现出的是“被化者”主动向“化者”学习，学习其先进的理念、卓越的管理、科学的知识，并依据所学的先进内容对本国的高等教育进行“效仿性”的改造。这种对优秀者学习的目标在这一时期的国际化历程中表现尤为突出。

（三）国家推动的国际化动力

如果说中世纪大学国际性表现的是个体目的性，19 世纪高等教育的国际化则更多的是国家的目的性。政府逐渐意识到大学的重要性，试图将大学抓在自己的手中；始于 18 世纪的“工业革命”强化了社会对教育的需求，各国为了增强实力、发展市场，对大学有了更多的期待。19 世纪美国上万名学生求学德国大学，而后回国能以德国模式创办大学，这其中体现的就是国家的支持。

20 世纪的两场战争阻断了各国正常的交流，各国忙于战争和后方建设，高等教育的国际化有明显衰退。随着战争的结束，高等教育的交流迎来了新的曙光。

二、西方现代高等教育国际化

随着第二次世界大战的结束，国际形势发生翻天覆地的变化，科技的迅猛发展更是加速了全球化和信息化的步伐，高等教育国际化成为社会历史发展的必然趋势和内在要求，高等教育国际化迎来高潮。国际政治、经济形势发生翻天覆地的变化：和平与发展成为世界两大主题；经济的一体化、全球化进程加快；现代交通和信息技术快速发展，尤其是随着 20 世纪 90 年代信息高速公路的建立，世界变成了“地球村”。

在这种历史背景下，高等教育的国际化，成为社会历史发展的必然要求。第二次世界大战以后，各国政府高度重视教育国际化的发展。美国制定《国际教育法》（1966 年），积极支持高等院校开展国际教育和国际研究，大力吸引留学生到美国高校留学；英国政府花费 12 年时间促进高等教育国际化；日本文部省编写的《教育白皮书》指出：“必须继续有计划地推进教育、文化、体育领域内的交流与合作，建立国际信赖关系，并且进一步对外开放。”在这一时期，美洲、欧洲、亚洲和非洲国家不约而同地关注高等教育的国际化，人员交流数量剧增。另一方面，许多国家采取多种形式增加教师出国进修的数量，同时在世界范围招聘教师和学者；高等教育国际交流机构成立。1968 年，国际教育局成为联合国教科文组织；1972 年，第 27 届联合国大学通过设立联合国大学的决议；1989 年，成立欧洲国际教育协会、东南亚教育部长组织等。国际交流组织的成立使高等教育的国际化在政府和非政府沟通中得以促进。

20 世纪 80 年代以来的高等教育国际化在各个方面表现得更加精彩纷呈，无论其规模和深度都是空前的。各国政府高度重视，纷纷出台各项政策促进高等教育国际化发展，许多以促进高等教育国际交流为宗旨的国际交流组织也先后成立。1989 年，欧洲成立欧洲国际教育协会（EAIE）推动和促进欧洲高等教育国际交流。2007 年，英国政府设立创新、大学与技能部（DIUS），使其成为推动英国高等教育国际化的核心。之后，美国提出“全面国际化”（Comprehensive Internationalization）的理念，通过践行该理念，美国许多大学在教学、科研、服务、国际影响力等方面均取得很大成效。

三、西方发达国家高等教育国际化的发展趋势

（一）课程设置国际化

为了实现高等教育国际化目标，在课程中增加国际化内容。国际化课程旨在培养学生在国际化和多元文化社会环境中的生存能力。美国自 1966 年颁发《国际教育法》后，涉及世界各国政治、经济、科学、文化、民族等内容的国际教育活跃起来，西方文化、第三世界研究、国际教育等国际意义的课程受到学生欢迎。此后，欧盟和日本等有关院校开始大量开设有关国际交流、文化比较和海外研修等课程。

20 世纪 90 年代以后是各国高等教育课程国际化的大发展时期，不仅国际化课程的数量和比重迅速增加，而且成为实现国际型人才培养目标的主要手段。使用英语教学、开设广泛多样的国际化课程、鼓励学生和教师出国学习和授课、建立相互认可交换的学分和学位等制度在欧洲高等教育市场变得越来越重要，课程国际化从高等教育国际化的边缘逐步走向核心。

（二）交流与合作国际化

国际学术交流与合作的形式日益多样，如参加跨国合作研究，以课题为中心召开国际研讨会，开展校际之间的合作交流等。美国高校重视与国外同行开展国际合作，如联合办学、共同开发项目等。英国政府和高校还通过与国外教育机构合作办学积极开拓境外教育市场。德国高校在联邦政府、地方政府及社会机构的大力支持下，一方面积极鼓励本国学生到国外留学，另一方面建立与

外国接轨的学位体系。澳大利亚多数高校都推出国际合作教育项目。北欧各国高校非常注重与国外高校的合作办学，形式包括交换本科生和研究生、教学科研人员相互交流、制定课程统一标准、英语教学、学分互认等。

（三）新技术在国际化中的运用

随着信息和网络技术的兴起，国际知识与技术传播转瞬即成。利用新技术，发达国家提供的跨校、跨地区和跨国度的课程逐渐增多，国际网络（虚拟）大学正引起越来越多国家和国际机构的兴趣。有报道称，由 10 个国家的 16 所大学组成的“亚太地区远距离和多媒体教育委员会”正实施提供虚拟课程方面的合作。这些新技术使“无边界高等教育”走向现实，不仅极大地推动了高等教育的国际化进程，而且为高等教育国际化提供有力的手段和途径。

总之，世界各国高等教育国际化的内容逐步丰富，形式也更加多样化，各国高校纷纷在海外设立分校，或与其他国家高校联合办学，或与国外高校联合开展人才培养，实施不同国家高校的学分互认，充分利用网络资源和远程教育优势，全方位地提升高等教育国际化水平，进一步全方位地促进世界高等教育国际化的发展。

第三节　高等职业教育国际化的主要特征

高等职业教育国际化离不开世界经济的全球化，离不开全球产业链的重构与升级，离不开国际范围内的人才流动，高等职业教育国际化的主要特征也和这些密切相关。

一、金融国际化

这是高职教育国际化的重要特征及其发展方式，由高职教育发达的国家政府或教育机构对高职教育相对落后的一方提供经济支持，帮助其提升高职教育水平，培养更多适应产业发展的技术人才。在这个过程中，我国政府也配套了部分资金，有力地支持了我国高职教育的发展并助其走向国际化。

二、理念国际化

高职教育国际化的首要任务是教育工作者教育理念的国际化，没有教育理念的国际化，一切均是空谈。陈学飞指出国际化的教育观念就是要以全球视野来认识教育的改革与发展问题。高等职业院校国际化程度及教育理念国际化主要体现在院校对于教育国际化的重视程度、国际化策略的选择、政策的支持，以及师生的国际化理念等方面。

教育目标的国际化指面向世界培养国际化的人才，美国及澳大利亚等职业教育发达的国家均已提出符合国际化的职业教育人才培养理念。教育目标的国际化主要体现在职业教育中人才培养目标的国际化，着重加强学生对国际化教育的理解程度，培养师生国际化的意识，逐步培养师生在思考问题、判断事物时能够从国际化、多元化的角度出发。

三、培养国际化

高职教育国际化的主要目标是培养高素质的技术技能型人才。比如，各国在铁路专业方面的应用技术规范存在较大的差别，铁路专业的国际化高职教育人才培养应具有较强的跨文化沟通协调能力，具有一定的英语基础，具有一定的国际视野，具有一定的专业及职业素养这 4 个方面的基本能力素质。

（一）较强的跨文化沟通协调能力

在国际化人才的培养标准中，沟通协调能力是学生能力培养的基本要求，与国内人才培养要求不同，国际化人才培养的目标主要是从事国际化设计、施工生产等工作的技术技能型人才。由于国际上不同地区的风俗习惯、宗教信仰、国际局势及法律等因素存在差异，容易造成失控现象的发生。在这种环境下，如何协调各利益团体的相互关系，使得工程顺利进行并按时完工，较国内更加困难，需要更高的沟通协调能力。鉴于此，在国际化人才培养的过程中，对于学生沟通协调能力的培养十分重要。

（二）具有一定的英语基础

语言是沟通协调的基础，要完成人与人之间的沟通必须具备一定的语言基础。而对于高职院校的学生来说，大多数学生的语言学习习惯较差，英语的基础十分薄弱，而国际化人才培养目标对学生基本素质的定义要具备一定的英语基础，这与国内高职院校强调的技术技能型人才的培养重点存在一定的不同，因此，高职院校人才培养的国际化首先要过英语关。

（三）具备一定的国际视野

人才培养国际化的主要目标是培养具有国际化视野的高素质技术技能型人才，所以，具有国际化视野是国际化人才培养成功与否的重要方面。这种国际化视野包括很多内容，如一个国家或者地区的风土人情、风俗习惯、人们生活与处理问题的方式方法、专业方面的技术标准及各种新知识、新观念及开放的思路等。

（四）具有一定的专业及职业素养

这里所指的专业及职业素养不仅指专业水平，它贯穿于对于专业的了解、热爱及钻研的全过程。就目前的情况来看，我国国际化人才主要从事的工作大多在“一带一路”的艰苦区域，在从事专业的过程中能否耐得住寂寞，经受住利益的考验，是专业及职业素养的重要表现。

高职院校人才培养国际化的主要特征还包括教学过程的国际化，这里的教学过程是一个宽泛的概念，此处教学过程的国际化主要包括 3 个方面：（1）教学内容的国际化。教学内容的国际化是指教师向学生所展现的教学内容，包括铁路的相关标准、试验方法及课程设置等。(2)教学语言的国际化。教学语言的国际化主要指教材的使用及教学过程中语言的采用两个方面。(3)观念信仰的国际化。教师观念信仰的国际化是指教师在教学过程中所展现出的道德、信仰及价值取向，这是一种隐形的教学过程，这种过程对于学生国际化思想趋势的影响极大。

四、交流国际化

学生与教师的国际流动是高职院校国际化教学中最为活跃的因素之一，是高职院校国际化程度的重要表征之一，学生与教师的国际流动对于院校国际化的发展非常重要，对于国际化效果的提高也非常明显。相关的研究资料表明，凡是国际化程度较高的院校，学生及教师的国际化流动开展得越广泛。近年来，随着国家对院校国际化水平的重视，大多数高职院校均开展了此项活动，广泛派遣学生出国学习，同时，也大范围引进了国外的学者，中外合作办学大范围地开展起来，取得了良好的教学效果。但学生及教师的国际流动对于985、211院校开展得较为广泛，一般本科院校开展得相对较少。而对于高职院校来说，学生及教师的流动刚开展，与发达国家的差距还十分明显，迫切需要进一步加强。

(一)合作办学

合作办学是实现高职院校国际化的重要路径，是减少学生与教师流动成本的重要措施。也是开展得最活跃的方式，从政府组织到民间行为，合作交流不断。与国外高校合作办学不仅能够快速高效地引进国外的教育资源，进一步改善我国高职院校的办学条件，节约办学经费，还可以借鉴国外高职院校先进的教学理念和管理经验，引进国外高校的优质教材、课程、教学内容等。以达到促进教育观念更新和提高人才培养质量的目的。

我国的合作办学通常是指外国教育机构同我国教育机构在我国境内合作举

办的以中国公民为主要招生对象的教育。目前，高职教育的合作办学主要是指双方的互认学分合作或项目合作。在合作办学中，有的是双方根据所设专业和课程，相互承认学分，承认对方的学历；有的是分阶段在有合作关系的学校进行学习，国内 2 年国外 1 年或者其他形式；还有的是双方在某一项目上共同实施和管理。总之是通过双方的合作，达到共同教育、共同培养人才的目的。这种合作扩展了办学主体，增强了办学的活力，也让教育管理者接触到最新的教育理念，从根本上推进了高职教育的国际化发展。

近几年，中外合作办学的相关经验表明，中外合作办学对于我国高职院校的办学理念及师资水平的提高具有较大的意义，尤其是对于课程建设的提高及更新换代优势明显，主要体现在以下几方面：

（1）开展各种形式的合作办学可以促进高等职业院校新兴学科的建设与发展，可以更加有效地培养我国高等职业教育的紧缺人才。

（2）开展中外合作办学，可以更快速地引进国外职业教育最新的课程、教材及教学方法，促进我国高等职业教育更快更好地发展。

（3）开展中外合作办学有利于学生充分了解国内外的相关情况，更利于接受国外的优质教育资源。

（二）项目培训

项目培训是指双方针对某一项任务或某一方面开展的专题合作培训，在职业教育国际化的大趋势下，高职教育国际化合作基于项目的培训已普遍开展，如高职教育师资培训、职业院校校长培训、领导能力培训、项目负责人培训、学生培训、教学能力培训、技术培训等，其中一些培训还可以取得相应的技能（教育）培训证书。这些专题培训在教育理念更新、多种知识融合、教育教学改革、职业能力提升等方面，为参加培训的人员提供了学习平台和交流机会，开阔了参与者的视野；尤其是对老师和学生或者援外项目的技能培训更具针对性，丰富和调动了师生和员工的热情，为其以后的工作和学习以及职业生涯的发展奠定基础。

（三）师生互派

师生互派也是合作交流中的一项，在当前经济全球化的趋势下，技术已不能被限定在一个国家或者一定范围内，世界经济走向一体化，集约化生产和企业在产业链上的位置促使企业不断进行技术革新。这种革新需要大家共同努力，因此，企业对技术人才的需求标准趋同，师生互派既是知识上的不断丰富提高，也是技术上的互相学习借鉴、共同提高，主要以学生游学、教师访学的形式进行。

第二章 高职院校国际化发展的理论依据

2016年8月，教育部印发《推进“一带一路”教育行动》（简称《行动》），旨在贯彻落实《关于做好新时期教育对外开放工作的若干意见》，为“一带一路”建设培养人才，提供人才支撑，促进设施联通和文化交流。《行动》指出，地方应重点推进，突出“一带一路”的主体性、支撑性和落地性。这就给广州铁路职业技术学院（简称广州铁职院）带来一个发展机遇，促进学校思考作为地处国家“一带一路”倡议重要节点城市、广东省唯一一所以培养轨道交通专业人才的高职院校，该如何响应“一带一路”倡议，发挥其筑造国际化轨道交通教育和本土化人才高地、增进“一带一路”国家文化互信的桥梁和纽带的重要作用。本章将从简·奈特（Jane Knight）的国际化高等教育理论、海外办学理论等入手，以期对轨道交通国际院校的国际化要素、驱动动因和面临问题进行分析，为学校开展实践提供理论支撑。

第一节　简·奈特的国际化教育理论及应用解析

1994年，加拿大多伦多大学教授简·奈特将高等教育国际化界定为“将国际维度与跨文化维度整合到高校的教学、科研与服务职能之中的过程”。10年后，简·奈特从国家和院校层面给国际化下的定义为“在院校与国家层面，把国际的、跨文化的、全球的维度整合进高等教育的目的、功能或传递的过程”。新的界定从“院校”和“国家”两个层面出发，结合高等教育活动本身发生剧烈变化的情况，更具推广意义。

一、高等教育国际化的“MOST模式”

所谓MOST模式，就是根据高等教育国际化自身的特点，制定的高等教育国际化活动路径、能力路径、理由路径、过程路径等的运行模式，即管理联盟 M（Management Alliance）、运行机制 O（Operation Mechanism）、支持服务 S（Support Service）、人才培养 T（Talent Development），如图 2.1 所示。

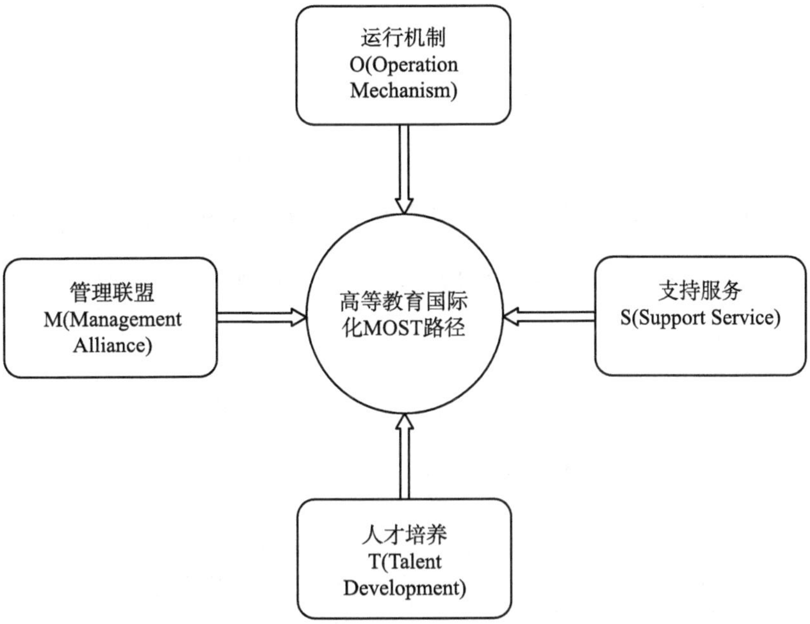

图 2.1　高等教育国际化 MOST 路径

二、轨道交通高职院校国际化要素与动因分析

（一）要素解构

根据加拿大著名高等教育国际化研究学者简·奈特在《亚太国家高等教育国际化》和《跨境教育：不断变化的程序和提供者》中提出的国际化高等教育理论，国际化包括：实施人员、教育项目、教育提供者、计划工程与服务、政策等 5 个流动性要素：

（1）实施人员流动，实施主体为人，流动形式包括学生、教授、研究者和专家等，学生层面包括海外学习和实习等，教授专家层面包括访学交流和教育咨询等。

（2）教育项目流动，实施主体为教育项目，流动形式包括联合培养、双文凭、结对子、特许专营和远程教育等。

（3）教育提供者流动，实施主体为教育机构、公司与企业等，流动形式包括建立海外分校或教育机构以及收购院校等。

（4）计划工程与服务流动，实施主体为教育规划项目和教育服务，流动形式包括实施科学研究、课程规划、教育服务和能力建设等。

（5）政策流动，实施主体为国家或院校学术 / 管理政策等，流动形式包括人才培养、师资队伍、专业建设和援助培训等质量保障或激励政策。

（二）动因分析

轨道交通高职院校国际化动因主要包括社会文化、政治、经济、学术4个层面（见表2.1），为学校发展提供了定位与方向。

表2.1　轨道交通高职院校国际化动因框架图

社会文化	政　治	经　济	学　术
（1）中国文化认同	（1）“大国”外交、“一带一路”倡议、“高铁走出去”等对外政策的落实与战略联盟的建立	（1）以“高铁”为代表的中国高端制造业发展的需要，中国经济高质量发展的需要，以及与顺应经济全球化、国际贸易投资格局和多边贸易规则，提高商业贸易国际竞争力的需要	（1）契合现代职业教育体系建设、开放教育资源、促进院校与学生发展，提高院校、教师、学生的国际声誉和地位，实行教育援助的需要
（2）“一带一路”文化与沿线国家多样文化的发展与理解	（2）维护区域合作开放、沿海工业和基础核心设施的安全需要	（2）区域产业转型升级和转移带来的轨道交通劳动力市场的用工需求的增长	（2）建立“高铁走出去”人才教育标准，实现轨道交通国际化人才培养、师资共建、科学研究和技术服务的交流合作的需要
（3）中国公民身份认同感的发展	（3）中国与边境地区和平与相互理解	（3）中国产能过剩、外汇资产过剩以及金融创新带来的沿线国家与地区人口、经济规模增长的需求	（3）强化轨道交通领域国际化维度，提高教学质量与核心竞争力
（4）顺应社会信息化、社会主义与社区团体发展的需求	（4）国家认同	（4）实现“高铁经济”创新、缓解中国油气、矿产资源等对外依存的财政压力等需求	（4）提高国际化办学水平，拓展轨道交通领域学术视野和办学资源，促进学科建设和经济创收

来源：根据 Knight，2005b，归纳整理

支持国家“一带一路”倡议的落实是学校国际化的原始动力，服务于高铁走出去和国家高端制造业发展是学校国际化的落脚点，提升国际化办学水平、促进学科建设是学校国际化的重要目标，适应国际贸易投资格局和多边贸易规则，增强商业贸易国际竞争力的需要是学校国际化人才培养的努力方向。

三、轨道交通高职院校的国际化问题分析

根据上述动因，轨道交通高职教育实现国际化符合“一带一路”的“五通”（政策沟通、设施联通、贸易畅通、资金融通、民心相通）发展逻辑，当前推动国际化还面临诸多问题。

（1）在人员流动层面，政府、企业和院校 3 个层面支持不足导致人员流动不畅，主要包括：第一，政府或企业资助的“高铁走出去”轨道交通援外培训项目不足；第二，“一带一路”沿线国家、政府部门和校际之间的轨道交通职业技能和文化交流渠道不足；第三，院校自身对文化交流等国际合作的重视不足，围绕轨道交通领域开展的访问游学、海外实习、交流互换、学术深造和国际比赛等项目提供的支持不足。

（2）在项目流动层面，“一带一路”沿线国家的政府或中外合作办学服务机构对项目的推动不力导致项目孵化困难。究其原因，主要包括：第一，在政府层面，轨道交通专业中外合作办学项目的审批程序复杂且周期漫长，导致项目进展缓慢；第二，在高职教育领域，对于轨道交通人才宣传的不力导致受教育者陷入轨道交通就业前景面向“蓝领”而非专业“技术白领”的认识误区；第三，轨道交通高职院校围绕自身特色和市场需求，与外方联合开展的“双学历证书”“学历证书 +X 证书”等项目的市场调研和专业认证不足，学历证书含金量的缩水导致“生源危机”，从而无法形成规模办学效应。

（3）在提供者流动层面，高职院校、教育机构、公司、企业等教育提供者的缺位导致院校国际化受阻。根据中外合作办学监管工作信息平台公布的数据，截至2018年12月31日，全国高职高专中外合作办学机构和项目共有741个，而经批准并报教育部备案的轨道交通类仅有8个，仅江苏、吉林和云南等7个省份的5所职业技术学院（南京铁道、四川交通、湖南铁道、吉林铁道和云南交通）提供城市轨道交通车辆技术、智能交通技术运用等4个专业的中俄、中加和中韩专科教育项目。究其原因，主要有三点：一是在国家层面，“一带一路”沿线国家“五通”建设战略和合作共赢的意识不足；二是在轨道交通专业领域，交流平台的缺失导致联合办学的沟通渠道不足；三是在院校层面，轨道交通院校脱离“行业背景”和“产教结合”而“闭门造车”的办学思路导致人才培养规格与企业需求不相匹配。

（4）在计划工程与服务流动层面，围绕轨道交通专业开展的师资队伍、课程建设、科学研究和技术服务等领域的国际学术站位不高，进而导致人力开发缺乏高屋建瓴的顶层设计。究其原因，主要包括：第一，在国家层面，轨道交通领域的产学研合作体系有待完善；第二，在高职教育领域，轨道交通方向的“师、课、科、技”等国际学术资源有待整合；第三，在院校层面，具有双语教学资质和国际化素养的专业教师资源有待培训与开发。根据高等职业教育质量年度报告公示的统计数据，2018年高职院校全日制来华留学规模达1.7万人，“一带一路”沿线国家成为招收留学生的主要生源地和境外办学的主要集聚地，加之中国与“一带一路”沿线国家商谈拟建的16 000公里铁路里程所产生的30万人才培养需求，对能够培养跨文化交际、国际法规、大数据计算、社会服务、市场研发、海外学习/工作经历和外语能力等提出更高要求。

（5）在政策流动层面，围绕轨道交通人才培养、专业建设、援助培训等制定的教育认证、保障体系和激励机制等政策法规有待完善。一是在国家层面，对于“一带一路”沿线国家的轨道交通高职教育援助渠道和模式的相关政策有待出台；二是在高职教育领域，中外合作项目的资源配置、层次类别、监督评估、学分转化等政策制度体系有待完善；三是在学校层面，围绕“一带一路”建设所需要的对外合作政策制度环境有待创建。

第二节　科技创新合作相关理论及应用价值

一、区域科技创新与经济发展理论

创新理论的整个发展历史：技术创新理论—国家创新系统理论—区域创新系统理论—区域科技创新系统理论。熊彼特在 1912 年出版的《经济发展理论》一书中指出“经济发展是一个以创新为中心的演化过程”，并提出了“创新理论”。如果没有创新，经济就不会动态发展，经济的发展就在于创新。古典学者只强调了创新在经济增长中的重要作用，并没有考虑创新和发展的基础，如国家环境或历史条件等。1987 年，弗里曼首次提出了国家创新系统，他认为技术进步不仅要依靠技术创新，还要依靠政策、管理、制度和组织方面的创新。他将国家创新系统的概念定义为“一种在公、私领域里的机构网络，其活动和行为启发、引进、修改和传播新科技”。1996 年，库克阐述了区域创新系统的概念，认为该系统主要是一个区域组织体系，该体系由在地理上相互分工、相互联系的生产企业、研究机构和高等教育机构等组成。区域科技创新理论是在技术创新理论和国家创新理论的基础上形成的，是科研机构、高校和企业互动发展起来的开放体系，主要包括区域科技创新环境、资源、执行结构、基础设施等，其通过依靠区域科技创新实力、整合配置区域内的创新资源、促进科技创新成果的产出及应用等，提升地区经济竞争力。

经济发展理论是在经济增长理论基础上研究一个国家经济与社会结构演变过程的理论。古典经济增长理论强调市场自由，发挥“看不见的手”的作用。1776年，亚当·斯密在《国富论》中指出，经济增长主要体现为国民财富的增长，并提出了劳动分工理论。李嘉图在斯密之后提出影响经济发展的要素主要是收入分配，提出劳动价值理论。新古典经济增长理论增加了劳动、技术进步等要素，去探究对经济增长的影响。马歇尔以规模收益递增解释经济增长，将知识与教育引入生产要素中，提出了教育投资的概念。在“创新理论”的基础上，熊彼特提出了经济周期理论，他认为创新扩散可以刺激大规模投资并促进经济增长，但一旦投资机会消失，经济将陷入衰退。索洛提出了 Solow 增长模型，认为通过市场机制调整生产中的劳动与资本比率，能够达到充分就业均衡。

凯恩斯主张国家对经济的直接干预，强调贸易差额对国民收入的影响，认为如果保护政策能带来贸易顺差，肯定有助于提高投资水平和扩大就业。新经济增长理论也称为内生增长理论，该理论的突破在于将技术内生化。阿罗发表的《从干中学的经济含义》一文，被称为技术内生化的先导。罗默通过建立理论模型，解释了经济可以长期持续增长以及各个地区在收入、发展水平等方面存在差异的原因。卢卡斯增加了人力资本要素，分析研究了该要素与技术、经济的相互联系。

二、科技创新合作的研究现状

（一）科技创新合作模式

学者陈菁（2019）、林灵（2018）、刘洪昌（2018）等分别立足福建、宁波等“丝路经济发展”提出实施要“六化协同”、建设“名城名都”等战略部署，积极创新国际科技合作模式。刘根廷（2019）指出，中国科技合作不足是供需错配与信息共同作用引起的。“一带一路”为科技创新建立有效的信息揭示、风险分散、人才激励机制，实现科技与多层次资本的融合，形成协同创新的循环体系。王立全（2019）、秦惠敏（2019）等分别从产业升级的技术合作和法律保障的视角进行了研究。

（二）科技创新合作机制

李梓、孙建光（2018）从产能合作、教育与人才培养合作、科学研究合作、智库建设与民间交流等维度分析合作方式、成效、障碍等，提出相应解决思路。梁育民（2019）基于广东省国际科技合作格局，指出以经济带动科技，政府为主导、企业为主体、民间参与、产学研一体并依托市场化运作的科技合作机制，并介绍建设国际科技创新中心、国家科技产业创新中心、增强海洋科技创新驱动力等经验做法。董超（2013）提出合作激励机制在研发阶段应重视健全人才激励机制、推广阶段应完善风险机制、产业化阶段重视利益分配机制。刘慧（2019）、李玲娟（2016）等分别从科技平台搭建、共建产业园以及强化配套中介服务组织的建设，加快相关法规政策措施方面做了论述。

（三）高校科技合作评价指标研究

安沛旺（2018）通过分析高校合作过程的系统，提出科技评价指标体系构建方法，即先确定指标，再依据科研产出和经济收益进行指标构建。张明卓提出（2013）高校科技合作的评价体系分为 3 个二级指标（科技基础类指标、科研开发创新类指标、科技成果市场化类指标）以及下属 14 个三级指标（高校师资水平、科技平台水平、科研设备及实验平台水平、科技资源投入水平、科技成果获奖数、科研项目数、发布论文数、专利授权数、科研项目完成度、科技交流、成果转让数、产业开拓、市场推广、校企合作等）。

（四）高校科技合作问题和对策研究

孙泽文和叶敏（2017）从社会环境和高校自身两方面论述高职院校科技合作存在的问题。高校自身问题包括：机制不健全、经费投入不足、科研水平不高且市场意识薄弱、欠缺技术创新能力、人才流动机制不顺畅等；社会环境缺失体现在：法律法规不健全、企业思想观念落后、技术创新内在动力不足、市场利益分配不合理、竞争不规范、技术市场发育不完善、中介机构缺乏专业人才等。李琳琳（2016）探讨了高校科技合作制约因素，提出科学研究与市场需求紧密结合；加大财政投入，设立科技成果中介机构；建立健全奖励机制等对策。

（五）高校科技创新影响因素研究

张明卓（2013）以案例分析形式论述高校科技创新的现状和特征，并将管理体制、激励机制、产权和科研经费等归为内因，把风险、中介、市场和政策等归为外因。李琳琳（2016）梳理了高校科技创新的制约因素，包括创新成果与市场匹配度、资金、专业的技术转移团队、利益分配等。

（六）研究热点与发展趋势

查阅相关文献，依托 CNKI 对“一带一路”科技创新合作为主题词进行搜索，命中 108 篇。以“高职院校科技创新合作”为主题词进行搜索，命中 51 篇。以“‘一带一路’高职院校科技创新合作”为主题进行搜索，相关研究论文为 3 篇。

从研究数量来看，2015 年和 2018 年以后是进行高职院校科技创新合作研究的高峰，主要在于《推动共建丝绸之路经济带和 21 世纪海上丝绸之路的愿景与行动》《高等学校创新能力提升计划》《“一带一路”科技创新行动计划》《推进“一带一路”建设科技创新合作专项规划》等政策的出台，高职院校在科教结合、促进科技创新方面逐渐发挥重要作用，从而受到各界关注。

（七）研究述评

产业化的职业教育必然要树立“科技合作”的理念，学术界虽然对科技创新合作的模式、机制、评价、影响因素及存在问题等进行了不同角度的研究，但仍存若干不足：一是对科技创新合作的管理体制和模式的定性研究颇多，对“一带一路”轨道交通高职院校如何进行科技创新合作的机制和案例研究偏少；二是轨道交通高职院校如何实现科技创新合作，其发展路径还有待深入探索。

三、高职院校开展科技创新合作的理论与应用价值

（一）理论价值

（1）有利于丰富国际科技创新合作理论，开展轨道交通高职教育的科技创新改革。

把新经济增长理论、区域科技创新理论等经济学、管理学理论运用于高职院校国际科技创新合作研究，对拓展国家创新理论在高职教育领域的运用具有积极意义。高职院校如何对科技合作进行改革创新，丰富对接“一带一路”倡议的国际科技创新合作理论，是当前高职教育改革发展的核心问题之一。

（2）有利于提升科技创新合作运行机制，提高轨道交通高职教育“一带一路”服务能力。

有利于在有限的资源水平下通过机制和路径改革，实现中外合作单位、高校、科研院所与金融资本的紧密结合改革试点，探索轨道交通高职院校开展国际科技合作的创新体系，促进轨道交通产业升级，提高广东经济竞争力。

（二）应用价值

（1）有利于搭建师生国际化交流平台，推动轨道交通创新人才交流项目。

通过国际科技创新合作建立健全中外创新人才交流制度，着力推进海外名师、访学交流、研修深造等教师类中外人才交流，以及海外游学、顶岗实习、

技能竞赛、学徒培养等学生类中外人才交流，对现代轨道交通大学制度建设具有重要意义。

（2）有利于搭建专业国际化建设的平台，建设国内领先轨道交通高职教育品牌。

通过拓展境外合作院校，与境外优质院校结成姊妹学院并开展合作办学；通过拓宽高端国际化轨道交通技术技能人才的订单培养，全面厘清人才培养主体的责、权、利；通过输出轨道交通类等在内的国际通用专业标准、课程标准承接“走出去”中资企业海外员工教育培训、招收学历留学生、建成鲁班工坊。

（3）有利于联合共建实验室，推动国家轨道技术转移及设备检测认证。

借助广东—独联体等国际科技合作联盟，进行专业化的跨国技术转移。同时对中外高职院校实验室共建的组成、运行、价值、功能与技术转移等进行研究，联合中国中车齐齐哈尔车辆有限公司等企业开展轨道交通设备技术检测与国际认证。

（4）有利于推动“一带一路”综合实验示范园区合作。

整合包括工学结合示范园、“一带一路”轨道交通产教融合联盟、示范职业教育集团等资源，形成具有高职特色的跨国科技园区的运行机制，实现中外合作企业、高校、科研院所与金融资本的紧密结合。

第三节　海外办学相关理论及逻辑起点

“一带一路”倡议和“高铁走出去”战略既有利于扩大中国新时期对外开放的格局，又契合了沿线国家和地区经济发展的愿景，创生了一种共商、共建、共享“命运共同体”的互利共赢模式。当前，全国涌现出一批办学特色鲜明的海外办学项目，广州铁路职业技术学院经过 3 年的实践和摸索，在兴办和管理海外办学体制、机制的特定方式上，尤其是办学模式上走出了一条特色的发展之路，对于贯彻落实《国务院关于加快发展现代职业教育的决定》（国〔2014〕19号）、《高等职业教育创新发展行动计划（2015—2018年）》中提出的“推动与中国企业和产品‘走出去’相配套的职业教育发展模式”具有重要现实意义。

一、海外办学概念与办学模式

海外办学是指“高等学校独立或者与境外具有法人资格并且为所在国家（地区）政府认可的教育机构及其他社会组织合作，在海外举办以境外公民为主要招生对象的教育机构或者采用其他形式开展教育教学活动，实施高等学历教育、学位教育或者非学历高等教育。作为教育输出的重要方式之一，海外办学可以使一国的高等教育模式在世界各地得到传播，使该国的高等教育机构在世界各国的知名度得到提升，进而吸引更多来自世界各地的留学生，扩大该国高等教育的开放程度。

综观国内外高等教育海外办学的发展轨迹，主要分为3个阶段：

第一阶段为中世纪到19世纪末的初始阶段。中世纪跨国“游学”“游教”之风盛行，大学普遍以拉丁和希腊语作为教学语言，向学生传授语法、逻辑、修辞、算术、几何、天文和音乐等“七艺”知识。英国以本土大学为模型在海外建立英式大学，成为后期美国哈佛大学、加拿大多伦多大学、新西兰大学、印度孟买大学、南非好望角大学纷纷仿效的对象。这一时期以伦敦大学为典型代表，先后在斯里兰卡、尼日利亚、南非、印度等世界各国建立了100余所附属学院，推行考教分离模式。

第二阶段为20世纪初到80年代的拓展阶段。世界市场形成“东—西”、“南—北”并列的格局，教育输出旨在推进外交政策、为国家利益服务，由苏美为中心国向发展中国家辐射。这一时期以70年代以后开放大学的远程教育模式最具影响力，其采取四位一体的函授、电视、广播、计算机网络的远距离教学，实现了学习者、学习地点、学习手段和教学观念的“会位一体”开放，对于推进高等教育迈向大众化发挥了重要作用。

第三阶段为20世纪90年代以后的竞争阶段。该阶段教育输出的经济特点日益明显，世贸组织将教育视为重要的服务性产品，亚太地区积极参与海外办学并形成以下四种模式：一是合办大学模式，国内与国外大学依靠比较优势联合创建国际大学，学生获得联合办学文凭；二是海外分校模式，国内与国外大学、培训机构、国际企业相融合，单独或联合在海外设立分校，直接招收海外学生；三是教学中心模式，国内大学开展基于课程的学习与辅导，定期向海外教学中心派遣教师进行面授；四是A+B模式，国内外大学签署联合办学协议，学生在两国学习，获得双学历。

综上所述，高等教育海外办学由于受到各时期政治发展及国家战略的深刻影响，其办学模式和历史使命各有侧重。在此历史沿革下，进入新时代的高职教育该如何创新海外办学模式开始成为一个问题。

二、我国高职院校海外办学的逻辑起点

（一）汉语热下的中国文化传播

随着我国综合国力的不断增强以及世界影响力的不断扩大，越来越多的国家和地区的人们开始学习汉语，了解中国传统文化。作为承担推广汉语和传播中国文化的机构——“孔子学院”首次设立于2004年，截至2018年底，我国已建立548所“孔子学院”和1 193个“孔子课堂”，分布在全球154个国家和地区；全球学习、使用汉语的人数已逾1亿人（除中国之外），有60多个国家将汉语教学纳入国民教育体系；美国、日本等世界发达国家的汉语教学均由第三外语上升为第二外语。虽然目前孔子学院的举办者以本科院校居多，但部分高职院校也参与其中，尝试建设海外孔子学院，如河北外国语职业学院

在2011年与玻利维亚圣西蒙大学合作共建了一所孔子学院。

山东理工职业学院和福建信息职业技术学院都是在汉语热的背景下，借助中国文化的海外影响力才开始开展海外办学。2018年，山东理工职业学院泰国分校——孔子六艺学堂成立，以孔子六艺学堂为载体，按照“汉语＋文化＋专业＋产业”模式设计，以“互联网＋国际职业教育”方式开展学历教育与职业培训。福建信息职业技术学院泰中国际学院成立于2018年，以“汉语＋专业技能＋产业”为内容培养泰国学生，中泰双方共同制订人才培养方案，开展学分互认、课程共建，采取“1+2”学习教育模式。这类海外办学项目以建设汉语言文化中心为依托，以传播中国文化为媒介，以汉语教学为渠道开展学历教育，开设的专业多为人文社科类。

（二）“一带一路”建设的需要

近年来，我国建筑业、智能制造业、高速铁路建设等行业随着“一带一路”倡议的提出而走出国门，开始在世界各地承接各类工程建设。而我国行业企业走出去也面临目标国劳动力技能水平低、受教育程度低的人力资源供给问题。

推动职业教育“走出去”，为走出去的企业培养合格的当地雇员，是“一带一路”建设的需要。高职院校在充分调研的基础上，开设与当地课程体系相融合的相应专业课程、教学标准、专业师资，培养大批具有熟练技能、懂中国技术和装备标准且懂汉语、懂中国企业管理文化的当地雇员队伍，才能保障中国企业在国际化的过程中行稳致远。

以此为办学逻辑起点的院校代表有北京工业职业技术学院、南京工业职业技术学院、湖南有色金属职业技术学院等8所高职院校。这8所院校在2016年通过教育部遴选加入服务中国有色矿业集团“走出去”队伍，积极开设相应专业，在海外建设培训中心，服务“一带一路”建设和国际产能合作，开设的专业多为中国企业急需的技术技能型专业人才。

（三）高职教育国际化的必然要求

自20世纪80年代开始，我国高职院校纷纷与境内外职业教育发达地区的高等教育机构进行合作，举办中外合作办学项目与机构。进入新时代，随着高职教育国际化走向纵深，我国高等职业院校国际化也逐渐从国际化转变为本土化。高职教育国际化不仅需要“请进来”，也需要“走出去”，而作为海外办学重要组成部分的境外办学，是实现教育“走出去”的必然要求，更是新时期推动我国教育走出去、扩大人文交流、服务党和国家工作大局的重要环节。

由于所在地理位置的特殊性，深圳职业技术学院是国内较早进行国际化办学的高职院校之一，在学生交换、课程合作、科研合作等方面与26个国家和地区的高等教育机构建立了友好合作关系，开设了国际商务、金融管理、物流管理和软件技术4个中外合作办学项目，培养具有国际视野、通晓国际规则的人才。2017年11月，深圳职业技术学院在保加利亚第二大城市普罗夫迪夫建立了“普罗夫迪夫大学—深圳职业技术学院职业教育培训中心”；2018年5月，在马来西亚马六甲应用技术大学设立职业教育与培训中心。至此，深圳职业技术学院已开始全面向主要合作国家输出对接“深职院”职教标准。

三、高职院校海外办学的模式

（一）天津“鲁班工坊”

为服务“一带一路”和国际产能合作，天津市首创并率先主导推动实施了“鲁班工坊”建设。自2016年第一个“鲁班工坊”在泰国大城技术学院落成以来，天津渤海职业技术学院、天津市第二商业学校、天津轻工职业技术学院、天津机电职业技术学院、天津市东丽区职教中心、天津现代职业技术学院、天津中德应用技术大学，以及天津铁道职业技术学院等院校已建成泰国、英国、印度、印度尼西亚、巴基斯坦、柬埔寨、葡萄牙7个“鲁班工坊”，共涉及自动化、新能源、机械、汽车、铁道、通信、电子信息、餐饮等8类19个专业，未来还将在非洲设立10个“鲁班工坊”。国外“鲁班工坊”以工程实践创新项目（EPIP）为教学模式，共同开发国际化专业教学标准，开展学历教育和职业培训。以中国职业院校技能大赛的赛项优质装备为重要载体，共建教材、共建信息化教学资源，力图将原汁原味的天津职业教育教学模式输送到国外。

（二）江苏“校企协同”

南通航运职业技术学院在2011年联合新加坡海员联合会与森海海事服务（新加坡）有限公司合资成立了中新（南通）国际海事培训中心，采取混合所有制办学模式并建立董事会制度，三方分别占股34%、33%和33%。南通航院为董事会主体，进行企业化运作和管理，董事会拥有章程制定和修改权、重大事项决定权等权利，负责确定海外办学发展规划、审定资金预算、实施培训项目开发、组织技术研发、建设双师团队、搭建实训与就业平台等，总经理由森海海事服务（新加坡）有限公司的总经理兼任。中新（南通）国际海事培训中心凭借南通航运职业技术学院培训设备及专业师资力量，吸引国际知名行业协会和企业加盟，借助国外行业协会信息优势和新加坡航海教育先进理念、教学资源，三方共同出资成立，直接体现了基于校企共同体合作模式。以校企协同合作模式进行海外办学的还有无锡商业职业技术学院，为应对柬埔寨西港特区专业技术人才需求，2012年与红豆集团联合成立西港培训中心。首个校企合作股份制应用型本科大学——柬埔寨西哈努克港工商学院也将于2019年成立，西港工商学院采用中国公办院校与民营企业联合投资、共同经营、收益与风险共担的股份制办学模式，提升了我国职业院校海外办学的层次。

（三）浙江“援外培训”

宁波职业技术学院自2007年开始承办中国商务部的人力资源援外培训项

目，并于 2012 年成立国内首个“中国职业技术教育援外培训基地”。2013 年，教育部职业技术教育中心研究所、宁波市教育局和宁波职业技术学院三方合作成立了“发展中国家职业教育研究院”，通过基地建设，以援外培训为平台，学校发挥示范引领作用，已为来自 107 个发展中国家的 1 200 名官员和专业人员进行了培训。在开展援外培训中，宁波职业技术学院积极拓展援外培训的外延效应，协同中资企业探索海外办学实践，积极发挥“基地”和“研究院”各自功能，依托现有援外培训平台和资源，通过在非洲当地开展职业教育培训，加大中国对非洲国家的技术类援助。以中非（贝宁）职业教育培训基地项目，牵手企业践行实施职业教育“走出去”战略，加大对发展中国家开展教育援助，积极探索高水平职业教育境外办学途径。

因此，通过各种各样的国际化办学形式，强化了我国与国外的教学与科研的国际交流，高质量的教育服务与高水平的科学研究能力，让高职院校收获良好的国际形象与声誉。相应地，高水平的高职院校也能为教师和学生提供更好的教学科研和学习环境，以及较多的国际交流机会，形成个人与院校协同发展的良性循环。

第三章 我国高职院校国际交流合作的动力机制与影响因素

全球化意味着资源配置的国际化，意味着优质教育资源在世界范围内的流动，意味着高等职业教育国际化是大势所趋。美国、欧盟以及亚洲的日本等许多发达国家高等职业教育起步较早，积累了丰富的海外办学经验，并通过国际化的办学，为跨国公司的发展和经济全球化积累了丰富的人力资源储备，为其经济对外扩张做出了巨大的贡献。在这样双重的背景下，我国高等职业教育的国际化需要从中寻求国外高职教育国际化的脉源，不断融入世界发展。高职院校必须适应国家的发展战略，关注全球性问题，培养学生的人文素养与国际化视野，实现人的全面发展，从而促进社会的全面发展。

第一节　高等教育国际化的外部动力因素

一、经济全球化

经济全球化是当今世界的重要趋势，研究任何对象，都离不开这个大的背景。经济全球化主要体现在以下三方面：一是产品的国际化，即产品市场的世界范围国际化；二是生产产品所需生产要素的国际化，包括资本、劳动力、技术的国际化，即供应链的全球化；三是生产要素生产的国际化、劳动力生产的国际化即教育国际化尤其是高等教育国际化、劳动力流通的国际化即劳动力市场的国际化、技术生产的国际化即科学研究的国际化（包括高等院校的科学研究）等。经济全球化大大促进了资源、人员、资金、商品、服务、知识、技术，以及信息等要素的跨国界流动，推动各种生产要素和资源的优化配置。

在经济全球化的背景下，各国国际经济的联系日益密切，同时各国在经济领域的国际竞争也越来越激烈，而这些竞争中，人才的重要性愈发明显。在全球化的时代，任何国家想跻身世界民族之林，不被时代所抛弃，都需要保持自己在全球化进程中的位置。瑞士洛桑国际管理学院曾发表过国家年度竞争力报告，通过数据来评估一个国家的竞争力。在这些数据中，有相当部分的内容都同各国的管理、科技人才的数量与质量密切相关；与各国高等教育培养足够数量的，通晓国内、国际“游戏”规则，在国内、国际上均具有一定竞争力人才的能力有关；与本国的高等教育能否在科学技术领域为本国占领制高点有关。高等教育国际化可以为本国在以知识为基础的世界竞争中提供人才与科技优势，成为本国保持国际竞争力的重要因素。亚洲开发银行早在 1998 年展望报告就对全球化的一些方面做出了预测，认为东南亚的一些国家（例如泰国），虽然经济现状仍然处于繁荣期，但是相对于中国来说，在高科技产品的生产上存在不足，这是东南亚国家中存在的很严重的问题。[①]而高科技产品生产依托的正是高科技人才，这从另一侧面验证了高等教育国际化发展的紧迫性。

在全球经济一体化的发展进程中，西欧、北美、拉美、亚太等地区相继建立了一大批跨国经济组织，欧盟及世界贸易组织对于世界经济的发展都产生了深远的影响。世界贸易组织推进了世界经济一体化的进程，欧盟则以实际的运作，实现了欧洲范围内统一的劳务市场及自由的人员流动。新时代的变化，要求欧洲各国高等学校加速调整教学内容，增强彼此了解，相互承认学分、学历和学位，使得高等教育国际化成为欧洲经济一体化的重要组成部分和实现区域内人才自由流动的必要条件。为适应经济全球化对国家提出的要求，各国的高等教育必须培养出更多熟悉世界经济贸易规则并具有国际竞争能力的人才。现代高等教育越来越与经济发展密切联系起来，从社会的边缘走入了社会的中心。

① Asian Development Bank.Asian Development Outlook 1998: Population and Human Resources [R], Asian Development Outlook, 1998: 107. [EB/OL].http://www.adb.org/sites/default/files/publication/82346/ado1998.pdf.

二、高度信息化

信息经济、知识经济、网络经济、平台经济是当代世界经济的重要特征。信息化促进了经济全球化，信息技术发展的水平决定了信息交流与共享的程度与规模。进入21世纪后世界信息技术的发展日新月异，科技有了飞速的发展，现实生活因为信息技术的影响也发生了天翻地覆的变化，人们的衣食住行等方面都因为信息技术的作用而与传统时代有了很大的不同，高等教育也在信息时代发生了巨大的变化。知识的传播途径、存储方式及信息的获取都得益于信息技术的飞速发展而发生了改变，尤其是互联网技术的成熟与应用，使得高等教育在互联网的帮助下实现了质的变化，研究、分析、交流都可以借助于互联网来实现。高等院校及科研机构中，信息技术的应用使得非住校生可以获得和住校生相同的教学程度，借助于网络的远程教育也在国内与国际间迅速发展起来，公开课程、MOOC等新的高等教育模式越来越打破了国家地域的局限，具有国际性的影响力。信息技术的高速发展实现了信息传播的全球化，使得知识获得了传播的有利途径，有力地推动高等教育国际化的发展步伐。

三、问题全球化

进入近代以来，随着技术的发展以及国家间交流的频繁，尤其是全球化的不断深入，使得国家面临了越来越多的全球性问题，如气候变化、恐怖主义、传染性疾病等，这些问题的出现同世界经济、政治和社会生活的全球化有关，同科学技术的加速发展有关。例如，由于二氧化碳的大量排放，致使全球气候不断变暖，南北极冰雪融化，全球洋流受到影响，地区的整体环境逐渐趋于恶化，造成了全球气候问题频发，使许多国家深受其害。气候问题是全球问题，某一个或某几个国家并不能解决这一全球问题，必须由世界各国共同努力，因此就产生了国际性的、政府间的研究生态学的合作计划——人和生物圈计划。经济全球化的不断深入发展，使得国家间的经济联系愈发密切，世界金融市场将各国联系在一起，成为命运共同体，任何一个部分出现了问题，都有可能影响到全球经济金融的稳定与繁荣，从而影响到每个人的生活。20 世纪末的金融危机以及 21 世纪初的主权债务危机，乃至欧洲难民危机等都具有世界范围的破坏力。这些从自然到社会的问题的解决都离不开具有国际化背景、能够进行国际合作的人才。培养具有解决这些全球性问题能力的高素质人才成为新时代对高等教育提出的要求。

四、社会推动力

在高等教育向国际化发展的过程中，社会力量也发挥了重要的影响。从国际上来看，众多国际组织在推动高等教育国际化中发挥了重要的作用。例如联合国教科文组织，其通过自身的渠道和能力，定期组织由各方参与的区域性或世界性会议，积极促进国家之间在教育领域进行广泛的沟通与交流。国际教育局（IBE）、经济合作与发展组织（OECD）、国际劳工组织（ILO）等国际组织在推动国际教育问题研究、教育改革等方面也发挥了积极的作用，有力地推动世界高等教育国际化的进程。另一方面，各国国内的社会力量也促进了本国高等教育国际化的发展，这主要体现在公众的国际意识不断提高。借助于互联网、电视等媒介，各国间的时空距离被极大压缩，任何地区发生的事情在很短时间就会被世界所知晓，其他地区发生的事件也可能会传导到本国从而影响民众的生活。在信息化时代，民众越来越多地关注超出本国范围的事件，也越发使得民众意识到在教育中需要培养学生具有全球公民意识，培养出具有丰富广泛知识背景的高素质人才。

在推动高等教育国际化的过程中，教育界起到重要作用。作为高等教育中的研究者与实践者，广大学者及教师分析时代所发生的变革，思考了高等教育面向国际化的外在压力与内在动力，为高等教育实现国际化提出建议与对策。卓富远见的教育家们意识到全球化时代的到来，而高等教育为未来社会培养出适应国际化所需的人才，努力向国际化转变是高等教育对时代要求的积极回应。

五、政府推动力

高等职业教育的国际化虽然是一种趋势，但这背后离不开各国政府的顺势而行。政府在高等教育国际化的发展进程中起到了推波助澜的作用。教育与政治之间存在着密切的联系，高等教育国际化深刻地受到政府对外政策的影响。有学者指出，高等教育国际化从某种程度上来看，正是国家外交的一部分。高等教育国际化除了受到政府外交政策规划的影响，其实施过程中所进行的国际教育交流与合作，也成为政府进行外交活动的工具。因而各国政府都非常重视高等教育国际化，力图通过高等教育国际化达到实现外交政策的目的。

政府为大力推动高等教育国际化，一般会投入巨额资金，设置众多的奖学金、项目基金，对高等教育国际化予以支持。例如，美国设立了“教育与文化教育交流”“富布莱特项目”“本杰明·吉尔曼国际奖学金项目”“国家安全教育项目”“高等教育法第 6 款项目”“富布莱特—海斯项目”等，通过这些基金项目，众多的美国学者学生走出国门，进入其他国家去学习交流，传播了美国的影响力。而美国也通过这些项目，吸引了世界大批的精英人才。不只美国政府如此，其他国家的政府也对高等教育国际化给予高度的重视，纷纷大力予以支持。正是得益于政府的重视和推动，高等教育国际化在世界范围内得到快速的发展。

第二节　高等教育国际化的内部动力因素

高等教育国际化一方面是高等教育为因应全球化带来的外部挑战；另一方面，也是高等教育自身发展逻辑的延伸。高等教育国际化的内部也面临着以改革促进发展的要求，这是高等教育国际化自身的发展动力，而这种动力与外部力量共同作用，形成了内外联动，协同促进了高等教育的国际化。

一、高等教育内容的国际化

知识、教师、学生、信息与技术等是高等教育的主要内容。知识具有普遍性的特点，知识的传授与散播并不囿于国界的限制，这使得高等教育作为知识的传播和发展者，在世界范围内推动知识的交流与传播。教师作为传播知识、进行教学科研的行为体，肩负着推进高等教育的重要职责。高等教育对教师提出的要求是：学术研究上不断创新、知识储备不断丰富、授业能力不断提升。这就要求教师能够获取最新的信息动态、研究成果，丰富与更新自身的知识体系，努力保持在学术的前沿。要做到这一点，教师就不能闭门造车，而是需要与世界范围内的学者进行深入的探讨，积极投入国际合作与交流之中。学生是高等教育的接受者，其在高等教育中获取的是知识和能力，在全球化的今天，学生对于世界各地产生的新知识的渴求更为明显。大学需要为学生获取新知识提供条件与平台，以使得他们可以有机会了解其他国家与民族的政治、经济、文化、社会等方面的情况，与其他国家的师生进行无障碍的交流，提高自身的知识与素养，成为具有国际化视野的符合时代要求的高素质人才。

二、经济利益驱动

高等教育机构包含营利性与非营利性两种。那些营利性的商业学校实施国际化的重要动机之一就是获取利益。从实际的操作上来看，营利性的高等教育机构往往通过在海外建立学校、收购别国学校、与别国的公司或教育机构合作等方式，在别国的教育领域建立自己的品牌与影响力。又因为这些教育机构自身的国际化背景，对所在国的学生形成了很强的吸引力，所以可以通过提供国际化的教育来获取高额的收益。在营利性机构为利益纷纷参与到高等教育国际化中的同时，传统的非营利性教育机构也在国际化的浪潮中加入到国际教育的队伍中。根据调查，这些非营利性教育机构国际化的主要动因虽然不在于财政因素，而是为加强科学研究，扩大知识容量，提高文化互认度，以及达到其他一些相关的目标，但是也有很多大学是由于政府缩减公共拨款资助，鼓励学校向海外拓展（比如澳大利亚和英国），而加入了国际化行列。①

高等教育国际化带来了大量外国学生，许多国家（如英国、澳大利亚、加拿大和美国）向外国学生收取高额的学费，为留学目的国带来了直接的经济效益；而这些留学生大部分都是其母国的精英，拥有着良好的教育背景及优秀的素质，他们在留学的过程中给留学目的国带来的大量优质而又相对廉价的劳动力，为留学目的国创造了难以衡量的巨大财富。高等教育国际化可以带来巨大的利益，绝大多数国家都参与到高等教育国际化进程之中。在这其中欧美国家因为自身的发展优势，具有优质的教育资源以及强大的吸引力，因而在高等教育国际市场中占据着主导性地位。而亚洲、拉丁美洲等发展中国家和地区则处于相对的边缘地位，成为教育资源的购买国。教育的相关附属机制也为高等教育国际化创造了更大的财富，例如外语培训、语言能力评价与认定、教育资格

---

① 阿特巴赫，莱特．高等教育国际化的前景展望：动因与现实[J]．别敦荣，杨华伟，陈艺波，译．高等教育研究，2006(1)：14.

认证等都充满着商机。正是因为存在着高额的利益，高等教育国际化才拥有了巨大的动力。

在经济利益的驱动下，美国的许多学者和教育机构极力赞成把高等教育视为一种可以像任何其他商品一样买卖的商业性产品。例如，美国的教育国际贸易全国委员会（The National Committee for International Trade in Education）、美国商业部服务业办公室（The US Department of Commerce's Office of Service Industries）和一系列以营利为主的教育举办者支持这一建议。①

三、国家软实力需求

软实力是相对于硬实力而言的，硬实力通常指的是政治军事等传统的国家实力，而软实力则是国家的文化、价值观以及国民的凝聚力，是一种同化式实力，是一个国家思想的吸引力或者是确立某种程度上能体现别国意愿的政治导向的能力，文化、意识形态及社会制度等，与军事和经济实力这类有形力量资源相关的硬性命令式力量形成鲜明对照。②软实力强调的是吸引力而非强制力，通过让其他人认同自己，或者认同自己制定的规则，使其追随自己。对一个国家来说，如果可以对他国产生强大的吸引力，可以鼓励其他国家遵守制定的规则，那么这个国家就可以不需要增强传统的经济军事等硬实力就可以来影响其他国家。③高等教育作为国家软实力的重要组成部分，在软实力重要性不断突显的今天，推动着对高等教育重视程度的不断提高。然而，高等教育只是国家软实力资源，若将软实力资源转化为软实力影响力，则需要借助高等教育国际化的方式来推广高等教育的影响。所以，国家对于软实力的追求也会推动高等教育国际化的不断发展。

---

① 阿特巴赫．全球化驱动下的高等教育与 WTO［J］. 蒋凯，译．比较教育研究，2002(11)：1.

② 约瑟夫．美国定能领导世界吗［M］. 何小东，等译．北京：军事译文出版社，1992：25.

③ NYEJ.The Challenge of Soft Power［J］.Time Magazine，1999-2-22.

四、教育机会的国际化需求

随着国家发展水平的不断提高，社会对于高等教育的需求也日益提高。但是，因为教育资源分配的不平衡，有些国家存在着高等教育供给能力不足的问题，国内对于高等教育的日益增长需求与本国供给能力的不足形成了矛盾。高等院校和院校系统全球性地联结起来，英语作为科学交流和教学通用语言的使用，特别是当与互联网结合起来后，使得交流更加便捷和迅速。跨国高等教育机构的出现也使快速传播新课程和变革成为可能，并且使那些缺乏充足的教育举办者的国家满足其学生和国家经济的迫切需求成为可能。[①]因而面向高等教育供给不足的国家，为这些国家的学生提供高等教育的机会，也成为高等教育国际化的重要内容。

第三节　我国高职院校国际交流与合作的动力机制

国家发展新战略是我国整体发展的战略纲领，是领导我国走向世界强国的必经之路，是推动我国高职院校进行国际化的重要源动力。现代职业教育的发展要顺应国家发展大趋势，把我国高职教育国际化，凝聚各方发展动力，以培养技术技能型人才的方式服务于我国实施发展新战略的过程中。

一、落实“一带一路”倡议

受国际社会高度关注的“一带一路”倡议是“丝绸之路经济带”和“21世

① NYEJ.The Challenge of Soft Power［J］.Time Magazine，1999-2-22.

纪海上丝绸之路”的合称，是国家主席习近平在 2013 年 9 月和 10 月出访中亚和东南亚等多国期间提出的重大倡议，旨在形成融合亚洲陆地经济并联通欧亚非海上经济的命运共同体的陆地、海上经济闭环。为促进区域互联互通建设和经济一体化进程，改善投资环境，创造就业机会，提升中长期发展潜力，以向发展中国家基础设施建设提供资金支持为目的的亚洲基础设施投资银行（以下简称“亚投行”）于 2016 年 1 月 16 日在北京正式成立并开业，为“一带一路”倡议成功搭建资金平台。

亚投行正式开业宣告了国际经济格局的重塑正式开始，充足的人才储备成为实现亚投行国际作用和国内价值的必要力量。首先，中方表示在亚投行成立初期优先支持发展基础设施建设需求更加迫切的国家，中方暂不考虑申请亚投行资金支持，并同时提供国际性、规范性、高标准的人力资源管理，使“一带一路”经济带沿线地区大批的劳务输出及人才引进成为可能。同时，国内劳动力的输出与国际劳动力的输入都需要经过一定时期规范并有针对性的教育培训才能走向工作岗位，既是对国际和国内企业的负责也是对岗位的尊重，更是对劳动力素质的提高。

（一）为我国及沿线各国企业带来发展机遇

在经济增长速度逐年放缓的新常态发展时期，2015—2019 年，我国的 GDP 增速已经由高速增长变为中高速增长，基本保持在 6%~7% 的发展空间。早在 2016 年 5 月 10 日的人民日报在经济周刊整个版面发表了题为《这些成本最该降！——对两省四市五十三家企业制度性交易成本调查》报道，文章中提出受访企业最强烈的呼声就是降低“制度性交易成本”（由于体制机制问题而产生的经济、时间、机会等各种成本）。市场经济的体制机制问题很大程度上需由政府干预，由国家发展战略引导经济体制机制的改革，创造良好的战略环境，“一带一路”倡议从国内经济发展新常态时期的局势出发，从成立亚投行促进区域建设互联互通和经济一体化的国际局势，为我国经济社会的发展铺垫出一条康庄大道，为我国各类企业顺利进入经济发展新常态时期的国内发展和国际合作奠定了低成本的制度环境基础和雄厚的资金保障基础，带来了历史性的发展机遇①。

（二）为实现现代职业教育体系规划目标助力

现代职业教育体系建设规划（2014—2020 年）是由教育部、国家发展改革委员会、财政部、人力资源社会保障部、农业部、国务院扶贫办六部门共同组织编制的关于职业教育未来发展方向、方式、方法的全局性规划设计，包括对职业教育内部层次的结构优化、贯穿终身学习、办学类型的界定、教育与职业的对接方式等方面做了详尽说明，对职业教育外部合作的形式、制度政策的保障，对职业教育的转型升级、“互联网 +”模式的普及、走向世界的全球化布局指明了方向。现代职业教育体系的建立健全顺应“一带一路”倡议的布局提供全方位的教育服务，“一带一路”倡议为现代职业教育体系的建立健全提供充足的发展空间，二者相辅相成。

“一带一路”倡议是继我国西部大开发和中部崛起之后，在经济发展新常态的大背景下引领我国走向世界的重大决策。我国现代职业教育体系的建设是全国职业教育整体的建设规划，仅东部发达城市的职业教育不足以支撑起全国职业教育水平的提升。我国经济战略的西部大开发和中部崛起为全国职业教育水平的提升提供了强有力的支持，“一带一路”倡议为我国现代职业教育体系的建立健全又一次带来了发展机遇。我国东、中、西部的经济相连和教育相同同时打通了整个中国经济、教育服务等资源一路向西扩展的通道和发展空间，逐渐走向一片蓝海，为现代职业教育体系的布局扩大到海外，集团化发展、连锁化经营、加盟式教育提供新的合作伙伴，为建设开放型的体系

① 韩毅．论现代职业教育在“一带一路”国家发展战略中的服务策略[J]．中国职业技术教育，2016(30)：94.

提供了足够的空间。

（三）全面加快教育供给侧结构性改革

需求方的改革是过去改革的重点，在扩大内需、增长需求等制度政策遇到困难和产生副作用时，供给方的问题逐渐突显，所以从供给侧的角度分析问题和解决问题成为改革的新侧重点，与需求侧改革同时进行。供给侧结构性改革成为改革重点表明改革的思路和思维已经发生巨大变化，从追求生产数量转向追求生产质量、从以中心辐射周边发展转向去中心化发展、从纵向级别化管理转向横向平台化管理等方面都说明改革的思维模式已悄然深入结构层面，开始从根本上革新。教育供给是供给侧最敏感的部分，尤其是为人民群众提供终身教育方式的现代职业教育。人的一生中只能接受一次基础教育、高等教育等教育类型，但可以接受多次职业教育，现代职业教育以灵活多样的形式围绕在人们需要的任何时候。

“一带一路”倡议的实施，意味着现代职业教育的供给在直接与我国市场经济需求对接的同时还与沿线国家及地区的经济发展需求直接对接，教育供给侧必须进行全面而迅速的改善。从“一带一路”倡议的主干路线来看，从中国起端向西横穿整个亚洲通往欧洲部分国家和地区，这就要求现代职业教育提供适用于我国及整个沿线国家及地区基础设施建设和地区发展的教育整体打包服务，包括服务于当地经济发展、服务于亚洲沿线地区基础设施建设、服务于“一带一路”整个经济带的运转流通、服务于经济带对我国经济发展的反馈传送等方面。现代职业教育的整体打包服务不仅包含技术技能型人才，也包含提供培养技术技能型人才的整个职业教育体系结构，因此，全面加快形成将学习者送出校门、再送出国门、再带着我国所需的信息反馈回到现代职业教育体系的教育过程，对教育供给侧的结构性改革有重大作用。

二、政府持续推动

2015 年，中国提出“中国制造 2025”，为稳定中国经济增长、加快制造业转型升级发挥了重要作用。推动制造业国际合作是实施“中国制造 2025”的重要内容。“中国制造”产品其实也是世界上各个贸易体共同分工协作、盈利共享的事实。同时也表达了中国在各领域继续加快改革开放的步伐和加强国际交流与合作的认识和决心。

（一）改革开放的基本国策是保证高职院校国际交流合作的最坚实背景

回顾中国近代历史，我们因为封闭、保守，与世界缺乏交流和沟通，错过一次又一次发展机遇。中国“康乾盛世”之时正是欧洲工业革命迅速发展之际，我们自满于传统的农业社会，根本不屑于通过国际间的交流了解国外的科技发明；1840 年鸦片战争之后，虽然有“师夷长技以制夷”的想法，但最终不敌封建保守制度，未能在惨痛的教训中醒悟。中华人民共和国成立初期，我国的对外政策及合作交流大都面向社会主义国家，这些交流与合作为国家建设积累了大量人才。由于国际政治的复杂性，国际合作交流也受到波及。另外，与西方世界的相对隔绝，使得我国仍然缺乏世界范围的交流与合作。1978 年，党的十一届三中全会作出把党和国家工作重点转移到经济建设上来、实行改革开放的历史性决策，中国的社会发展、经济建设驶入了快车道，坚持全方位各领域的改革开放在全社会已达成共识。高职院校正是诞生于改革开放之初，承载着快速培养经济建设需要的技能型人才的重任，一条比较重要的捷径就是借鉴国外成熟经验。因此，中国政府主动牵线搭桥，推动高职院校在开放交流中学习，在合作借鉴中改革。

（二）外向型经济发展战略要求高职院校必须主动开展国际交流与合作

出口、投资和消费是拉动中国经济增长的三驾马车。改革开放以来，我国政府选择的是外向型的经济发展战略，2019 年对外贸易量接近 32 万亿元，占 GDP 的比例约为 30%。从体量和比例上来看，对外贸易需要我国开展更高水平的国际合作。国家新的对外开放战略，不仅要求产品、服务标准与国际接轨，同时对职业技术人才的规格、素质等也会提出与国际接轨的要求，这些都直接推动了高职教育的国际化发展方向。高职人才培养的目标必须以国家经济发展的大方向为背景，服务于经济发展的总体目标。高职院校的国际交流与合作是保证高职人才更好地服务于外向型经济的必要途径。当然，今天中国的经济发展模式急需转型，由主要依靠投资、出口拉动向依靠消费、投资和出口协调拉动转变。但中国的外向型经济的基本发展方向并未改变，意味着大量的就业岗位仍然存在于外向型经济部门。这也必将进一步促进高职院校的国际交流与合作。

（三）技术引进、吸引利用外资需要高职院校通过国际交流与合作培养出高素质技能型人才

技术引进和吸引利用外资是发展中国家追赶发达国家的重要手段，这也是中国实现赶超的必然选择。但是，一个国家引进先进技术不一定就能获得健康、长远发展。关键在于能否在学习、掌握先进技术的过程中不断创新，形成自己的技术优势。高技能人才通常工作在生产、建设、管理和服务第一线，对企业引进的技术、设备是最直接的应用者，因此对消化吸收先进技术、开展技术创新有着重要的作用。先进技术的国际化特征不可避免地要求人才培养的开放性和国际化要求。

一个国家能否吸引外资主要看投资环境，在投资环境的构成因素中，劳动

力的可获得性是一个非常重要的方面。以往我们吸引的是一些劳动密集型工业的投资，因此只需要提供掌握初级技术的普通劳动力即可。现在要转向吸引技术、知识密集的高新科技产业，那么必须提供训练有素的高技能人才。这些都要求高职院校不能关起门来办学，国际交流与合作是提高人才培养质量的有效途径。

（四）国家“软实力”的提升对高职院校国际交流与合作提出更高要求

作为一个新兴的全球性经济大国，中国的迅速崛起已经成为当今世界的重大事件之一。但一个国家只有经济的发展是远远不够的，必须伴以一种具有凝聚力的文化认同力量，即所谓的“软实力”。对于国家的软实力而言，教育起着基础而关键的作用，教育交流与合作起着展示和促进的作用。作为一个后发职业教育大国，我们一方面通过国际交流与合作，引进优质的国外职教资源，另一方面也在交流与合作中积极展示中国的文化成果和职教经验。作为一个有着悠久历史的文明古国，一个举办着世界上最大规模的职业教育的国家正在尝试走出一条中国特色的职业教育之路。高职院校国际交流与合作的广度和深度从一个侧面反映了中国经济发展的速度，也从一定程度上反映了中国软实力的提升。

三、经济社会变革

（一）产业技术升级

经过 40 多年改革开放的发展，中国在取得巨大经济成就的同时，也带来了环境、资源、人口等一系列问题，到了必须调整经济结构、实现产业升级的时候。产业升级过程中会出现很多新兴职业。对于中国来讲的新兴职业，可能在发达国家早一步已经存在，这些职业的准入标准、培养方式都可以通过广泛的交流和合作加以学习和借鉴。积极开展高职院校的国际交流与合作已不仅是教育和学术方面的问题，而是社会发展和国际竞争的战略问题。对高等职业技术教育的认识和研究不能只局限于教育的内部，而必须更多地关注教育的外部，既要立足国情，又要放眼世界。

（二）劳动力市场需求和人才强国战略

高技能人才短缺是一个全球性的问题，中国的情况尤其突出。造就高层次人才、培养高技能人才的“两高”是中国“人才强国”战略的重点。要把沉重的人口负担转化为丰富的人力资源，只有通过教育来实现，而快速有效的教育类型就是职业技术教育。因为在目前中国教育市场中，职业技术教育更贴近普通大众，是面向每个人的教育，是以就业能力、谋生技能培养为主要任务的教育形式。国内经济建设极需大量生产一线的高技能人才，巨大的国际劳动力市场对于高技能人才的需求也较大。但是，教育的加速发展并不是一个自然过程，一般得益于制度创新。在教育发展的历史中，有两个重要的制度创新：一是国家对教育的制度安排；二是教育开放。职业技术教育有领先开放的优势，其发展的空间更广阔，培养国际化应用型人才的市场需求更急迫，当然不可否认，其难度也更大。充分利用国际优质资源，按国际标准加速高技能人才的培养，缓解劳动力市场的压力，缓解人口压力，是高职院校责无旁贷的责任和义务。

（三）科技革命的要求

2008 年，金融危机波及全球各个角落和各行各业，导致发达国家经济增长率下降，发展中国家和地区出口受阻。历史上每次金融危机均伴随着贸易保护主义的抬头，导致很多出口产品的反倾销调查和反补贴调查。在经历历史罕见的国际金融危机之后，一个抢占战略性新兴产业发展制高点的潮流正在世界涌动。美国力图在新能源、基础科学、航天技术等方面取得突破；欧盟致力于发展绿色经济，保持绿色技术领域的世界领先地位；俄罗斯主要开发纳米和核能技术；日本重点开发能源和环境技术；中国经济则处在新兴产业战略性选择以及产业结构调整的关键时刻。

只有在科技上有重大突破和创新，才能带动经济结构的重大调整，提供新的增长引擎。每一次金融危机的爆发都是以新的科技革命为转折，而每一次科技革命都会使技术得到升级，催生很多新的职业，并由此对职业技术教育提出更高的要求。中国社会的转型、经济的转型均需要教育的转型，经济发展需要坚持改革开放，加强与世界各国的交流与合作教育改革更需要通过广泛的国际交流与合作来培养具有国际视野、熟悉国际惯例、了解产业发展方向的劳动者。

（四）世界制造中心的繁荣与巩固

工业化进程对于一个国家的进步具有重要的推动作用。衡量一个国家工业化水平的最重要标志就是制造业的发达程度。世界制造中心根据其产生基础，有成本性质的世界制造中心，即依靠低成本优势来成为世界制造中心；还有技术性质的世界制造中心，即通过拥有先进技术优势而成为世界制造中心。目前，中国的“世界制造中心”主要依靠的是低成本劳动力。这种劳动力的“比较优势”决定了我国在国际产业分工链中的组装工序地位，虽然工作辛苦程度很高，但是仅仅获得价值链的低端微薄利润。当前和今后一段时间中国要实现充分就业，参与国际竞争，这样的低成本优势仍具有不可替代的作用。但需要强调的是，因为国际分工的性质决定了即使是“组装工序”上的岗位，其所需要的技能型人才也必须具备“规范性”特质。要能够在成熟技术和工艺流程的框架下，进行符合国际标准的“规范操作”，这也是中国在当前国际分工格局中充分发挥劳动力资源丰富的“比较优势”，进一步巩固现有地位的关键所在。

图 3.1 所示为部分国家制造业增加值占比的变化趋势。

彩色高清图片

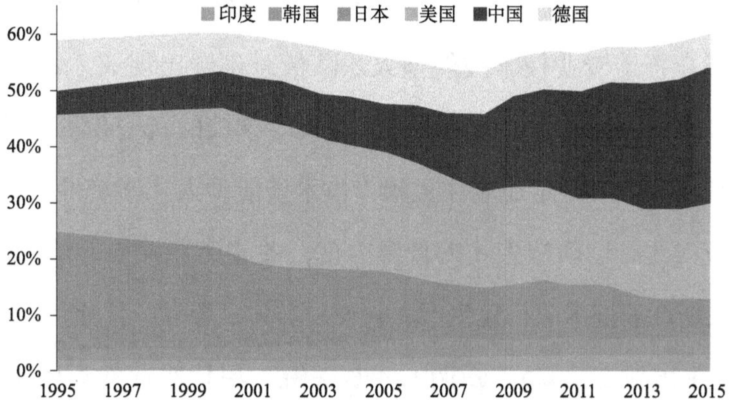

图 3.1　部分国家制造业增加值占比的变化趋势

（资料来源：OECD，招商证券）

从图 3.1 数据看，1995 年至 2015 年的 20 年，中国抓住全球第四次产业链转移的机遇，获取日本、美国和德国的制造业份额。中国在全球制造业增加值中所占的比重由 1995 年的 4.4% 持续扩大至 2015 年的 24.5%，增加 20 个百分点，居于全球首位。美国、德国、日本和韩国比重则稍微下降。中国得到的两个重要战略机遇点分别是：一是 2001 年加入世界贸易组织；二是 2008 年危机之后的转型升级。在这两个时间点之后，中国在全球制造业增加值中所占的份额都出现了更为显著的扩大。从这一数据出发，如果用一句话简单概括第四次全球产业链转移，就是中国崛起成为新的“世界工厂”，成为制造业增加值最大的创造国；在国际上，主要代替了同样位于东亚的日本的地位，一定程度上挤占了美国和德国的份额。附带提示一点，在这 20 年中，印度在全球制造业增加值中所占比重逐步上升 1.5 个百分点，被国际投资者视为第五次产业转移的重要目的地国。

在我国全面实施制造强国战略，制造业持续快速发展、建设制造强国的关键时期，现代职业教育作为提供人才输送的教育保障，要积极回应经济社会全面发展对技术技能人才培养提出的新要求，发挥教育制度优势主动适应新形势，增强职业教育吸引力，保障人才输送数量，建立高效的政策实施机制，完善落实制度，保障人才输送质量；由于制造业信息化与工业化发展速度飞快，为保证在打造专业技术技能型人才队伍时不会出现人才数量匮乏，应尽快制定引导普通本科高等学校向应用技术类高等学校的转型政策；增强现代职业教育吸引力制度政策的制定还应注重培养技术技能型人才、培训经营管理型人才、生产性服务人才、创新型人才的教育力度，关注产业发展的最新动态，吸收、消化、传递最新产业技术，构建生产、管理、转化、研发一体化产业人才培育体系。

《中国制造 2025》强调人才是关键，现代职业教育体系建立完善的人才供给体系、通畅的人才输送渠道、立交桥式的育人模式是服务于制造强国战略的根本保证；创新型制造业体系是核心，现代职业教育体系应围绕市场导向、企业主体、官产学结合的跨领域、跨行业协同发展的创新型制造业体系不断完善，建立以行业企业为主导、以人才为主体、制度政策支持的跨界协同发展的现代职业教育体系；智能制造、绿色制造、高端制造、品牌制造是我国制造业在实现至 2025 走向国际制造业强国过程中的主要突破口，也是现代职业教育供给侧改革中对人才供给提出的新要求，在未来全球制造业产业链、供应链、价值链（见图 3.2）都在重新调整的重要阶段，现代职业教育培育的复合型人才、工匠型人才、技能型人才、专业型人才输送成为战略实施的关键环节。

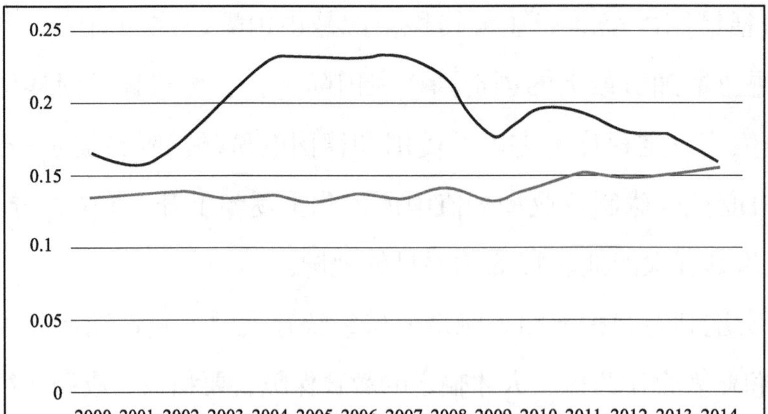

彩色高清图片

图 3.2　中国在全球价值链中的参与度

四、拓展高等教育发展空间

（一）国际交流与合作促使高职院校参与共享世界知识体系

现代大学以创造和发展知识为天职，而今日世界由于国际知识体系的存在，某些知识假如不被这一网络所接纳并传播，则在很大意义上不能被称为知识。高等职业技术教育是高等教育的一种类型，同样涉及知识的发现、传授和应用的问题。从知识的角度来讲，无论是偏重学术性的高等教育，还是偏重职业性的高等教育，都有其存在的价值和意义，不存在孰轻孰重的问题。对于某一国具体的高等教育系统来讲，根据社会发展的不同阶段、经济发展的不同要求，对高等教育“学术性”和“职业性”会有所偏重。当前，中国的工业化任务尚未完成，又面临着信息化的挑战。我们不仅需要大批拔尖创新人才，还需要数以千万计的专门人才和数以亿计的普通劳动者。建设世界一流水平的大学和建设世界一流水平的高等职业院校同等重要。

OECD 在关于知识经济的报告中指出，人类的知识体系可以分为四类：第一类为“知道是什么”，这是叙述事实的知识；第二类为“知道为什么”，这是阐述规律和原理的知识；第三类为“知道怎样做”，这是关于生产工艺和程序的知识；第四类为“知道是谁”，这是关于谁知道“为什么”和“怎样做”方面的知识。不同的知识类型要求有不同的获取方式，职业教育中传递的知识主要是“知道怎样做”的知识，也称程序性知识，这类知识的获得不仅要求理解，知道怎样做，懂得为什么这样做，而且要求会做，并形成能力。由此可见，有关“知道怎样做”的知识既需要发现和传授，更重要的是找到教会学生应用的途径和策略。自从知识与公共产品一样被认为是人类的共同财富，合作就一直存在于高等教育之中。世界上任何一个国家都不可能在所有技术上都始终处于领先地位，也不可能有一种固定的模式适合传授所有的技术应用。因此，世界范围内的知识共享是必需的，在交流与共享中产生碰撞，相互借鉴，取长补短。中国有着博大精深的文化底蕴和踏实进取的实干精神，在世界知识体系中应该占有一席之地，承担职业性高等教育的高职院校要主动分享自己的智慧成果，同时汲取他国的知识精华，以求为人类在这一领域的共同进步贡献力量。

（二）国际交流与合作促进各国高职院校共同提高人才培养质量

职业带[①]（见图 3.3）是西方国家的人才结构理论模式，用以表述各类工程技术人才的地位、特点、演变发展及与教育关系。每一类人才占有一块面积，从 A 至 B 为技术工人区域，C 至 D 为工程师区域，E 至 F 为技术员区域。技术员地位居中，称为中间人才。由于职称与应负实际工作并无明确分工界线，各类人才交界处是重叠的。图中斜线 A'D 的左上方代表手工操作和机械技能，右下方代表科学和工程理论知识。

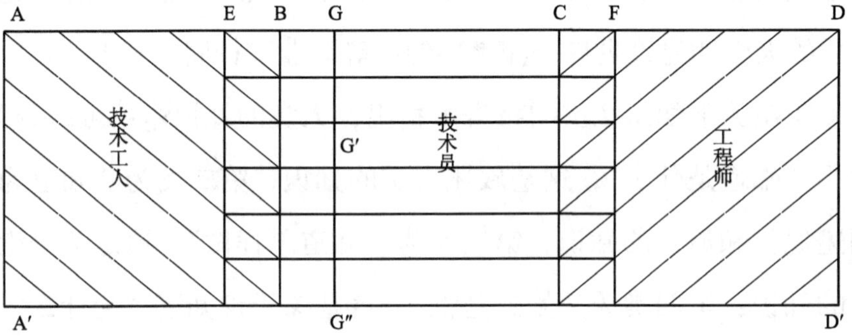

图 3.3　职业带理论示意图[②]

对技术工人的要求主要是操作技能，对工程师则是理论知识，对技术员两方面都需要。如以 GG'G" 表示某一职业岗位，其对操作技能与理论知识两方面要求分别用线段长度 GG' 与 G'G" 表示。职业带随着生产技术发展而变化。大工业出现初期，仅有工程师与技术工人两类人才。20 世纪以来，工程师因理论要求提高而在职业带上右移，与技术工人间出现空隙，由新型人才技术员填

① 顾明远. 教育大辞典[M]. 上海：上海教育出版社，1998.

② 教育大辞典编纂委员会. 教育大辞典：第 3 卷[M]. 上海：上海教育出版社，1991：236.

补。这种发展还在继续，导致技术员区域的扩大和技术员类人才的多层次化。各国都按三类人才的特点与地位确定相应的教育制度。在美国，培养工程师的称为专业教育，培养技术工人的称为职业教育，培养技术员的称为技术教育。

现代职业教育因其服务于现代工业，越来越呈现出一个趋势，即一国的职业教育目标与国际趋同，教学内容与国际接轨。职业教育因其与经济发展的互动性最强，受到各国政府的高度重视。在经济全球化的背景下，无论是跨国企业还是国内企业，都希望打开国内和国际两个市场，因此其工艺流程、产品质量必须符合国际标准。高职院校追求的就是学校教育与社会生产实践的零距离，因此广泛的国际交流与合作可以有效地保证职业教育目标、教学内容的国际同步。从未来发展的趋势看，各产业的各个职业领域所需的技能都呈现出不断提高的趋势。这些是全球各国遇到的问题，需要通过广泛的交流与合作共同提升人才培养的质量。

（三）国际交流与合作使高职院校增强迎接国内外竞争的勇气和实力

2001 年中国正式加入 WTO，并对教育服务贸易做出了有条件、有步骤的承诺，职业教育市场最先开放，吸引了大量国外高校、教育机构和企业纷纷抢滩。西方发达国家凭借丰富的职业教育和培训经验，及其与跨国企业一起走向世界的国际通用的职业资格证书，对我国的职业教育和培训形成巨大挑战。此外，许多新型的高等教育提供者不断涌现，现代远程教育提供的教育产品和服务纷至踏来，这些都对我们的教育体系、体制造成冲击，使传统模式下的职业教育和高等职业院校承受前所未有的压力。

高职院校已经不是在选择要不要面向国际市场，而是只能选择迎接挑战，考虑如何在国际竞争中把握机遇。高职院校在充分利用国际职教资源、分享国际职教经验的同时，还负有捍卫国家主权，提升我国高职教育质量，在国际竞争中争得一席之地的义务。高等职业技术教育质量的国际认可、高职学历、文凭的国际承认、高技能人才的全球流动、跨境合作办学等，都要求高职院校加强国际交流与合作。高职院校必须主动融入教育国际化的发展大潮中。

（四）国际交流与合作使高职院校培养的人才具备参与世界劳动力市场竞争的能力

经济全球化、生产国际化和国际直接投资直接带动了管理人员、技术专家和熟练工的国际迁移。劳动力国际迁移有助于减轻迁出国的就业压力；有利于增加迁出国外汇来源；有助于提高迁出国劳务输出人员及家属的消费水平；有利于迁出国吸收国外先进技术与管理经验。

在当前及今后相当长一段时间，中国巨大的人口压力始终对国内就业市场是一个挑战。充分利用经济全球化的契机，加大对国际劳动力市场的开拓不失为明智之举，中国已经迈出了这一步。国家鼓励企业“走出去”跨国经营，在国际范围内重组生产要素，以我为主导利用两个市场、两种资源。通过中国企业“走出去”的战略，完全可以解决部分高技能人才的就业问题。同时，世界范围内高技能型人才的短缺也为我们在国际劳动力市场的竞争创造了良好的宏观环境。因此，加大高职教育的国际化元素、培养具有国际竞争力的高技能劳动者是应对未来社会的前瞻之举。

（五）国际交流合作使高职院校借助外力深化内部改革

我国的高职院校中，公办院校占据绝大多数，集中了大部分职教资源，有着巨大的办学潜力。但不可否认的是，高职院校并未摆脱中国高等教育长期以来在计划体制下发展的既有模式，行政化管理色彩浓厚、部门条块分割严重、市场营销意识淡漠、缺乏竞争意识、缺乏先进的教育理念、缺乏有职教特色的师资队伍、缺乏与产业的紧密互动、缺乏科学的评价机制、缺乏有效的学生实践平台等。以上种种，如果仅依靠高职院校的内部改革，力度不够、视野不宽，需要借助国际交流与合作这一冲击力，为高等职业院校的改革带来新的思想，注入新的活力，使我国高等职业院校在教育观念、管理体制、运行机制、人才规格、人才培养、教育模式和课程教材上按国际化要求进行改革和调整，从而增强高职院校的实力和竞争力。

经济、科技的全球化进程，要求中国高职教育面向世界，在全球化进程中实现角色定位。肩负历史使命的高职院校，只有摆脱狭隘眼界和封闭模式，主动开展国际交流与合作，才能站在世界和时代的高度，造就能迎接未来挑战的新型人才。

第四节　我国高职院校国际交流与合作的影响因素

一、国家宏观层面的教育国际交流战略待系统化

我国现行的关于教育国际交流与合作的思想主要表现在具体的国际性活动上，多以《条例》或《规定》的形式出现，如《中外合作办学条例》《关于自费出国留学的规定》《关于开展校际交流的几点意见》《关于聘请外籍学者为名誉教授的几点意见》《高等学校接受外国学生管理规定》等。另外，就是在一些重要教育规划之中专列一条或一款论述教育对外开放的指导性意见，如《中共中央关于教育体制改革的决定》(1985)、《中国教育改革和发展纲要》(1993)、《2003—2007 年教育振兴行动计划》等。2016 年以来，在“国家骨干校”建设、“双高校”建设等具体项目中对国际交流与合作都提出了具体要求，并对相关方面提出了指导性意见。这些政策的制定和实行的确对高校国际交流与合作起到了促进和引导作用。但是，仅仅是个别具体项目政策层面的指导、笼统的指导性意见只能是局部的、短期的效应。有时不同政策和条例之间会出现交叉矛盾的地方。教育、税收、海关等政府不同部门还会出台一些发展方向不同的政策。有学者定义教育国际战略“是一国对国际社会和本国国际教育活

动总路线进行的整体认识和谋划”。战略层面的规划是全局的、系统的、长期的发展愿景。

二、高职院校自身实力不强、特色不明显

全国 1 300 多所高职院校中，除了原来老牌专科学校、为数不多的职业大学、独立升格的资深中专学校，还有很多职业学校是在 21 世纪初刚刚成立的。这些学校成立时间较短，积累相对有限，一般来讲刚刚经过规模扩张后的稳定期。因此无论是专业内涵、课程体系，还是师资队伍、科研实力都有待提高。相当一部分高职院地处内陆，本身与外界接触就不多，再加上文化上的保守性和视野上的局限性，并没有充分认识到经济全球化对世界发展的深远影响和现实挑战，没有充分认识到“一带一路”对于中国教育的现实意义。这些视域上的不宽广、认识上的不到位，再加上本身办学实力不强，都影响高职院校国际交流与合作的能力。

同时，我国高职院校目前呈现出千校一面，缺乏自己的大学精神和独特文化的趋势。国家出台一个政策、教育部出台一份指导性文件、职教专家提出一种课程模式，所有的高职院校就以此为标准，机械地加以模仿，导致人才培养缺乏特色。而没有特色、没有优势的学校就没有话语权，在国际交流与合作中会始终处于被动和依附的状态。

三、基于共同利益的合作基础还需要不断探索

任何合作都需要以共同的利益为基础，如果不是互利共赢的合作，最终是难以持续的。加拿大外交家莱斯特·皮尔逊在谈到为什么要援助时认为，道义上的答案是富者与贫者共同分享，这仅仅是应该的，但它肯定不是问题的全部，事实上它并不是国际开发援助所依据的主要基础。最大可能地利用全世界的人力物力资源，唯有经过国际合作才能实现，它不仅有利于那些在经济上弱

小的国家，同时也有利于那些强大而富有的国家。皮尔逊的论述，虽然是针对国际援助来讲的，它却深刻地揭示了国际合作中最为本质的东西——双方都在谋求自身的利益，都从合作中得到好处。援助项目如此，其他类型的国际交流与合作更是如此。没有这种内在的动力，就没有国际交流与合作。因此在国际交流与合作中不仅要考虑自己需要什么，还要考虑对方需要什么，双方在合作中能否实现互利共赢。合作项目的成败在于是否能找到共同的利益基础。在这一点上，无论是政府部门还是高职院校都应该深刻理解。

美国向全球优秀学子提供大量奖学金，其目的绝非无私援助，而是为美国揽取高端人才。新加坡邀请全球顶尖高校在新加坡举办分校，并非不担心对国内高等教育的冲击，而是要成为区域教育中心以延揽高素质人才，弥补国内的人力短缺。

比如在我国，教育一直被认为是一种公共产品，其本身具有公益性。但是中外合作办学的引进，让人们对于教育是否可以具有市场属性开展了讨论。20世纪末以来，西方主要发达国家纷纷把教育作为一种重要的服务贸易，教育国际交流已经从意识形态的竞争转向经济收益上来。但国内相当一部分人认为《中外合作办学条例》中明确规定中外合作办学是公益性事业，因此就不应该有市场属性。他们认为，如果教育可以盈利，就会影响办学者的办学方向和办学目标，要达到利润最大化，必然会使成本最小化，这样就会降低教育质量，从而最终损害受教育者的利益。但是问题的另一个方面是，当前中国的教育资源并不是十分丰富，且地域间差别严重，还不足全面较好地满足人民群众受教育的要求，因此引入市场机制，让一些办学项目以质量来吸引学生的较高投入，从而缓解资源短缺的压力，也让市场机制本身来决定其发展前景。从长期来看，只有质量好的办学项目才会使受教育者满意，也才会赢得更多的受教育者。而要保证质量好，必要的投入是必需的，否则自然会被淘汰。只要这种办学不是纯粹的商业目的，不应该受到太多限制。诸如此类的利益平衡在国际交流与合作的各个方面都会存在，因此能否找到合作的基础决定了合作的可持续性。

四、缺乏双向交流机制

改革开放40多年来，我国高等职业教育通过，积极学习吸收发达国家和地区先进的职业教育办学经验，培养了大量人才，有力支撑了中国制造和中国品牌走出去。但目前来看，我国高等职业院校办学水平和国际影响力还比较低。有学者对全国231所高职院校国际化进行研究发现，仅有34.6%的学校聘用了外籍教师，具有海外博士经历的专任教师比例仅为0.2%；被调查院校当年出国留学人数仅为1.7人/校，有95.4%的院校尚未招收留学生，90.8%的高职院校尚无经国外认证机构认证的专业；80.5%的高职院校没有同外商建立任何实训基地，16.4%的高职院校同国外教育机构签订了中外合作办学项目。①

为此，我国需要从国家层面制定系统科学的高等职业教育国际化战略发展规划，为高等职业教育国家化办学的理念和发展指明方向。同时，不断完善我国高等职业教育国家化办学的政策体系，制定有关资金、人才培养、交流平台、合作办学、课程开发、教材引进、教师交流、科研合作、项目合作、学生交流等方面的专项法规、规章，为高等职业教育国际化提供指引和具体操作依据。另外，我国还需要配合国家的对外开放战略，继续深化与高等职业教育发达国家的对话交流，引进和吸收先进经验，注重效果和成效，加强本土化改造，并在实践基础上加大对办学经验和模式的提炼总结，形成一套具有中国特色、国际通用性、内涵丰富的高等职业教育国际推广模式。积极参与高等职业教育标准与规则的研究制定，配合“一带一路”倡议，探索对沿线新兴经济体

① 柯婧秋，王亚南．高等职业教育国际化：现状、问题及对策[J]．职业技术教育，2017(36).

和发展中国家职业教育的援助渠道和政策，提升我国高等职业教育的国际影响力。

五、文化交流缺乏深入

2015 年 3 月 8 日，我国正式发布了《推动共建丝绸之路经济带和 21 世纪海上丝绸之路的愿景与行动》。在此“愿景与行动”中，国家确定了与沿线国家合作的主要内容，即政策沟通、设施联通、贸易畅通、资金融通、民心相通。民心相通是所有行为的最终阶段。这“五通”中，“教育”二字虽然没有直接提到，却是“五通”的基础，特别是“民心相通”的基础。欧亚的重生，以及一个“亚洲时代”的到来，正在塑造一个新型的世界秩序，教育和文化的传播是这一切的根基所在。

与此相关的，中国已经在推动教育板块的国际化，希望从国际的视角、语言技巧以及跨文化沟通各方面来吸引国际人才，输出中国的文化。2015 年，中国发起了丝绸之路大学联盟，将五大洲超过 130 家大学结成联盟，此联盟由中国西安交大统筹。这个联盟主要是寻求成员学员之间的合作，共同在高等教育领域推动“一带一路”。2017 年 6 月正式推出的“一带一路”教育倡议不仅深化了中国与新加坡、越南以及其他太平洋邻国在教育与科技方面的联系，还将联通了俄罗斯、土耳其以及欧洲国家。

2015 年，中国发起了丝绸之路大学联盟，将五大洲超过 130 家大学结成联盟，此联盟由中国西安交大统筹。这个联盟主要是寻求成员学员之间的合作，共同在高等教育领域推动“一带一路”。2017 年 6 月份正式推出的“一带一路”教育倡议不仅深化了中国与新加坡、越南以及其他太平洋邻国在教育与科技方面的联系，还联通了土耳其以及俄罗斯等欧洲国家。根据美国国际教育研究学会（IIE）的统计数据，与一带一路相关的中外教育项目到 2018 年已经多达 2 539 个之多。

“一带一路”所体现出的国际化、全球化，让我们不得不思考教育的输出和融合，对于今后这些相关国家的高等人才培养，让他们不仅有技术、懂汉语，同时也充分地体验和认同中国文化，这对于“一带一路”建设中投资、基建、科研、政府关系起到决定性作用。未来，中国要在“一带一路”的构想下加深文化交流，以国际教育合作为重要模式，加强与沿线国家的沟通。

第四章

我国高职院校国际交流与合作的形成

我国高等职业技术教育国际交流与合作伴随着改革开放的发展而繁荣，经过 40 多年的努力，取得了令人瞩目的成就，成为实现中国高等教育大众化的生力军。后发外生型的高职教育从诞生起就与中国改革开放同步；外向型经济发展模式加速了为产业界培养一线技能人才的中国高职教育与国际职教界的交流与融合；“一带一路”倡议更为这种交流与合作增加了新的动力；同时，规模和质量不断提升的高职院校也越来越自觉地意识到国际交流与合作对院校发展、人才培养的作用。

第一节　我国高等职业教育国际化的历程及政策

明晰职业教育国际化政策的历史脉络及其逻辑，是确定当前职业教育国际化发展战略与创新路径的基础。改革开放以来，我国对高等学校国际化办学由行政审批转向政策指导，高等学校国际化办学不断迎接新的挑战。

一、我国高职教育国际化政策

通过梳理分析我国改革开放以来有关政策文本，可以发现职业教育国际化探索经历了起步、推进、提速和转型 4 个阶段。

（一）职业教育国际化起步阶段（1978—1992 年）

1978 年，党的十一届三中全会召开，改革开放拉开序幕，为职业教育国际化探索的起步奠定了基础。自 1978 年到 1992 年，我国职业教育国际化探索处于起步阶段，重点在学习引进国外职教先进理念和经验。

（二）职业教育国际化推进阶段（1992—2002 年）

1992 年邓小平同志南方谈话以后，党和国家对职业教育国际化工作做出实质性规定和积极推动。3 年后颁布的《中华人民共和国教育法》鼓励境外力量到中国办学和合作办学。1996 年颁布的《中华人民共和国职业教育法》，除对职业教育开放办学予以规定外，还提出“鼓励境外的组织和个人对职业教育提供资助和捐赠”。在其后配套落实的政策法规文件中，职业教育国际化的形式、途径及内容得到了拓展。1998 年，多部委联合印发的《关于实施〈职业教育法〉加快发展职业教育的若干意见》，在高等职业教育教材建设工作中就专门提出“加强引进国外职教优秀教材”。这一时期出台的与职业教育相关的一系列政策法规奠定了职业教育国际化发展的基础，其政策框架逐步搭建成形。

（三）职业教育国际化提速阶段（2002—2012 年）

适应我国 2001 年加入世界贸易组织后的新形势，这一时期的职业教育国际化发展进入提速期。1999—2012 年我国职业教育国际化相关政策如表 4.1 所示。

表 4.1　1999—2012 年我国职业教育国际化相关政策

颁布年份	颁发部门	文件名称	文件内容
1999 年	全国人民代表大会常务委员会	《高等教育法》	对高等教育基本制度、高等学校的设立、组织和活动、教师和其他教育工作者、学生等进行界定
2002 年	国务院	《关于大力推进职业教育改革与发展的决定》	积极引进国（境）外优质职业教育资源
2003 年	国务院	《中华人民共和国中外合作办学条例实施办法》	鼓励在高等教育、职业教育领域开展中外合作办学
2004 年	教育部	《中华人民共和国中外合作办学条例实施办法》	指导我国职业教育国际化工作和职教领域开展合作办学的重要文件
2005 年	国务院	《关于大力发展职业教育的决定》	在优质资源引进、中外合作办学等方面扩大对外开放
2010 年	国家中长期教育改革和发展规划纲要工作小组办公室	《国家中长期教育改革和发展规划纲要（2010—2020）年》	在优质教育资源引进、政府间学历学位互认、海外办学、公派出国留学等方面进行了规划布局，并提出了具体的实施计划

这一时期，我国教育对外开放进一步扩大，职业教育国际化实践推进路径逐渐明晰。

（四）职业教育国际化转型阶段（2012年至今）

党的十八大以来，我国职业教育国际化逐步迈向以转型升级、提质增效为主要特征的新阶段。2012年至今我国职业教育国际化相关政策如表4.2所示。

表4.2　2012年至今我国职业教育国际化相关政策

颁布年份	颁发部门	文件名称	文件内容
2013年	教育部	《关于2013年深化教育领域综合改革的意见》	扩大教育对外开放主要途径为“五个一”，职业教育国际化工作逐渐向机制化、项目化、高质量方向发展
2014年	国务院	《关于加快发展现代职业的决定》	将职业教育国际化融入办学模式当中。推动与中国企业和产品“走出去”相配套的职业教育发展模式，注重培养符合中国企业海外生产经营需求的本土化人才。积极参与制定职业教育国际标准，开发与国际先进标准对接的专业标准和课程体系
2014年	多部委联合印发	《现代职业教育体系建设规划（2014—2020年）》	加快培养适应我国企业走出去要求的技术技能人才
2015年	教育部	《关于深入推进职业教育集团化办学的意见》	要求职业教育服务国家“一带一路”倡议
2015年	发改委、外交部、商务部	《推动共建丝绸之路经济带和21世纪海上丝绸之路的愿景与行动》	打造政治互信、经济融合、文化包容的利益共同体、命运共同体和责任共同体
2016年	教育部	《推进共建“一带一路”教育行动》	加强“丝绸之路”人文交流高层磋商，充分发挥国际合作平台作用，实施“丝绸之路”教育援助计划，开展“丝路金驼金帆”表彰工作

续表

颁布年份	颁发部门	文件名称	文件内容
2016年	科技部、发改委、外交部、商务部	《推进“一带一路”建设科技创新合作专项规划》	明确农业、能源、交通等“一带一路”科技创新合作十二大重点领域，提出深化人文交流，与沿线国家合作共同培养科技人才，加强平台建设，支撑重大工程建设，促进科技资源互联互通，共建特色园区等
2016年	中央办公室	《关于做好新时期教育对外开放工作的若干意见》	加强与其他国家和多边组织的务实合作，充分发挥教育在“一带一路”建设中的重要作用
2017年	中央办公厅	《关于深化产教融合的若干意见》	开发符合国情、国际开放的校企合作培养人才和协同创新模式
2018年	国务院	《关于推动创新创业高质量发展打造“双创”升级版的意见》	拓展创新创业国际交流合作，推动形成一批国际化创新创业集聚地，将“双创”打造成为我国与“一带一路”等世界各国合作的亮丽名片
2019年	国务院	《国家职业教育实施改革方案》	培训评价组织应对接职业标准，与国际先进标准接轨，按有关规定开发职业技能等级标准
2019年	国务院	《中国教育现代化2035》	推动我国同其他国家学历学位互认、标准互通、经验互鉴
2019年	中共中央、国务院	《粤港澳大湾区发展规划纲要》	提出构建极点带动、轴带支撑网络化空间布局、建设国际科技创新中心、加快基础设施互联互通、构建具有国际竞争力的现代产业体系、推进生态文明建设宜居宜业宜游的优质生活圈、紧密合作共同参与“一带一路”建设
2019年	教育部、财政部	《关于实施中国特色高水平高职学校和专业建设计划的意见》（“双高计划”）	在继续加强优质资源引进的基础上，制定并输出世界认可的中国标准和中国方案，打造中国职教品牌，在“一带一路”进程及国际产能合作领域进行国际化技术技能人才培养及促进中外人文交流
2019年	中国高等教育学会	《高等学校境外办学指南（试行）（2019年版）》	从多方面对高等学校境外办学提供实操层面的技术指导

续表

颁布年份	颁发部门	文件名称	文件内容
2020年	教育部	《教育部等八部门全面部署加快和扩大新时代教育对外开放的意见》	对新时代教育对外开放进行了重点部署，支持打造教育对外开放新高地，着力破除体制机制障碍、培养具有全球竞争力的教育方案

这一时期，我国职业教育国际化在内涵、方式、途径上都植根于职业教育体系建设和国家战略发展中，积极主动服务党和国家工作大局，无论是“引进来”还是“走出去”，职业教育国际化从“你来我往”的学习模仿、单向借鉴和引进吸收迈向以标准对接为导向、以合作交流为基础、以互利共享和交流互鉴为旨归的质的深化。

二、广东省高职教育国际化政策

现阶段，广东省政府针对高等职业教育国际化出台了相关的政策法规，对职业教育国际化未来发展方向和中外合作办学等进行指导。从其政策出台的密度来看，主要分为2015年以前的起步期，2015—2018年的快速发展期，以及2019年以后的提质扩容强服务期3个阶段，如表4.3所示。

表4.3　广东省职业教育国际化相关政策

颁布年份	颁发部门	文件名称	文件内容
2015年	广东省人民政府	广东省人民政府关于创建现代职业教育综合改革试点省的意见	坚持产教融合、校企合作，大力提升人才培养质量。坚持国际合作、开放交流，积极借鉴国内外发展现代职业教育的先进理念和培养模式，形成有广东特色的现代职教发展新格局
2018年	广东省人民代表大会常务委员会	《广东省职业教育条例》	鼓励职业学校开展职业教育对外交流与合作，依法引进国际先进、成熟适用的专业标准、专业教材体系、专业认证体系与其他教育资源，参与职业教育国际标准制定，输出优质职业教育资源，提高职业教育国际化水平

续表

颁布年份	颁发部门	文件名称	文件内容
2018 年	广州市商务委	《广州市参与国家“一带一路”建设三年行动计(2018—2020 年)》	提出了包括建立广州市参与“一带一路”建设工作机制、建设电子信息平台、开展“一带一路”宣传推介和课题研究、加大营商环境改革力度、维护口岸贸易秩序等保障措施
2019 年	广东省人民政府办公厅	《广东省职业教育“扩容、提质、强服务”三年行动计划(2019—2021 年)》	以“扩容”为重点，着力增加优质职业教育资源以“提质”为核心，大力培养高素质产业生力军、以“强服务”为目标，提高职业院校社会服务能力

第二节　我国高职院校国际交流与合作的发展历程

在经济全球化和教育国际化的背景下，我国高职院校不断推进教育的国际交流与合作，国家出台系列政策鼓励高职院校开展教育国际化的探索与创新，希望高职院校努力办好一批示范性中外合作办学机构和项目。经过近 30 年的发展，我国高职院校中外合作办学初具规模，截至 2020 年底，根据我国教育部教育涉外监管信息网的数据统计，全国依法经地方教育行政部门审批报教育部备案的高职中外合作办学项目和机构已接近 1 000 个。我国高职院校中外合作办学快速发展的同时，出现了许多问题，尤其是教育模式固化缺乏创新，影响了国际化技术技能人才培养目标的达成。

一、现代职教体系构建与教育国际化

自 20 世纪 80 年代以来，经济全球化的发展已经形成了一种不可逆转的趋势，无论我们对其所持何种态度，它都已经成为当今世界最具有代表性的时代特征。教育的发展由经济基础，即社会生产力和经济发展状况决定。因此在讨论当前的教育问题时，理应将经济全球化这一重大的时代背景考虑在内。经济全球化使得教育具备了跨越时间和空间界限的国际化趋向。同时，新世纪以来，国家提倡建立适应地方经济社会发展需要，满足人民群众多样化职业教育需求，具备“贯通”“衔接”“立交”“融合”特征的现代职业教育系统，尤其强调职业教育体系的开放性。因此，要研究高职院校中外合作办学，就不能不研究它的上位语境：经济全球化、教育国际化和现代职教体系构建。

（一）现代职教体系构建

为实现现代职业教育的发展，提升其发展质量，并深入贯彻落实《关于加快发展现代职业教育的决定》，建立并逐渐完善现代职业教育体系、提升现代职业学校办学活力，从而服务于全面建设小康社会的发展目标，由教育部、财政部与国家发展改革委员会等相关部门共同编制了《现代职业教育体系建设规划（2014—2020 年）》。目前，党中央和国务院从党和国家工作的全局出发已经做出了加快发展现代职业教育的这一战略决策，现代职业教育的目的在于满足经济社会的发展需要，主要是面向经济社会发展与基层服务生产线，旨在培养适用型和技能型的实用人才，同时有效推动劳动者可持续职业发展的一种新型教育类型。所以，建立健全现代职业教育体系，能够有力地促进现代职业教育服务于社会生产方式的转变，带动社会实现更广泛的就业，并推动信息化、工业化的进一步发展，对打造升级版的中国经济，创造并实现更大的人才红利，推动我国社会和文化建设，满足新阶段下人民群众生产与生活的多样化需求，最终实现民族复兴的伟大中国梦均具有十分重要的意义。

自从改革开放以来，我国在职业教育改革和发展方面已经取得了诸多成就：中等和高等职业教育不断发展，各职业院校基础能力明显提高，产教结合以及校企合作得到不断深入开展，中职与高职之间的衔接也不断取得新进展。然而，我国职业教育在发展过程中遇到诸多问题：缺乏社会吸引力、发展理念不够先进、行业企业对教学的参与力度不足、人才培养模式不够科学以及国际化程度不高等，这在经济发展方面主要表现为职业教育未能促进经济发展方式的转变上。因此，抓住时代所赋予的发展机遇，以发展性的战略眼光、现代的教育理念、国际化视野助力现代职业教育体系的建设，推动现代职业教育发展成为实现教育公平、教育现代化，以及建设人力资源强国的重要选择。

现代职教体系构建是新时期中外合作办学的新背景，开放、贯通是现代职业教育体系的重要特质之一。因此，在职业教育发展过程中，需要大力引进国（境）外优质的职业教育资源；结合自身的人才培养目标和办学宗旨，引进并学习国际上先进、成熟的人才培养规格标准、相关专业课程等；加强国外优质师资的引入，对职业院校聘请外国专家提供相应的政策支持；积极开展合作办学，鼓励职业类院校与国（境）外高水平的院校建立相应的合作关系，鼓励高水平、高质量中外合作办学机构和项目的创设。对职业类学校通过各种途径“走出去”“引进来”给予更多的资金、政策支持。在经济全球化、教育国际化和现代职教体系建构的背景下，职业教育国际合作将持续深入，使得中外合作办学成为职业教育国际合作的新领域，而中外合作办学的关键点在于有效引进境外优质的教育资源，合理构建人才培养模式。

（二）教育国际化

同其他学科领域相比，教育学界一直到 20 世纪末才对全球化展开相对系统的研究。为反映高等教育国际化的时代需求，1980 年，美国卡内基高等教育研究理事会出版一本名为《扩展教育的国际维度》的书，此高等教育研究所的理事会主席克拉克·科尔在该书中说道：现阶段我们要形成一种能够超越学院观念的全新的教育理念，即教育要实现国际化。鉴于全球性的现代科学技术与生产的重大发展，教育受到内外因素的联合促进，许多社会和国际组织（如联合国教科文组织 UNESCO、国际劳工组织 ILO）对教育国际化起着推波助澜的作用，教育国际化的概念逐渐被更多的人所接受和认同。其中，在 1998 年由 UNESCO 于法国巴黎举办的世界高等教育大会，将教育国际化纳入重要议事日程，该大会明确指出当今高等教育的三大核心概念：针对性、高质量与国际化。在 1997—1998 年召开的欧洲教育联合会年度会议上，对教育国际化进行了制度层面的研究与讨论。经济全球化为各国之间就教育资源方面的交流创造了条件并提供了巨大的推动力，从而使得世界各国、各地区的教育日趋对国际市场开放，各国、各地区能够利用国际化教育这一全球的教育市场来壮大本土教育，从而促进全球教育实现大发展。各国教育的发展程度存有众多的差异，世界各国、各地区的精英教育、大众教育乃至普及教育的发展水平千差万别，因此发展存在着不均衡性。为满足大众广泛、多样的教育需求，去更高教育水平国家跨国攻读学位乃至跨国办学的现象已逐渐普遍。

教育国际化一方面是一个特定的历史现象，另一方面也是一个借助人力不断实现的过程。就内容而言，其包括诸如教育观念、课程资源、教学人员以及相关信息等各种各样教育资源的跨国界流通、交流；就方针而言，为了培育出一批可以理解国际性事务，能够有效应对出现在多样化世界中的各种事务、具有国际视野与胸怀的国际化人才；就其功能而言，其一方面会对整个教育体系的变革和发展产生推动作用，另一方面其也逐渐发展为衡量现阶段我国教育发展水平的重要标准之一。教育国际化不仅仅是单一方向的交流，也体现在扎根本土文化的同时，又能应对整个世界的心态。但不管从哪个角度来看，确定教育国际化发展战略的出发点与归宿都是以发展本国教育为最终宗旨，借此来推动经济、政治和文化的发展，并促进整个人类社会文明的不断演进。

因此可以认为，教育国际化产生于经济全球化的时代背景，经济全球化的哲学理念指导着教育国际化开展。经济全球化为教育的国际化提供了坚实的物质基础，同时教育在经济全球化的发展过程中不断加快自身的国际化进程，并不断反哺经济全球化，为其提供坚实的人才支撑。

二、高职院校国际合作主要阶段

中外合作办学已经成为高校开展国际交流、进行国际合作的一个至关重要的形式。20 世纪 80 年代初改革开放渐入佳境，自陆续出现一些短期职业大学以来，众多高职院校纷纷借助各种各样的途径来加强国际交流与合作，在发展过程中积极面向世界，不断吸收、借鉴其他国家在职业教育领域的各种先进经验，通过引进国（境）外优质的教育资源，加强教师队伍国际视野的培养，创新课程体系等，实现了我国高职教育的后起发展。我国高职院校中外合作办学主要经历了以下三个发展阶段。

（一）高职院校国际合作准备阶段（1978—1992 年）

1978 年 6 月 23 日，邓小平在听取清华大学的工作汇报时明确指出“我赞成留学生的数量要增大”，“这是五年内快见成效，提高我国水平的重要方法之一。要成千成万地派，不是只派十个八个”。“要千方百计加快步伐，路子要越走越宽”。这个指示促使公派留学成为当时开展高等教育国际交流的重要途径。最初，国家公派留学和招收留学生以及各国教师交流主要集中在一部分重点本科院校，国际交流过程中非常重视学术氛围。

在改革开放之后的最初时期，我国经济建设的发展需要大量应用型的技术技能人才，然而当时的高校却无法满足经济发展对此类人才的需求。职业大学，即相当于当前的高职院校在此背景下应运而生。由于高职教育属于一种新型的教育类型，所以不管是人才培养目标、人才培养模式还是相关的专业设置与课程资源开发等方面，都没有相应的参考经验可用。为此，我国政府开始面向经济以及教育发达的国家寻找参考经验。德国的“双元制”[①]首先引起了中国的关注。1983 年，南京市教育局与德国汉斯·赛德尔基金会共同合作建立了南京建筑职业技术教育中心（也就是南京高等职业技术学校），成为中国和德国之间的首个合作项目。之后，苏州、无锡、常州、沈阳、沙市以及芜湖 6 个城市也开始借鉴德国“双元制”职业教育方面的有关经验，开展职业教育改革试验。由国家政府、企业和社会协同合作办学的德国职业教育重视企业发展的需要，在办学过程中坚持以企业为主体，尽量满足市场需求，同时重视培养和提升学习者的职业能力，德国职业教育模式为当时的中国职业教育提供了参考。

在不断深入的交流中，中国政府也逐渐强烈地认识到，要想加快经济发展，促进社会进步，需要不断学习和借鉴世界发达国家成熟的职业教育体系，推动职业教育改革与发展的较快进行，从而在较短时间内突破经济和生产力发展“瓶颈”。因此，我国政府开始不断加强和其他国家政府之间的合作，也积极寻求一些国际组织的援助，为职业教育的发展争取资金支持。20 世纪 80 年代中期，我国政府从世界银行贷款 3 500 万美元，用于支持当时我国 17 所职业大学的发展。世界银行提供的贷款为当时经费严重短缺的中国教育创造了“生机”，对于各类职业类院校硬件设施以及职业教育师资水平的提升均起到了关键作用。

---

① 双元制是源于德国的一种职业培训模式，所谓双元，是指职业培训要求参加培训的人员必须经过两个场所的培训，一元是指职业学校，其主要职能是传授与职业有关的专业知识；另一元是企业或公共事业单位等校外实训场所，其主要职能是让学生在企业里接受职业技能方面的专业培训。这种模式在德国的企业中应用很广，现在也被我国的一些企业借鉴或采用。

总之，该阶段高职类院校国际交流与合作与普通院校的留学生互派以及师资交流不同，大都以政府主导的项目援助为主要方式。

（二）高职院校国际合作起步阶段（1993—2000 年）

1993 年，教育部印发的《中国教育改革和发展纲要》第 14 条明确提出“需要加强教育对外开放力度，广泛开展我国教育与国际教育之间的交流合作，不断吸收和借鉴国际上其他国家在教育发展和管理方面的经验”。公派留学类型更为丰富，规模增大，包含国家公派留学生、单位公派留学生以及高等学校自主选派留学生。出国留学生数量的增加也刺激了来华留学教育的发展。除了重点院校，普通高等院校只要具备了相应的教学和生活条件以及科研管理能力，均能接受外国学生。

同时，政府间国际合作项目使更多的高等院校受益。1994 年 7 月，中德两国政府联合发布了《中华人民共和国政府和德意志联邦共和国政府关于加强职业教育领域合作的联合声明》。在该声明推动下，德国政府向我国教育领域提供了 600 万马克的平行贷款，后期又追加至几千万马克，支持北京、上海、辽宁 3 个职业教育研究所的顺利建设，也就是后来的教育部职教中心研究所、沈阳师范大学职业技术教育研究所和上海市教科院职成教研究所。另外，中国也开始了同加拿大高等职业教育的合作（即“CCCL”项目），包括先进职业教育理念借鉴、教师培训、仪器设备、校企合作等方面。该项目中方有 29 个院校参与，加拿大共有 33 个院校参与。现阶段，我国首批 28 所国家示范性高职院校很多都隶属该项目的范畴。加拿大政府提供的援款很大程度上缓解了我国高等职业教育经费紧张的状况，也提供了经费使用标准和规范。

另外，从 20 世纪 90 年代开始，我国沿海地区的很多高职院校主动和国外高校之间建立合作关系，其根本目的是为学生提供更宽广的海外升学的渠道。一部分发达国家开始将过剩的教育资源当作一种盈利的产业，而中国广大的教育市场则成为很多此类海外国家的关注点。“不出国的留学”办学模式，即中外合作办学也开始起步。1993 年，金陵职业大学与澳大利亚高校开展课程合作，实施“2+1”培养模式，即前两年在金陵职业大学学习，后一年在国外技术学院学习。这是当时我国高职教育领域首个跨国分段式教育培养的合作办学项目。1995 年 1 月，国家教委发布了《中外合作办学暂行规定》，该《暂行规定》实施之后，我国沿海地区的一些高职院校逐渐加强中外合作办学。通过国外优质教育资源的积极引进填补了国内很多专业的空白，有效培养了很多紧缺型人才。与此同时，在中外合作办学过程中，各类国际通行的职业资格等级证书也开始被关注。1994—2000 年间，我国职业技能鉴定中心（隶属劳动与社会保障部门）与英国合作委员会联合创办了“中英职业资格证书合作项目”，构建了以职业能力标准为基础的具有国际水平的职业技术鉴定体系。

（三）高职院校国际合作快速发展阶段（2000 年至今）

在进入 21 世纪以后主要受“中国入世”，即中国正式加入了世界贸易组织（WTO）影响，中国针对教育服务贸易做出了一些承诺。我国政府鼓励在高等教育和职业教育领域方面的合作办学。

首先，政府间合作办学项目效果显著。在同德国、加拿大开展合作项目的基础上，中国也开始了同澳大利亚的合作项目。从 2002 年开始到 2007 年结束的“中澳（重庆）职教项目”成为两国政府迄今为止在职业教育领域规模最大的合作项目，取得了显著效果。澳方共投入了 1 942 万澳元的资金，中方也提供了 530 万澳元的配套资金，建立了 50 多所中澳合作职业院校，澳大利亚的 TAFE 体系得到了广泛借鉴。2009 年，国家财政部和欧佩克国际发展基金联合签署了有关“云南职业教育项目”的贷款协议，这也是中欧合作的第一个项目。该项目总投资 4.92 亿元人民币，同时通过国外优惠获得 3 200 万美元的贷款。贷款资金主要用于昆明冶金高等专科学校、云南工业职业技术学院、云南机电职业技术学院以及云南文化艺术职业学院 4 所高职类院校的硬件设施建设方面。由此可见，政府间合作项目的开展对于职业类，尤其是高职类院校来说受益颇多。

其次，加快引进国际职业资格证书及相应课程体系。1999 年，中华人民共和国劳动和社会保障部联合德国技术合作公司设立的“中德职业资格证书合作项目”，促进了我国职业教育人才培养认证方面和国际间的接轨。国家教育部在职业教育中引进国际职业资格培训和证书，包括意大利时装设计师证书、法国物业管理和美容证书、日本电器维修证书以及英国护士培训证书等。我国众多高等职业院校教学体系不断引入国际职业资格证书，尤其是新兴行业和领域的国际职业资格证书，并要求学生在毕业时同时获得毕业证书与职业资格证书。

另外，高职院校中外合作办学项目和机构蓬勃发展。通过中外合作办学不断加强和世界发达国家之间关于学历、学分以及学位互认，为校际交流合作提供了广阔的平台。2003 年 3 月 1 日，国务院发布了《中华人民共和国中外合作办学条例》，该条例第三条提出：“国家鼓励在高等教育、职业教育领域开展中外合作办学，鼓励中国高等教育机构与国外知名的高等教育机构合作办学”。高职院校中外合作办学项目得到快速发展。之后，政府部门颁布了一系列的政策文件和法律法规，一方面鼓励高职院校积极开展中外合作办学，另一方面，进一步规范高职院校中外合作办学行为，提升人才培养质量。2004年6月2日，教育部发布了《〈中华人民共和国中外合作办学条例〉实施办法》，成为先前颁布的《中华人民共和国中外合作办学条例》的延伸。2006 年 7 月 26 日，劳动和社会保障部发布了《中外合作职业技能培训办学管理办法》，该办法是为实施《中华人民共和国中外合作办学条例》，规范中外合作职业技能培训办学活动而制定。2007 年 4 月 6 日，教育部发布了《教育部关于进一步规范中外合作办学秩序的通知》，要求高职院校中外合作办学的重点放到加强内涵建设和提高教育质量上来。2009 年 7 月，教育部办公厅下发的《教育部办公厅关于开展中外合作办学评估工作的通知》中确立了对国内中外合作办学开展评估的方案和办法。2010 年 5 月，国务院常务会议审议并通过了《国家教育中长期改革和发展规划纲要（2010—2020 年)》，将我国中外合作办学的发展方向转向提升办学质量、优化治理上来。2013 年，教育部还颁布了《教育部关于进一步加强高等学校中外合作办学质量保障工作的意见》，进一步指明了中外合作办学的发展目标。2019 年，教育部、财政部《关于实施中国特色高水平高职学校和专业建设计划的意见》(“双高计划”）提出：在继续加强优质资源引进的基础上，制定并输出世界认可的中国标准和中国方案，打造中国职教品牌，在“一带一路”进程及国际产能合作领域进行国际化技术技能人才培养及促进中外人文交流。在鼓励高职院校中外合作办学和提升中外合作办学质量上，上述文件及法律法规都起到了重要作用。

由于不同地区在经济发展水平、具体产业结构、人才发展需求乃至政府财政实力等方面均存在着较大的不同，所以不同地区在高职教育中外合作办学的发展规划和资源投入方面也存在一定的差异。不过，总的发展趋势呈现为：经济对外依赖越强的省份，对国际化素质人才的需求越高，因此该地区的高职类院校对外合作与交流就越频繁，具备更高的对外开放程度。以浙江省为例，截至 2018 年 7 月份，该省拥有中外合作办学项目机构 79 个，合作办学的专业领域包括国际金融、市场营销、计算机、物流管理等传统学科，同时也包括诸如人物形象设计、应用韩语等较为新兴的学科。

三、高职院校国际合作的发展现状

高等职业教育中外合作办学在经过了近 40 年的发展后，目前已经具备了一定的规模。在向世界开放上，与 70 多个国家和国际组织建立了稳定联系，有 400 余所高职院校与国外办学机构开展合作办学，成立海外独立举办的第一所高职院校“中国 - 赞比亚职业技术学院”。在“一带一路”沿线国家和地区建设“鲁班工坊”，打造中国职业教育国际品牌。在向产业开放上，配合国家发改委培育 800 多家产教融合型企业、试点建设 21 个产教融合型城市，构建了以城市为节点、行业为支点、企业为重点的产教融合新模式。成立 1 500 个职业教育集团，3 万多家企业参与职业教育；鼓励多元主体组建职业教育集团，确定 150 家示范性职业教育集团（联盟）培育单位。在向企业开放上，组建 56 个行业职业教育教学指导委员会，发布近 60 个行业人才需求预测与专业设置指导报告。遴选了 73 家职业教育培训评价组织，绝大多数是行业龙头企业、“小巨人”企业。现代学徒制试点参与企业 2 200 多家。

（一）高职院校中外合作办学区域分布

截至 2018 年 7 月，我国中外合作办学机构和项目的地域分布情况如下：东部 10 个省、直辖市共有中外合作办学非法人机构和项目 552 个（约占全国总数的 64%），其中北京 26 个，天津 9 个，河北 49 个，上海 58 个，江苏 213 个，浙江 79 个，福建 8 个，山东 46 个，广东 45 个，海南 19 个。中部的 6 个省，中外合作办学机构和项目共计 173 个（约占全国总数的 20%），其中山西 20 个，安徽 29 个，江西 27 个，河南 14 个，湖北 51 个，湖南 32 个；东北地区 3 个省份共有中外合作办学机构和项目 15 个（约占全国总数的 2%），其中黑龙江 1 个，吉林 11 个，辽宁 3 个；西部 12 个省、自治区、直辖市，中外合作办学机构和项目共计 122 个（约占全国总数的 14%），其中四川 32 个，重庆 17 个，广西 13 个，陕西 11 个，内蒙古 11 个，云南 13 个，贵州 15 个，新疆 10 个，而甘肃、西藏、青海、宁夏等西部 4 个地区则没有中外合作办学机构和项目。高职中外合作办学项目和非法人机构区域分布情况如表 4.4 所示。

表 4.4　高职中外合作办学项目和非法人机构区域分布情况

区域	省（自治区、直辖市）	项目	非法人机构
东部地区	江苏	206	7
	上海	55	3
	浙江	74	5
	北京	24	2
	山东	41	5
	河北	48	1
	广东	44	1
	天津	8	1
	福建	6	2
	海南	19	0
小计		525	27
中部地区	湖北	50	1
	河南	13	1
	江西	27	0
	湖南	32	0
	安徽	28	1
	山西	19	1
小计		169	4
东北地区	黑龙江	1	0
	吉林	11	0
	辽宁	2	1
小计		14	1
西部地区	四川	31	1
	重庆	16	1
	广西	13	0
	陕西	10	1
	内蒙古	11	0
	云南	13	0
	贵州	14	1
	新疆	10	0
	甘肃	0	0
	宁夏	0	0
	青海	0	0
	西藏	0	0
小计		118	4

由此可以发现，改革开放后，我国高等职业教育领域虽然在合作办学方面得到了快速发展，各区域均开展了相应的中外合作办学项目，成立了一些中外合作办学机构，但是在地区分布上呈现出明显的不平衡状态：东部和中部地区集中了绝大部分的中外合作办学机构和项目，但东北地区的 3 个省份以及西部地区的 12 个省、自治区、直辖市，尤其是偏远地区的中外合作办学机构或项目数量则十分有限。

（二）高职院校中外合作办学的具体办学类型

在高等教育领域，对于中外合作办学的具体类型在划分时有所区别。按照合作办学的根本性质，一般情况下将中外合作办学划分为两种类型：中外合作办学机构及中外合作办学项目；依照中外合作办学机构与合作项目中具体合作方来源的不同，又能将其分为官方中外合作办学机构与项目、其他中外合作办学机构与项目。除此之外，还可以按照中外合作办学机构的法人资格划分为两种类型：具有法人资格及不具有法人资格。由表 4.4 的统计可以看出，在我国东部地区共有 525 个中外合作办学项目，27 个中外合作办学非法人机构；中部地区共有 169 个中外合作办学项目，4 个中外合作办学非法人机构；东北地区共有 14 个中外合作办学项目，1 个中外合作办学非法人机构；西部地区共有 118 个中外合作办学项目，4 个中外合作办学非法人机构。我国高等职业教育领域的中外合作办学的层次有了逐步的提升，合作数量有了大幅度增加，合作机构也开始逐步成立，但目前中外合作办学机构中暂时没有拥有独立法人资格的项目。

（三）高职院校中外合作办学的国外合作主体分布

过去 20 多年间，职业院校在中外合作办学方面有了飞速的发展。在与中国合作开办双学历教育的众多国家之中，澳大利亚与德国等发达国家是非常重要的参与方。在 2013 年 9 月至 10 月期间，习近平主席在访问中亚与东南亚国家时，提出了关于共同建设“丝绸之路经济带”和“21 世纪海上丝绸之路”的倡议。国家发展改革委员会、外交部以及商务部三方共同颁布了《推动共建丝绸之路经济带和 21 世纪海上丝绸之路的愿景与行动》。“一带一路”沿线区域主要包括含中国在内，及东南亚、南亚、西亚、北非、中东欧、中亚、独联体及其他共计 65 个国家和地区。从我国高职院校现有中外合作办学合作方所在区域来看，可从表 4.5 看出“一带一路”沿线的相关国家及地区的合作项目和机构所占比例不高。

表 4.5　高职中外合作办学合作主体分布情况

合作方所在国家与地区	项目与机构数 / 个	总量占比 /%
大洋洲地区（澳大利亚、新西兰）	259	31.24
北美地区（美国、加拿大）	244	29.43
西欧、中欧及北欧地区（英国、爱尔兰、法国、德国）	186	22.44

从表 4.5 可知，现阶段，我国高职院校开展的中外合作办学的合作主体主要聚集于北美地区、大洋洲地区及欧洲部分地区，所占的比例高达八成以上。在“一带一路”沿线的国家中，当前虽已有 7 个国家与我国国内高职院校联合创办了办学项目，但是总体合作办学数量甚至比与日本、韩国两国的合作还要低，所占的比例不高，大约占全部合作方国家的 10%，因此高职院校中外合作办学的区域分布严重不均衡。以上现象说明，国内高职院校在选择合作伙伴时忽略了教育资源的多样性，甚至在一定程度上依然秉持了“西方发达国家至上”的观念，不适于我国教育行政部门的顶层设计，且与新兴教育服务消费的市场发展态势不相符。说明我国高等职业教育中国外合作办学尚处于“跟随”阶段。

（四）高职院校中外合作办学现有模式

截至 2018 年 7 月，在中外合作办学监管工作信息平台上公布的经地方依法批准且教育部备案的高等专科教育的中外合作办学项目和机构共有 862 个，其中已经注销或者停止办学的项目共有 45 个，已停办的机构共有 1 所。中外合作办学机构和项目遍布全国 27 个地区，其中江苏最多有 213 个（其中 31 个已停），次之浙江有 79 个（其中 4 个已注销）。中外合作办学项目涉及学制主要有三类：两年制、三年制和五年制，其中三年制在项目中使用得最为广泛。

1. 两年制中外合作办学模式

截至 2018 年 7 月，在中外合作办学监管工作信息平台上公布的两年制高等专科教育中外合作办学项目共有 10 个，具体项目信息如表 4.6 所示。10 个项目中只有保险职业学院的国际商务（会计）项目和江苏联合职业技术学院的学前教育项目还未到招生终止年份，本研究将以这 2 个项目为两年制项目代表。保险职业学院的国际商务（会计）项目是与澳大利亚北墨尔本技术与继续教育学院联合举办的中外合作办学项目。项目招收的是填报保险职业学院第一志愿国际商务（中外合作办学）的应、往届高中毕业生，并且需要达到保险职业学院在当地的高考录取分数线，同时有较好的英语基础（英语成绩在 80 分以上）。就师资情况而言，项目内所有专任教师均已参加澳方师资培训，获澳方专业教师资格认证，并且商务英语课程全部由澳方的英语教师授课，确保学生英语水平能有大幅提升。就课程设置而言，项目主要有四大模块课程：雅思、商务管理、财会和保险，通过模块化教学实现学生英语能力和专业知识技能的提升（详见表 4.6）。项目内学生毕业后可以选择出国留学；境外带薪实习或就业；国内专升本（全日制）；国内套读本科（自考）；外企、银行、保险公司等金融行业工作。

表 4.6　两年制高等专科教育中外合作办学项目

序号	招生终止年份	中方院校	外方院校	开设专业	地区
1	2022	保险职业学院	Northern Melbourne Institute of TAFE，Australia（澳大利亚北墨尔本技术与继续教育学院）	国际商务（会计）	湖南
2	2019	江苏联合职业技术学院	Everett Community College，USA（美国埃弗里特社区学院）	学前教育	江苏
3	2017	山西药科职业学院	Mohawk College of Applied Arts and Technology，Canada（加拿大莫哈克文理与技术学院）	医药营销专业	山西
4	2016	上海对外经贸大学	RMIT University，Australia（澳大利亚皇家墨尔本理工大学）	国际贸易	上海

续表

序号	招生终止年份	中方院校	外方院校	开设专业	地区
5	2015	太原工业学院	College of the North Atlantic，Canada（加拿大北大西洋学院）	会计专业	山西
6	2015	太原工业学院	College of the North Atlantic，Canada（加拿大北大西洋学院）	应用电子技术专业	山西
7	2013	上海电视大学	Kyoto Seika University，Japan（日本京都精华大学）	动漫设计与制作	上海
8	2013	山东艺术学院	Woosong University，KR（韩国又松大学）	影视动画设计	山东
9	2013	太原工业学院	College of the North Atlantic，Canada（加拿大北大西洋学院）	机械制造与自动化专业	山西
10	2011	中国矿业大学徐海学院	TAFE of New South Wales，Northern，Sydney Institute，Australia（澳大利亚北悉尼技术及继续教育学院）	酒店及旅游管理专业	江苏

江苏联合职业技术学院的学前教育项目是与美国埃弗里特社区学院联合举办的中外合作办学项目。项目招生为自主录取，从完成前 3 年学业的五年一贯制在校生中录取，录取的学生需要赴海外学习 1 年。因此，该项目并非纯粹的两年制项目，属于介于两年制和五年制之间的项目。

2. 三年制中外合作办学模式

截至 2018 年 7 月，在中外合作办学监管工作信息平台上公布的三年制高等专科教育中外合作办学项目共有 849 个，具体项目信息可见中外合作办学监管工作信息平台。浙江工商职业技术学院三年制的国际商务项目就是其中的代表。浙江工商职业技术学院的国际商务项目是与澳大利亚霍姆斯格兰学院联合举办的中外合作办学项目。项目招收的是参加高考的普通高中毕业且符合浙江工商职业技术学院录取标准的学生。项目内教师均能用双语授课，并且有 12 名教师已经获得澳大利亚 TAFE 四级证书。课程设置以融合澳方引进课程、中方特色课程和单设实训课程为主，同时注重学生商务技能、沟通能力、职业素质、服务意识和对于多元文化的认知能力等五大模块能力的培养。每年项目有 10% 以上的毕业生到澳大利亚攻读本科，已有近 20 人获得硕士学位。

3. 五年制中外合作办学模式

截至 2018 年 7 月，在中外合作办学监管工作信息平台上公布的五年制高等专科教育中外合作办学项目共有 3 个，具体项目信息如表 4.7 所示。江苏联合职业技术学院的旅游管理项目是由江苏联合职业技术学院下属无锡旅游商贸高等职业技术学校与新西兰北方理工学院联合举办的中外合作办学项目。项目采用“4+1”模式，即 1~4 年级由双方在中国共同实施教学，5 年级在新西兰实施教学。项目招收的是参加中考的初中毕业且符合无锡旅游商贸高等职业技术学校录取要求的学生。教学师资由无锡旅游商贸高等职业技术学校提供，同时英语由外教授课，核心课程全英文授课。就课程设置而言，主要有旅游心理学、旅游营销、旅游电子商务、旅行社经营与管理等课程。项目内学生取得 L5 级证书（大专文凭）后能在新西兰及英联邦国家海外就业，也可以在新西兰北方理工学院或新西兰其他大学继续升学取得 L7 级证书（本科文凭）。

表 4.7　五年制高等专科教育中外合作办学项目

序号	招生终止年份	中方院校	外方院校	开设专业	地区
1	2023	江苏联合职业技术学院	Northland Polytechnic，New Zealand（新西兰北方理工学院）	旅游管理	江苏
2	2016	江苏联合职业技术学院	Everett Community College，USA（美国埃弗里特社区学院）	会计	江苏

续表

序号	招生终止年份	中方院校	外方院校	开设专业	地区
3	2021	宁波城市职业技术学院	澳大利亚西悉尼 TAFE 学院	金融 报关 市场营销 艺术设计	浙江

江苏联合职业技术学院的会计项目是由学院下属的江苏省徐州财经高等职业技术学校与美国埃弗里特社区学院联合举办的中外合作办学项目。项目采用“4+1”模式，即 1~4 年级由双方在中国共同实施教学，5 年级在美国实施教学。项目招收的是参加中考的初中毕业且符合江苏省徐州财经高等职业技术学校录取要求的学生。教学师资由江苏省徐州财经高等职业技术学校提供，美国埃弗里特社区学院对相关教师提供培训，同时在第 4 年派遣专业课教师在国内进行专业课授课。课程设置为 1/3 外方课程（英语授课）和 2/3 中方课程（中文授课）。完成合作办学的 4 年学业后，平均分达到 2.0（或 C）的学生均可到美国埃弗里特社区学院就读，语言成绩符合要求者（托福机考 61 分、托福纸考 500 分或者雅思 5.5 分）可直接继续 1 年的项目学习，语言成绩不符合要求者需要参加额外的语言课程，然后再进行 1 年的项目学习。

宁波城市职业技术学院中澳合作技术与继续教育学院是经浙江省人民政府批准、教育部核准备案，由宁波外事学校、宁波城市职业技术学院、澳大利亚悉尼 TAFE 学院三方合作组建的浙江省首家中高职一体的中外合作办学机构。该机构招收初中毕业生实施五年一贯制人才培养模式，开设金融管理与实务、报关与国际货运、市场营销和艺术设计 4 个专业。

4. 现有中外合作办学模式比较

分析可以看出，无论是两年制、三年制还是五年制的项目都有以下这些共同点：师资以中方提供为主，外方承担师资培训及部分英语教师和专业课教师的派遣；课程多为双语授课，提高学生英语水平是课程设置的重点之一；相对于其他专业，中外合作办学项目的毕业生选择出国留学的概率更大。相对于三年制和五年制项目，两年制中外合作办学项目最大的优势就是时间短，学生最快可以在 4 年的时间内获得本科学历。虽然五年制也可以达到，但是需要学生在更早的阶段（初中毕业）就做出规划，灵活性相对于两年制要低一些。时间短虽然是两年制最大的优势，但同时也是它的一大劣势，学生需要在 2 年内完成三年制在 3 年、五年制在 5 年内完成的内容，这就要求学生在更短的时间内提升英语水平并接受专业课教学，项目学习压力相对更大。因此，为了一定程度缓解项目内学生的学习压力，在招收时对学生的英语水平就有了一定的要求（英语成绩在 80 分以上）。

相对于两年制和三年制项目，五年制中外合作办学最明显的特点是第五年在国外授课，这对于许多规划出国留学的学生和家长而言具有很大的吸引力，但同时也意味着这些学生需要在更早的人生阶段（初中毕业）就做好规划。同样也正因为学制时间长，对于英语能力的培养和提升有了更充裕的时间，学生在进入专业课学习时压力会小一些。但是，五年制和两年制项目也存在一定的融通性，例如，江苏联合职业技术学院的学前教育项目，虽然这是一个两年制项目，但是招生对象为校内原五年制专业的学生，因此学生既能在前 3 年进行一定的英语水平提升，又能在 3 年结束时有再一次的选择机会，在一定程度上提高了五年制项目的灵活性。但是，这类项目针对的只是本校相关项目内学生，受益学生范围小。

第三节　我国高职院校国际交流与合作的特点与经验

我国高职院校 40 年的发展历程也是各高职院校国际交流与合作的实践过

程。国际交流与合作不仅使中国的高职教育少走了不少弯路，也为广大高职院校在自身能力建设上提供了借鉴的模板和提升的平台。40 多年广泛的高职院校国际交流与合作使我们更加清晰地看到各国职业教育发展的总体趋势、发达国家和地区在职业教育发展与改革中的基本经验，也让我们更加明确高职教育今后的发展方向，树立高职院校质量立校、特色发展的基本思路。

一、我国高职院校国际交流与合作的主要特点

改革开放以来，中国高职院校的国际交流与合作从无到有、从零星到频繁、从走马观花的考察到全面纵深的合作，大致呈现如下特点：

（一）官民并举，全面推进

波澜壮阔的改革开放是中国高职院校国际交流与合作的主要推动力量，相对落后、教育投入不足的现状也让中国政府更积极地寻求外部资源。因此，由政府主导的国际交流与合作始终扮演着重要角色。与教育对外开放相关的一系列政策的相继出台、政府间对话、政府间合作框架、争取国际组织的技术资金援助等，都为高职院校的国际交流与合作奠定了良好的基础。从过去的经验来看，政府主导型的交流与合作政策支持力度大、目的性强，各部门协调机制好，运行及延伸效果好。

与此同时，随着国际交流合作的蓬勃开展，一些民间机构如中国教育国际交流协会以及各地方教育国际交流协会，通过与国外国际教育协会的广泛联系、举办和开展高等教育论坛研讨会、召开国际教育展、组织与国外高层次的教育非政府组织、国内外职业院校的双边磋商与合作推进高层次人员海外培训等，整合国内资源，提供境外资讯，搭建平台，为高职院校的国际交流与合作的深入开展发挥越来越重要的作用。

高职院校自发开展的各项国际交流与合作是在内外两种力量的驱动下不断

推进的。一方面，经济全球化的不断深入、信息通信技术的广泛运用、人力资源的全球性流动是高职院校加大对外开放、加速教育改革的宏观背景。国内经济的迅猛发展、产业结构的不断调整、人民对于优质高等教育的追求、中国加入后职业教育领域国际竞争的加剧推动了高职院校为适应外部运行环境而进行自身能力建设。另一方面，经过规模扩张的高职院校对于内涵提升的渴望，对于特色发展的需求是高职院校扩大国际交流与合作的内在动力。国际交流与合作对于绝大多数高职院校来讲，起初是一个被动适应的过程，但随着越来越多的高职院校通过广泛、深入的国际交流与合作，不仅拓宽了视野、建立了平台、锻炼了师资，还提高了人才培养质量和办学实力，国际交流与合作正成为越来越多高职院校自觉的战略选择。内外结合的需求是高职院校国际交流与合作的持续动力，官民并举的局面会长期存在。

（二）形式多样化、规模扩大化

高职院校的国际交流与合作伴随着我国改革开放的进程在规模、形式和效益上不断发展。最初，国际交流与合作的方式较少、规模较小。对于高职院校来讲，主要是通过政府间的合作项目，个别院校才有机会参与其中。在派出人员方面也主要是通过向合作项目国家公派进修这个单一的渠道。

随着改革开放的深入，国家对教育国际交流与合作的政策更加宽松，鼓励高等院校积极主动地加强国际交流与合作。高职院校结合自身发展的需求，不断借助外部条件，与外部力量牵线搭桥，共融发展，成为高职院校国际交流与合作的显著特点。中国政府从经济发展、人才强国的战略角度，认识到职业教育的重要性，同时教育模式相辟国际交流与合作的渠道、丰富形式、扩大规模。早期主要是中方人员外出学习考察，现在来访外宾的数量大幅度增加，来访的目的也呈现出多样化的趋势，从最初的单纯教育输出，到目前的文化交流、寻求合作转变。国际交流与合作正逐渐从单向式发展为双向交互式。

（三）广泛交流、找准定位

40多年来，通过国际交流与合作，我们一方面比较全面地了解了先发工业化国家的职教发展历程、当前职业模式，职业教育与经济发展的互动关系；另一方面也了解了一些后发新兴工业化国家和地区职业发展的追赶过程，同时还了解到部分发展中国家、第三世界国家的职教现状。我们越全面地了解发达国家经济、教育发展的过去、现在和未来趋势，就越深刻地认识到人力资源特别是技能型人才对于经济增长、社会发展和科技进步的重要作用。经济越发展，社会越进步，分工越复杂，越需要高素质的技能型人才，自然越需要培养适应经济全球化背景下地方经济建设所需的人才。我们越深入地与世界各国加强交流与合作，也就能越清晰地定位中国的高职教育。高职院校可以根据自身实际，在世界职教坐标中找准自己的定位，不仅明确本校的努力方向，也在寻找比较优势。

（四）博采众长，因地制宜

在中国早期高等教育的国际交流与合作中，由于意识形态等方面的原因，常常出现只和一个国家进行交流与合作，全面照搬一种教育模式，历史经验已经证明这种交流是不充分的交流、这样的合作也是不理智的合作。高职院校的交流与合作打破了由来已久的高等教育对外交流的不合理现象。虽然推介也有先后之分，学习借鉴也有阶段性的重点国家或主要职教模式，但总体上来看，高职院校的国际交流与合作，没有局限于某一个特定的国家，也没有完全照搬某一种成熟的职教模式。世界各国经济发展水平不同、社会制度不同、经济结构不同、产业特征不同、劳动就业制度不同，因此职业教育各具特色。但凡是成功的职教模式，都有一个共同的特点，那就是职业教育与本国经济发展、文化背景、社会需求紧密相连。

中国五千年的历史、文化源远流长，我们正在举办世界最大的职业教育。在学习、吸收、借鉴一切先进经验的基础上，只有结合中国实际，大胆实践，才能探索出具有中国特色的高职教育发展之路。中国的高职院校也只有博采众长，找准自己在国际、国内、区域、行业的定位，打造自己的特色，才能直面来自国内国际的激烈竞争。

（五）互惠互利、合作共赢

中国改革开放初期，政府做出了教育开放的决策。职业教育领域最初的国际交流与合作基本都是建立在外国政府、基金会或国际组织的援助基础上。随着中国经济实力的增强、职业教育体系的不断完善，中国高职院校与国外教育机构、企业开始向平等交流、合作共赢的方向迈进。以中德职业教育合作为例，中国高职院校在交流与合作中得到了技术援助、资金援助、改善了办学条件、学习了先进经验、培养了师资，与此同时，德国也“熟悉了中国的政治、经济、教育和市场情况，为本国技术推广、企业经营、贸易增长、经济发展营造了良好的国际环境”。以中澳政府间合作为例，1999 年开始执行的“中澳大学校长领导能力建设项目”，随后又接连续签协议，早期项目由澳大利亚政府资助，中国教育国际交流协会单方面派出大批中国大学副校长赴澳学习考察。后来，中国教育国际交流协会与澳大利亚大学校长委员会决定以中澳大学校际间交流形式继续开展此项目，由原来每年从中国到澳大利亚单向组团改为隔年中澳双向交流。中国教育国际交流协会与澳大利亚技术与继续教育学院院长委员会于 2005 年签署协议，双方同意开展“中澳高职院长领导能力建设项目”。此项目也是双方互派院长。

二、我国高职院校国际交流与合作的主要经验

（一）对外开放是高职院校国际交流与合作的原动力

从我国社会政治、经济的发展来说，十一届三中全会将党和国家的工作重心转移到经济建设上来，这一伟大的战略转移使得中国的对外政策也随之发生了一系列重大变化。中国重新认识和把握机遇，充分认识到作为一个后发现代化国家，亟须研究、学习、借鉴国际经验，以较短的时间、较快的速度赢得宝贵的发展时间。正是改革开放的伟大政策，中国人才凝心聚力，解放思想，不

仅认真研究和借鉴欧美、东亚、拉美的工业化和现代化正反两方面的经验，而且关注发达国家和地区在实现工业化和现代化过程中教育尤其是职业教育所起的作用。因此，改革开放是中国高职院校开展国际交流与合作的宏观背景，也为国际交流合作指明了方向。

（二）高职院校国际交流与合作是教育对外开放的重要组成部分

教育是民族振兴和社会进步的基石，教育对外开放是国家对外开放事业的重要组成部分。中国的对外开放就是从高等教育领域率先开始的。而“出于政治、经济、人才和技术等多方面的考虑，最先选择职业教育首先对外开放”。高职院校作为与改革开放同步发展的新型高等教育机构，其国际交流与合作是中国教育对外开放的重要组成部分。高职院校的国际交流与合作由最初的项目援助、资金援助，逐步扩展到聘请外国语言教师、外国文教专家、模式试点、技术支持，再发展到学生海外升学、职教理论研究、教育合作论坛、中外合作办学、合作专业开发、合作建立机构、招收留学生等更加广泛的领域。从国际交流与合作在每一个阶段所关心的主要问题都能看到中国教育对外开放所关心的热点。虽然除了参与政府间合作项目外，国际交流与合作的其他开展形式均滞后于普通本科院校，但表现出强劲的发展势头。高职院校国际交流与合作首先是在社会改革开放的大环境中发生的，必然呈现出先由政府主导，再向民间过渡，最终实现官民并举的局面。同时，高职院校的国际交流与合作是国家对外教育政策的一部分，因此其总体步调与国家整个对外教育政策、改革开放政策是基本同步的，那些与教育主权、教育市场开放程度有关的国际交流与合作要明显滞后于简单的人员互访、师资培训。而中国教育体制的特点也反映在高等院校内外部管理的方方面面，包括国际交流与合作。由政府牵头的教育交流与合作，因为强有力的政策支持，常常还伴有经费支持，无论是效果还是影响面都更加深远。需要政府审批的国际交流与合作常常出现社会其他领域管理中“一刀切”的简单管理带来的不适应，而且政策往往落后于实践。民间自发的国际交流与合作，经过教育市场的选择，呈现出越来越生机勃勃的局面。中国正式加入后，高职院校如何迎接教育服务贸易的挑战，利用教育服务贸易的机会，是新世纪高职院校需要解决的一个问题。高职院校的国际交流合作与经济建设、社会发展紧密相连。

（三）经济社会发展是高职院校国际交流与合作的根本动力

首先，中国是后发工业化国家，且确立了外向型经济发展战略，经济领域需要充分对外开放，以谋求发展的后发优势，因此要求直接为经济建设输送人才的高职院校通过国际交流与合作，建立现代职教体系、树立先进职教思想，培养适合经济发展、产业升级、融入国际分工的人才；其次，中国经济融入世界一体化，教育市场也融入全球职教体系，来自国内一千多所高职院校以及来自国际教育市场的职教机构的竞争压力要求高职院校要有开放的胸怀，找准自身的定位，高职院校自身发展的内在力量要求高职院校广泛交流，深入学习，大胆创新，进行教育教学改革和内部管理体制改革，办出特色。

从最初沿海城市兴办短期职业大学开始，中国高职教育发展的主要目标始终是为了满足经济社会发展的需要。在一个较短的时期内大量地引进外资、引进技术、引进设备，国家希望高职院校能够承担起培养技术转化力量人才的重任。这样的要求一方面推动政府主动引荐世界发达国家的职教经验，搭建交流合作的平台，另一方面也要求高职院校主动加强学习，自觉提升技能。

（四）高职院校自身实力的增强丰富了国际交流与合作的内涵

经过20世纪80年代的摸索，90年代的稳步推进和新世纪的快速发展过程，在短短30多年（从20世纪80年代开始至今）时间里，高职院校的办学条件得到了翻天覆地的变化。高职院校明确了“以培养高等技术应用性专门人才为根本任务”的发展方向，“以服务为宗旨、以就业为导向、走产学结合发展道路”的指导方针，以及“校企合作、工学结合、顶岗实习”的人才培养模式。前教育部部长周济曾这样评价中国的高职教育“从发展方向和目标来看，我国的高职教育要比美国的社区学院和日本的短期大学更清楚；从针对知识经济的兴起来看，我国的高职教育要比德国的双元制和澳大利亚的国际交流与合作考虑得更加长远。作为一种新兴的高等教育类型，中国的高等职业技术教育已经走在了世界高等职业技术教育改革发展的前列”。中国特色的高等职业技术教育初现端倪。随着办学实力的增强，高职院校在国际交流与合作的地位和作用也在发生潜移默化的改变。最初是简单地迎来送往以及“项目引进来，人员送出去”，即单向引进国外教育资源，人员境外考察学习及学生海外升学。这一阶段要解决的问题是取天下之长补己之短。中国经济实力的增强，高职院校办学条件的改善、办学质量的提升，使我们有实力与国外高校进行学术交流、人员交流和项目交流。部分先行质优的高职院校吸引了越来越多的国外高校和留学生来校参观学习，全方位的合作交流方兴未艾。

（五）区域经济与高职院校国际交流与合作存在着高度正相关性

高职院校的发展与区域经济的发展是相辅相成的。一方面高职院校的发展需要区域经济的物力、财力等办学资源的支持，反过来，区域经济发展对高职院校提出了人才培养规格和专业设置的要求。高职院校的生源大多来自本区域，毕业后也大都服务于本区域经济的发展。对于大多数的高职院校来讲，真正举办高职教育的时间并不长，因此在高职院校发展的初期阶段，其国际交流与合作的活跃度与地区经济发展呈现出高度的正相关性。地区经济的外向度越高，参与国际竞争越深入，高职院校的国际交流与合作越活跃。高职院校最初诞生于沿海中心城市就是因为地区经济发展的需要。而 20 世纪 80 年代初沿海部分城市高职院校开始与国外高校建立合作关系，也是建立一些新兴空白专业、满足渐渐富裕的民众获得更优质教育资源的需求。伴随着这些区域外向型经济日益融入世界经济，其高职教育的开放与国际化也成为必然。因此，部分沿海省份在 21 世纪初就从满足经济发展的需要和人才强省的角度提出了教育国际化的目标，从政策、资金上给予支持和鼓励，更加激发当地高职院校积极开展国际交流与合作的热情。当然，随着高职院校的进一步发展，越来越多的学校意识到国际交流与合作是快速提升学校办学能力的一条途径，对于区域经济的依赖性会逐步减弱。

第五章 “一带一路”倡议与高职院校国际化

我国职业教育国际化，可以理解为将国际规则和标准有机地融入院校的治理策略、教学、职教研究等过程中，从而提升本地区职业教育质量，达到国际院校相当的水平。随着经济全球化发展，高职教育国际化已经成为新常态。2010 年，国家颁布的《中长期教育改革与发展规划纲要（2010—2020）》明确提出扩大教育开放，开展多层次、宽领域的教育交流与合作，高职教育国际化成为构建现代职业教育体系的重要目标之一。2014 年颁布的《国务院关于加快发展现代职业教育的决定》明确指出，到 2020 年，“建设一批世界一流的职业院校和骨干专业，形成具有国际竞争力的人才培养高地”。随后的《现代职业教育体系建设规划（2014—2020）》更加明确了世界一流高职院校建设的着眼点在于“服务国家对外开放战略”。从以上文件中可以看出，国际化成为一流高职院校建设的应有之义。

第一节　“一带一路”倡议为高职院校国际化发展带来的机遇与挑战

“一带一路”倡议的沿线国际既有发达国家，也有发展中国家，有些甚至是经济欠发达的战乱国家或者相对贫困的国家，这些国家政体多样，教育发展较缓慢，人才培养以及教育基础落后。随着我国高铁及其相关装备等向东南亚等沿线国家输出，“一带一路”国家对高技能型人才的需求大量增加，这些国家急需大批拥有专业技能的技术型人才推动合作工程的进行，为国家的域外经济建设做出贡献。在此背景下，高职院校承担起了为“一带一路”沿线各国输送高技能型人才的重任，高职院校要顺应人才市场的需求，培养能胜任此项工作的专业技能人才。这为高职院校“一带一路”发展提供了重要的机遇。

一、教育导向国际化

2015 年 3 月，国家发展改革委、外交部、商务部联合颁布的《推动共建丝绸之路经济带和 21 世纪海上丝绸之路的愿景与行动》中明确指出：“扩大相互间留学生规模，开展合作办学，中国每年向沿线国家提供 1 万个政府奖学金名额”。2016 年 4 月，国家出台了《关于做好新时期教育对外开放工作的若干意见》，对教育对外开放的工作原则、工作重点、治理水平、组织领导等方面做了部署和安排，鼓励中国教育坚持对外开放，做强中国教育。2016 年 8 月，教育部又紧接着出台了《推进共建“一带一路”教育行动》的通知。《行动》明确指出了“一带一路”沿线各国具有教育特色鲜明、资源丰富、地域广阔、人口众多、互补性强等特点，中国教育需要发挥其基础性和先导性作用，扩大中国与沿线各国的人文交流，加强人才培养，为各国共同发展创造条件。2017 年 5 月，习近平在“‘一带一路’国际合作高峰论坛”上明确指出，为了治理“赤字世界”问题，需要“在‘一带一路’建设国际合作框架内，各方秉持共商、共建、共享原则，携手应对世界经济面临的挑战，开创发展新机遇，谋求发展新动力，拓展发展新空间，实现优势互补、互利共赢，不断朝着人类命运共同体迈进。”当前，在“一带一路”倡议大背景下，教育对外开放程度加深，中外教育合作日益紧密是大的趋势，职业教育作为教育的重要组成部分，作为与经济社会发展联系最为紧密的教育类型也应该不断提升国际化水平，为“一带一路”倡议提供服务和必要的支持。

二、人才培养需求的国际化

在当下，“一带一路”倡议深入推进，中国企业“走出去”步伐不断加快，职业教育作为与社会生产联系最为紧密的教育就需要服务于“一带一路”建设，为中国企业提供支持。根据国家统计局的数据（见图 5.1）显示，仅在 2010—2014 年的 5 年时间里，中国对“一带一路”沿线国家和地区承包工程完成总营业额就从 435 亿美元增长到了 643 亿美元，增长率超过了 30%。“一带一路”实施后，我国对沿线国家的投资获得了迅猛增长，2020 年 1~9 月，我国对外承包工程新签合同额 10 504.3 亿元人民币（折合 1 502.4 亿美元），同比增长 4.5%；完成营业额 6 381.3 亿元人民币（折合 912.7 亿美元），对外劳务合作派出各类劳务人员 20.8 万人。中国企业在开展“一带一路”建设过程中，伴随着大量工程项目的实施，会对各类专业技术人才产生巨大的需求。但现实情况是，由于“一带一路”沿线大多为生产技术较为落后的国家和地区，工业生产水平低，技术技能人才队伍建设力度偏弱，直接造成了中国企业在相关国家和地区进行投资和开展生产时面临专业人才不足、技术支持不够等问题，制约了中国企业走出去的步伐。为了促进“一带一路”沿线各国民众文化与科技相通，要培养大批熟悉和了解“一带一路”沿线风土人情、语言民俗、生产状况的专业技能人才。经过数十年的发展，中国职业教育体量已跃居世界第一，应担当起为“一带一路”制造业和工程建设等领域培养输送人才、实现文化交流的历史使命和重任。因此，加强我国职业教育国际化发展研究符合“一带一路”倡议实施的现实需要，对职业教育国际化战略制定也是有益的探索。

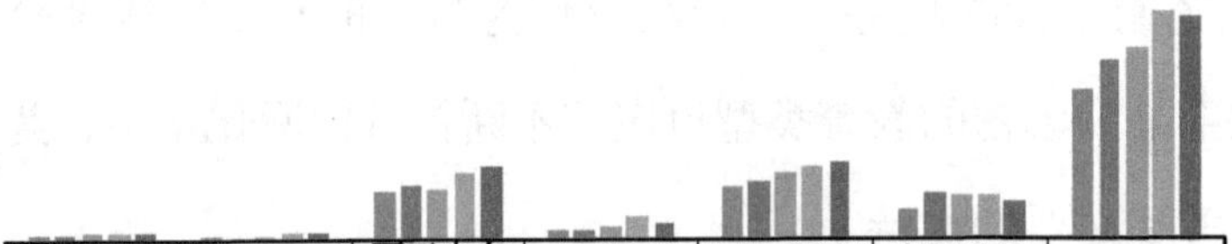

	蒙古、俄罗斯(2国)	中东欧地区(16国)	西亚中东地区(19国)	中亚地区(5国)	东南亚地区(11国)	南亚地区(8国)	总计
2010年	168 252	100 384	1 403 942	312 329	1 508 380	860 006	4 353 293
2011年	205 239	85 344	1 566 151	298 864	1 670 992	1 344 805	5 171 395
2012年	248 693	127 243	1 464 021	402 556	1 942 476	1 284 228	5 469 217
2013年	244 324	259 509	1 944 406	687 789	2 108 079	1 290 309	6 534 416
2014年	229 603	263 236	2 079 691	509 107	2 240 961	1 110 986	6 433 584

■2010年 ■2011年 ■2012年 ■2013年 ■2014年

彩色高清图片

图 5.1 中国对“一带一路”沿线国家和地区承包工程完成营业额（单位：万美元）

注：根据国家统计局相关数据统计而成（由于巴勒斯坦、黑山、拉脱维亚、克罗地亚等 4 国数据缺失，因此未计算在内）

三、职业教育自我完善的国际化

在《推动共建丝绸之路经济带和 21 世纪海上丝绸之路的愿景与行动》中，国家明确将“一带一路”沿线 65 个国家划分为了六大经济走廊，覆盖面积约 5 539 km^2，约占全球总面积的 41.3%，惠及 46.7 亿人口，约占全球总人口的 66.9%。区域经济总量达 27.4 万亿美元，占据全球经济总量的 38.2%，蕴含了巨大的经济发展潜力。[①]但是，当前“一带一路”沿线许多国家和地区职业教育发展大都很落后，存在着诸如教育基础设施建设投入不足、产教融合不充分、高中阶段和大学阶段职业教育占比失衡等问题。如表 5.1 所示，相当一部分国家职业教育占比甚至达不到 10%，可供学生选择的职业教育培训机会很少。改革开放以来，我国职业教育发展进步明显，规模与质量发展均取得了不俗的成绩，与“一带一路”沿线国家相比优势明显，特别是在办学理念、办学模式、办学质量、产业支撑和职教占比等要素上领先优势突出，对有关国家民众和青年学子存在着较强的吸引力。

表 5.1　中国和“一带一路”沿线国家高中阶段和大学阶段职业教育占比

高中阶段				大学阶段			
高占比国家	占比（%）	低占比国家	占比（%）	高占比国家	占比（%）	低占比国家	占比（%）
乌兹别克斯坦	81.0	老挝	1.1	老挝	60.9	蒙古	2.4
中国	42.6	尼泊尔	1.7	中国	44.6	巴基斯坦	5.1
泰国	39.9	印度	1.8	马来西亚	43.3	菲律宾	9.6
印度尼西亚	37.2	阿富汗	2.7	新加坡	42.3	吉尔吉斯斯坦	14.7
哈萨克斯坦	26.0	孟加拉国	8.1	越南	33.5	泰国	15.5

注：根据联合国教科文组织统计研究数据库相关数据整理而成

近年来，我国职业教育规模发展遇到了瓶颈，我国职业教育在校生总人数已经呈现出较为明显的下降态势，如图 5.2 所示。国内职业教育“生源危机”、

① 李梦卿，姜维．“一带一路”我国内陆节点城市职业教育国际化发展研究[J]．职教论坛，2017(01)：16-21.

职业教育“产能过剩”等问题日益凸显，多地的中职学校、高职院校生源严重不足。因此，发展前景巨大的国外教育市场为我国职业教育转型深化发展提供了机会，要淘汰落后保守理念，乘着“一带一路”倡议东风挖掘国外教育市场机会，积极对外输出国内职业教育资源、经验、理念等。伴随着“一带一路”建设的深入推进，国家和相关部门对职业教育国际化发展越来越重视，需要一批有志学者不断加强相关研究，为职业教育国际化发展助力，为职业教育更好地服务于“一带一路”倡议提供智力支持。

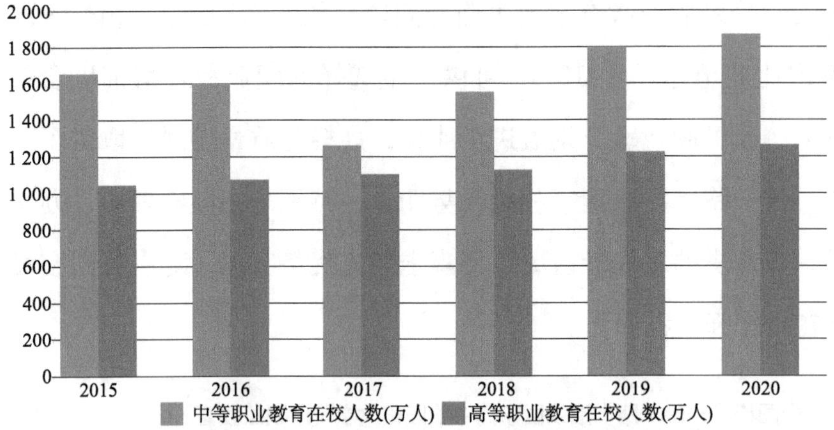

彩色高清图片

图 5.2　2015—2020 年职业教育在校生变化趋势（单位：万人）

注：数据根据 2015—2020 年全国教育事业发展统计公报整理

四、高职教育品牌国际化

时代在发展，高职院校的发展进程也在进行着，社会以及全球化对于人才的需求确实越来越高。高职院校培养的人才越来越多样化，尤其是“一带一路”倡议开展以来，高职院校承担着培养各类一线技术人才的重责。各种技术和各类人才的需求让高职院校开始与国际接轨，高职院校走向国际化，打造强势的国际化品牌才是让高职教育更好地、更顺利地为社会培养复合型高素质人才的必经之路。《关于加强和改进中外人文交流工作的若干意见》：坚持走出去和引进来双向发力，深化中外留学与合作办学，高校和科研机构国际协同创新，在人文交流各领域形成一批有国际影响力的品牌项目[①]。这是国家以文件的形式提出了打造具有国际影响力的高职院校品牌的要求，为高职院校建设一个具有国际影响力的品牌提供了政策依据。

“一带一路”沿线国家大多都不是经济发达的国家，普遍来说，这些国家的经济都还在上升期，在高职教育这方面，各国存在着不同的需求。比如，印度这类东南亚国家高职教育的基础比较薄弱，培养出来的学生就业不容乐观，更别说满足本国经济发展的需求了，因而对于高质量的高职教育有着非常旺盛的需求，而对于东南亚来说，我国具有天然的地理优势，因此这些国家是我国高职教育重要的合作对象。除了东南亚地区，“一带一路”的沿线国家，如尼日利亚，该国的高职教育仅仅只占本国高等教育的 1%，且绝大部分技艺技能的传授是通过最古老的师徒相授的方式进行的，尼日利亚非常希望借鉴中国的高职教育经验来发展本国的职业教育。在格鲁吉亚，虽然政府非常重视高职教育，但是由于国情的原因，教师资源相对匮乏。在了解我国有很多国际级、省级的技能大赛后，该国迫切希望我国的高职教育可以帮助他们也举办技能大赛，从而可以创造产业品牌。“一带一路”沿线各国虽然国情不尽相同，但是对于高职教育的需求却是一致的，无论是由于沿线各国的制造需求，还是经济贸易互通的需求，这些需求都为高职院校的国际品牌建设提供了平台，甚至是建设的场地。

总之，高职院校作为教育的一种类型有着其本身固有的典型特征。随着国家“一带一路”倡议的持续推进将发挥其应有的优势，克服主要障碍，深化高职教育国际化交流与合作。

---

① 中共中央办公厅、国务院办公厅. 关于加强和改进中外人文交流工作的若干意见[A/OL]. (2017-12-22)[2019-3-18]. http://www.jsj.edu.cn/n2/1/1006/1068.shtm.

第二节　“一带一路”倡议下高职院校国际化发展内容

高职院校国际化需要转变观念到服务于国家战略的走向，服务于企业“走出去”。高校国际化发展要完善内涵建设，从人才培养方案制定、人才培养标准细化、教师教学能力改进等诸多内容着手，全面服务于国际化的进程。

一、高职院校国际化的衡量标准

随着教育全球化的进程加快，国内外诸多高职院校以全球化为发展契机，通过建立教育交流合作平台，共同开发适合各方主体的专业课程，大力发展留学生教育，派遣教师前往国际合作院校提供技能培训，加强中外双方学生的学术交流活动，开展合作办学，对接国际标准提供职业证书认证等途径实现高职院校的国际化发展。但是，由于区域环境以及经济的限制，不同地区不同高校的国际化发展程度也存在着一定的差异，发展速度也不尽相同，各个院校实现国际化的发展目标也应该从不同方面考虑，因此构建一个包含面更广，考虑因素更全面、更科学的高职院校国际化衡量指标至关重要。教育界已有学者从教学理念、国际化师资队伍建设、资源的国际化、教学过程的国际化、科学研究的国际化以及学生能力的国际化这些不同角度出发，对高职院校国际化的衡量标准进行了研究，建立高职院校国际化程度评价体系，如表 5.2 所示。

表 5.2　高职院校国际化程度评价体系

指　标	观 测 点
教学理念、 政策保障国际化	（1）国际化办学目标纳入院校发展程度； （2）专门负责国际交流与合作的机构数量； （3）负责国际交流与合作机构的人员数量； （4）师生对国际化理念的重视程度； （5）国际交流相关政策，规定的数目； （6）国际化交流合作项目的经费预算

续表

指　标	观 测 点
师资队伍国际化	（1）外籍教师以及在境外获得学位的专任教师比例； （2）境外培训的专任教师比例； （3）在境外知名企业实践锻炼的专任教师比例； （4）具有双语教学能力的专任教师比例； （5）国际知名学校，企业人员担任兼职教师的比例
资源国际化	（1）符合国际化教学条件的教室，实训室数量； （2）符合国际化标准的实训基地数量； （3）英文网页数量； （4）外文数据库数量； （5）外文书籍、期刊、电子图书、视频资料的数量
教学过程国际化	（1）国外合作办学的专业数量； （2）国外合作举办培训项目的数量； （3）国际合作举办的培训人数； （4）国外合作开发的教材数量； （5）全英文授课的课程比例； （6）使用外语教材所占比例； （7）境外学习或实践的专业比例； （8）与国际知名企业共同开发的课程数量； （9）国际职业资格鉴定中心数量
科学研究国际化	（1）国际学术刊物发表成果所占比例； （2）举办或参与国际学术会议的教师所占比例； （3）参与国际企业研发项目的教师比例
学生能力国际化	（1）合作办学的学生人数； （2）全日制留学生，交换生人数； （3）境外就业学生人数； （4）境外就业服务人员的人均收入； （5）职业培训，鉴定境外人员数量； （6）举办或参与国际技能竞赛的学生人数
软实力国际化	（1）国际知名度； （2）校园文化国际化程度； （3）国际化服务平台数量（国际学术交流、出国留学）

二、“一带一路”高职院校国际化主要内容

高职院校“一带一路”国际化发展主要有教育理念的国际化、培养标准的

国际化、师资建设的国际化、课程设置的国际化、交流与合作的国际化、校园文化建设的国际化 6 个方面。

（一）教育理念的国际化

教育理念关系到一个国家教育的国际视野。“一带一路”倡议的提出让我国的高职教育站在更高的起点上来思考问题。在发展高等教育的过程中，基于服务国家长远发展的策略，从全局的角度来推进教育改革，将会直接影响高等教育的发展方向。当前，我国的高职教育应保持国际化的教育理念，超越本土或区域的视角，从全球、整个国际社会的视角来看待教育发展的问题。教育并不应该仅仅关注于知识的传递，而是应该关注整个世界的发展与变化。只有在教育上坚持国际化的理念，才会在行动上寻求实现教育国际化的道路。同时，高职教育不仅仅是大学的一项活动，也是全社会共同的责任，因而除了学校的决策层需要具有国际化的教育理念之外，社会民众和相关企业也需要具有国际化的意识，充分认识到高职教育国际化的长远意义，只有政府、社会、学校和企业多方都坚持国际化的意识，形成一种国际化的氛围，才能给高职教育国际化的发展筑起坚实的基础。因而，高职教育的发展理念首先需要实现国际化。

除了具有国际化的教育理念之外，在发展高职教育时也必须坚持教育目标的国际化。高职教育目标的国际化是强调对学生进行国际化的培养：一方面需要培养学生的国际化意识，即在对学生进行教育时，不能只关注于本土的内容，而是要引导学生，加强学生对不同国家、不同民族、不同种族、不同文化的理解力，培养学生的多元化视角，引导学生从全人类的角度来分析和判断问题。另一方面则是培养学生的国际化能力，使大学培养出的学生能够掌握在国际社会中工作所必需的知识与能力。除了培养学生优异的外语能力外，善于管理，掌握国际贸易、金融、法律等相关知识，具有敏锐的观察力与较强的国际意识，能够迅速适应国外生活与工作环境，具备与国外公司进行沟通、交流、协商的能力，这是高职教育国际化意图实现的目标。培养目标的设置影响到高职教育国际化的发展方向与未来，因而对于发展高职教育持何种理念，追求何种目标是考察高职教育国际化水平的一个重要评价标准。

（二）培养标准的国际化

人才培养方案是进行教学的基础，培养方案的国际化是国际化人才的重要方面。早在2012年，教育部就以上海市和天津市为试点，紧密对接产业经济发展和国际职业教育市场，学习借鉴国外先进经验，立足地区优势产业和区位特点，探索和开展国际化育人标准工作。仅2013年，上海就组织本地职业院校、国内外职教专家和跨国公司专业技术人员编制了50多个国际水平专业教学标准，并在6个试点学校实施，为国际化人才培养奠定了基础。另外，在其他一些地方如深圳也进行了人才培养的国际化探索。深圳职业技术学院计算机网络专业成立之初就与思科等国际巨头建立联系，合作成立了国内职业院校第一所“思科网络技术学院”。这个学院以国际化为导向，认真分析“网络人才岗位标准”，然后依照德国的“基于工作过程的系统化课程”开发办法，借用ISO9000的“过程控制”的管理理念，进行专业教学标准的制定。另一个港航专业也是依托深圳对外贸易发达的前提，学习参考澳大利亚国家职业能力标准中的“港口培训包（Port Training Package）”，制定了《港航业主要岗位职业能力标准》，并以此为基础培养能在国内国际两个就业市场就业的“双通”型人才。人才培养方案的国际化，有助于从根本上为国际化人才的培养提供指导。

（三）师资建设的国际化

高水平的师资队伍是职业教育国际化质量的重要保障，是推进职业教育国际化发展的主要力量。一般而言，师资的国际化主要体现在校内培养、校外引进和政策支持3个方面。为了提升职教师资的国际化水平，我国已有一大批职业院校与国外教育机构开展了形式多样的教师交流、教师培训、师资的引进与输出等一系列合作项目，有效提升了教师的国际教育教学能力，服务了“一带一路”倡议。2015—2016 年，重庆市三所国家级示范高职院校就如何强化教师国际教学能力，拓宽教师国际化视野和提升国际化理念，有效服务于“一带一路”倡议开展了多项专业培训、交流讲座、赴国外学习和支教等师资交流活动。上海旅游高等专科学校在 2015 年就与美、英、德、法等 18 个国家和地区的 64 家境外院校、组织、企业、政府等机构签订了教师交流合作协议。通过教师“出国进修”“参加国际会议”“科研合作”等多种形式，深入推进国际交流合作，不断提升教师的国际教育教学能力。各地职业院校根据地区发展实际情况和学校自身特色制定的职教师资国际化项目很大程度上拓宽了教师队伍整体的国际视野，深化了中外职教教师的交流与合作层次，有效提升了职教教师国际化教育教学水平。

（四）课程设置的国际化

课程是人才培养的核心，课程的国际化是教育国际化最主要的内容之一，要想真正推动职业教育的国际化发展，就必须要确保课程的国际化发展。例如，江苏省高校计划在未来五年，打造一批具有国际影响力的品牌专业，品牌专业建设的评审标准主要涵盖了课程体系、实践教学、具备国际视野的人才培养等内容。以国际理念推动职业教育专业课程建设是当前江苏职业教育课程优化改革的重点努力方向。广东农工商职业技术学院大力推动课程国际化建设，在借鉴英国 BTEC 人才培养模式的基础上，通过创新课程设置、重组课程内容、引入先进课程考核方法等，使得市场营销等专业课程国际化水平大大提升。又如，四川国际标榜职业学院，从 20 世纪 90 年代就一直引进美国国际标榜优质的发型职业技能核心课程，使用他们研发的教材体系；学生学习用教材、教师培训手册、技能训练方法及习题、光盘及部分高级课程教材。包括烫发、染发、修剪等在内的 6 门核心课程的教材均经过汉语翻译，以全球统一的内容向学生传授，既确保了课程建设的国际化，也可以保证学生技术技能向国际水准看齐。

（五）交流与合作的国际化

国际化强调交流的重要性，高职教育国际化也突显了交流国际化的重要性。高职教育在发展过程中，不可能闭门造车，只有通过与外部大规模的交流与沟通，吸收国内国际高职教育发展的先进成果与经验，才能在国际化的道路上快速前进。所以，交流与合作的国际化程度反映出一所大学获取新知识、发展经验、先进成果的能力，是评价高职教育国际化的另一个重要评价指标。

高职教育的交流与合作主要表现在以下几点：（1）国际合作，主要是通过国际组织的沟通、协调、组织，各国各大学之间进行跨国跨地区的教学与科研合作；（2）大学间的合作，主要是各国的大学之间共同完成合作研究与教学实践；（3）人员之间的合作与交流，即邀请国外的专家、学者、教师前来访问讲学或派遣本国的人员出国留学进修访问等；（4）国际会议，本国学者参与国内外的各种学术会议、研讨会等学术活动的规模与水平。

另外，现代通信技术的发展使得生活发生了巨大的变化，也使得高职教育的交流方式有了天翻地覆的改变。信息时代的到来使得国际化的交流与合作变得十分便捷，各国在教育资源的共享方面获得了有利的条件，MOOC 的出现正是技术发展带来的高职教育交流方式的巨大变化。MOOC 是大规模在线开放课程（Massive Open Online Courses）的简称，是“大型网络课程关联主义学习理论和连接的知识”。[①] 通过 MOOC 系统，学生按照自己的意愿从协议签署学校所提供的网络课程中选择自己的个性化学习方案，而后通过学习、完成作业，即可获得学分并进而获得学位。如今这种网络课程已经成为世界高职教育发展的一种趋势，著名大学都大力发展网络大学，并在此基础上构建虚拟大学，实现在国际范围内的教育资源交流与共享。

---

① 樊文强 . 基于关联主义的大规模网络开放课程（MOOC）及其学习支持[J]. 远程教育，2012(3)：32.

（六）校园文化建设的国际化

校园文化建设包含校园物质文化、精神文化、制度文化、活动文化建设 4 个方面，校园文化对于保证人才培养质量具有重要意义。当前世界正处于国际化发展的大浪潮中，职业院校需要营造一种开放、包容、多元的校园文化，顺应国际化发展趋势，提升职业教育的国际影响力。首先，利用校园网络、校报或者校园宣传公告栏等媒介载体来宣传与国际交流合作、涉外礼仪、培养经验等相关联的知识和信息，设立专栏，让外籍专业教师、留学回国人员、国内专业教师等多方人员发表对于职业教育国际化发展内容的经验和见解。例如，通过搜索武汉职业技术学院门户网站，对其国际化组织机构设立有关的信息进行了整理，发现武汉职院设立了对外交流与合作处，开通了外语版官方网站，方便国内外学生处理一些涉外事宜和问题以及获取权威信息，有效地提升了校园文化的国际化水平。其次，举办各种主题文化节及深受中外学生喜爱的各类文体类竞赛，如猜灯谜、圣诞庆典、中外师生足球比赛等，发展多元校园文化，增进不同国籍不同种族学生的沟通和了解，营造出和谐的国际校园文化氛围。最后，成立国际化的师生组织和协会，充分发挥中外师生和留学生归国人员的主观能动性，建立外国留学生协会，加强对国外学生的合理化管理。还有的学校成立了海外校友会，通过交流、开会和联欢等形式，凝聚海外校友的力量，宣传母校，促进母校的国际化发展。譬如，青岛职业技术学院早在 2010 年就成立了全国高职院校首个外海校友会——法国校友会。随后，新加坡、日本、韩国、新西兰校友会相继成立，为提升青岛职院的海外影响力做出了贡献。随着职业院校校园文化的国际化深入发展，我国职业院校的整体国际化发展层次得到了不断提升，校园文化作为职业教育内涵建设的重要组成部分，校园文化的国际化就愈发成为了职业教育国际化发展的加速器，成为了职业院校实现内涵式发展的不竭动力。

“一带一路”高职院校的国际化建设是一个系统性的工程，既包含教育理念与教育目标的变化，也包括课程建设、教师培养，甚至应延伸到校园文化的建设等众多方面。教育理念与教育目标的国际化是前提保障，为高职教育国际化的发展提供了基础，直接决定了高职教育国际化的发展方向和成败与否；课程标准、教师素质是高职教育国际化的重要体现，其国际化水平直接反映出大学的国际化水平；课程内容作为高职教育的重要环节，其直接影响了高职教育的效果，课程内容的国际化是高职教育国际化的关键环节；校园文化国际化建设是高职教育国际化的基础土壤。只有全面推进与重视，努力有所突破，才会推动高职教育国际化的快速健康发展。

第三节　高职院校国际化存在的问题

“一带一路”倡议为高职教育国际化发展带来了发展机遇，高职教育在推进“一带一路”倡议中占据了不可忽视的力量，其在推进文化交流、人才交流、技术交流等方面发挥着重要作用。同时，由于目前我国高职教育发展水平有限，在推进“一带一路”建设的过程中也存在明显的不足。

一、国际合作系统构建

为了深化落实“一带一路”倡议，很多高职院校纷纷将合作办学作为职业教育国际化发展的新机遇，匆匆投身到与国外职业院校合作办学的实践中去，却没有真正地对国际化发展目标进行深入的思考，没有提前做出有利于自身实际情况的整体发展规划，没有对自身综合实力进行客观有效的评估，这就导致合作办学的过程中频频遇到阻碍，甚至并不理解职业教育国际化发展的深刻内涵，内容仅仅局限于短期的师生培训以及出国访问交流等表面化的工作，使得国际化发展流于形式。如果没有明确的发展方向、完善的整体规划就难以在竞争激烈的国际教育市场中找到长期稳定的生存之路，更没有办法在“一带一路”倡议的推进过程中做出实质性的贡献，这是非常不利于我国职业教育国际化健康发展的。

高职院校的国际化要注重综合效应的发挥，既关注产业、企业、行业在国际化过程的作用。影响职业教育国际化发展更为重要的问题在于职业院校在发展合作办学的过程中还没有与行业企业形成协同发展的驱动力。校企合作可以促进职业教育与产业的有机结合，可以说是职业教育发展乃至整个社会经济发展的一个重要命题。从生态学视角来看，校企合作生态系统的协调发展是多种因素互相作用的必然结果，而我国还没有形成完善的校企合作生态系统。在“一带一路”建设发展的进程中，开发建设的境外项目越来越多，参与企业数量不断增加，使得相关领域的专业技术人才供不应求，国外技术又相对落后，需要进行大量的专业技术培训来满足建设的需要。因此，仅仅依靠企业自身的力量是难以实现的，这就需要职业教育对其提供相应的支援。但实际情况并不理想，真正能够与行业企业保持密切联系的职业院校规模较小，服务力度不够，在人才资源的支援上无法满足企业的实际需求。而且，即使已经取得与企业合作的职业院校，其合作方式也大多停留在浅层次的职业培训上，没有做好系统全面的专业技能培训，与企业的岗位要求相差甚远，并不能真正走好职业教育国际化发展产教结合的实施路径。

图 5.3 所示为国际合作系统构建示意图。

二、整体基础薄弱

目前，一些高水平的国内知名高职学校响应“一带一路”建设，开展了国际交流合作项目，高水平高职院校的教育资源比较丰富、具有较好的办学基础、较浓烈的国际化氛围，有的院校具有国际化办学的经济基础以及硬件条件。除此之外，大部分高职院校并不具备国际化办学条件，国际化办学的道路

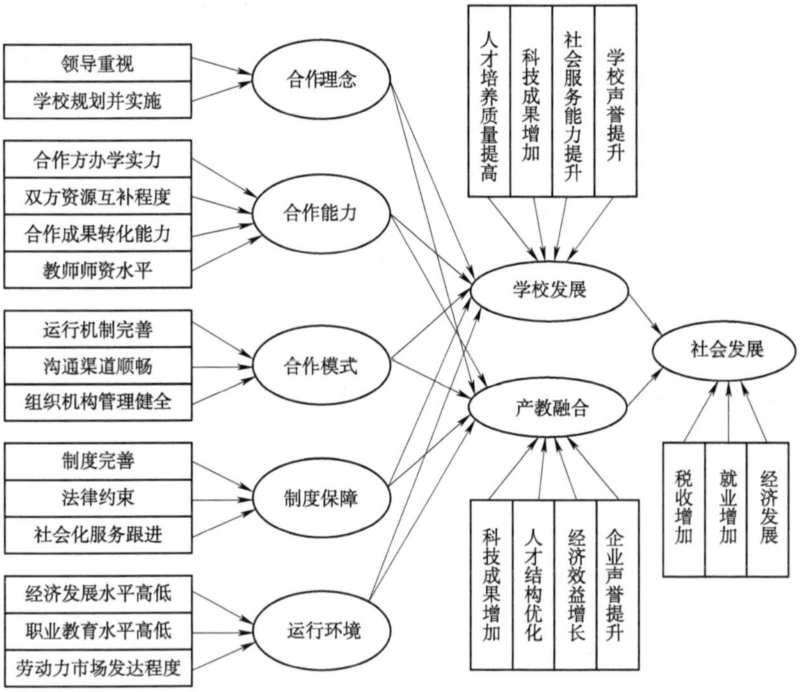

图 5.3 国际合作系统构建示意图

并不顺利。以浙江、江苏为代表的东部地区国际化办学数量与全国高职院校中外合作办学的百分比将近 60%，而以新疆、甘肃、陕西为代表的“一带一路”沿线区域高职院校的中外合作办学数占比不足 10%，由此可见，高职院校的国际化发展没有跟上我国对于“一带一路”建设的需求。高职院校与“一带一路”沿线国家合作办学不仅要有丰富的国际资源，更主要的是高职院校要有自身的特色专业，很多学校在专业设置上重复性较高，现有的国际化办学专业设置以会计、管理、国际商务等偏文科的专业为主，对于“一带一路”沿线国家所需的机电、汽修等应用技术性专业设置较少。另一方面，大部分高职院校没有院校内部优势以及专业优势，无法在竞争力如此强大的国际化上彰显自身特色，提高高职院校自身办学水平。

三、发展水平较低

高职院校在实现院校国际化发展以及国际化人才培养方面获得了成效，但是其国际化发展仍然不够完善，存在的问题是国际化发展层次较低。首先，通过对诸多开展国际交流活动的高职院校对外交流年度审核报告分析发现，大部分高职院校进行国际化交流与合作项目只停留在了表面化的交流活动上，更多地表现为形式主义、师生交流，访学培训等项目也流于形式，未能注重合作院校的质量及其实际需求。已开展的国际化合作项目也只是把少数学生送去海外并不著名的院校或者企业进行学习交流或短期实习，大多为自费形式，大大减弱了学生进行国外交流学习的兴趣，这种短期的对外培训只是在形式上完成了国际化合作培养的目标，对于具体的师资队伍交换，学生联合培养等项目没有制定具体方案，没有为学生及老师的国际化综合能力提升带来实质性的帮助。其次，高职院校国际化发展层次较低还体现在低水平的课程研发、技术交流，虽然通过调查发现部分院校根据自身的优势专业开展了国际化学习与交流，比如陕西职业技术学院建立“一带一路”铁路专业互通学习机制，但是当前的大部分高职院校国际化交流还未能做到这一步，课程设置以及资源共享都浮于表面，技术交流项目寥寥无几，教学标准的设置也并不普遍。因此，当前高职院校应该立足于自身的特色专业以及院校实力和资源，制定高水平高层次的“一带一路”国际交流项目。

四、师资队伍欠缺

“一带一路”倡议为我国高职院校带来了新的发展机遇，建立一支高水平的国际化师资队伍是高职院校契合“一带一路”倡议提高国际化发展的前提条件，大部分高职院校的师资水平不足以支撑高职院校“走出去”发展，不能满足人才培养输出与引进的需求，无法保证高职院校国际化办学的竞争力。在“一带一路”倡议的支持下，高职院校国际化办学进程不断加快，高职院校教师有了更多的学习机会，部分优秀教师可以通过出国进修，学习国外的优秀教学经验，提升自身的综合素质能力。但是，因为高职院校教师的外语水平相对来说比较薄弱，因此不能有效地把握机会。教师对于国外先进的教学模式、理念和方法不能切身体会，只停留在阅读国外文献以及查找资料等方式；对于国外的实际教学情况不能真实掌握，不能实现自我转化；对于国内高职院校服务“一带一路”倡议，培养“一带一路”所需要的人才并不能产生有利的帮助，对高职院校契合“一带一路”倡议国际化发展造成了一定的困难。因此，高职院校目前迫切需要建设一支高水平、高素质的国际化师资队伍。

五、高端人才不足

高职教育是我国地方经济发展的一大动力，高职院校为社会培养了一大批具有专业技能的人才，“一带一路”背景下，高职教育人才培养迎来了新的发展机遇，同时也面临着很大的挑战。高职院校国际化发展过程中的人才培养要符合“一带一路”倡议对于国际化人才种类的需求，高职院校人才培养模式应该深度契合“一带一路”倡议，加强国家之间的文化交流，培养出具有较宽广的视野，能够参与国际活动的国际化人才。“一带一路”倡议下，我国高职院校的国际化发展面临着高技能型人才数量不足的挑战，对于地方社会发展来说，高技能型人才是影响城市主流工厂型企业进步的一大重要因素。“一带一路”建设过程中我国高职院校国际化发展不仅面临着技能型人才数量不足的挑战，也存在人才质量不济的问题，大多数高职院校并没有发挥在高技能型人才培养上的独特优势，高职院校的学生没有深入学习专业知识，毕业生的专业能力不能满足“一带一路”建设的需求，甚至难以满足地方企业的需求。

六、生源不足

教育活动进行的主体之一是学生，学生国际化程度是高职院校国际化发展水平高低的一项重要指标，高职院校学生的综合素质、专业能力以及国际化水平都是影响高职院校在“一带一路”建设中“走出去”的重要因素。当前，我国高职院校学生的国际化不足主要体现在三个方面：一是高职院校学生参加的校内国际交流活动数量较少，大部分高职学生对国际交流活动关注度不够，这是因为高职院校国际化的办学理念不够强烈，关于国际化的发展制度不完善，从而提供给高职学生参加国际化活动、培养国际化视野的机会较少。二是高职院校出国留学生数量较少，“一带一路”沿线国家留学生数量更少，根据留学机构的相关数据统计，近年来我国留学生的总数中高职学生的数量占比不到10%。以 2017 年的留学生数量为例，2017 年全国留学生数量达到 55 万，其中高职学生出国留学的数量不到 5 万。三是留华学生的数量较少并且质量不高，高职院校所接受的留学生数量仅占本科院校的 1/80，大部分来华留学生集中在南方沿海城市，以陕西甘肃为代表的“一带一路”沿线城市留学生数量及种类都有明显的不足，并且高职院校由于自身的办学质量问题，在招收留学生时存在冒进的现象，盲目追求数量，忽视了留学生的质量，更何况高职院校的留学生多来自“一带一路”沿线经济落后、教育水平较弱的国家，高职院校在留学政策上要正确规避这些问题。

第四节　“一带一路”国际化发展具体事项分析

从高职教育国际化发展现状来看，高职院校在国际化发展上做出了努力，同时为契合“一带一路”发展也做出了一些成效，但是高职教育的国际化发展还不够完善，这与“一带一路”国际化的具体问题分不开。

一、“一带一路”国家自身的原因

“一带一路”倡议贯穿全世界几十个国家和地区，这些国家有着不同的社会文化、政治教育体制。以“一带一路”倡议为契机，高职院校走出国门发展高职教育面临着诸多挑战。

首先，“一带一路”沿线国家政治制度的不同是高职教育面对的第一个挑战。“一带一路”沿线国家中有些国家的政局由于历史的原因往往具有不稳定性和不确定性，阿富汗、叙利亚、斯里兰卡等国家还会面临着一定规模的战乱，泰国等国家政治体制比较复杂，对社会经济、教育的发展都产生着巨大影响。在这样局势下，国内高职院校与其开展国际化合作有着不确定性，高职教育要走出国门，和“一带一路”沿线国家的院校及企业开展国际合作，势必会受到其国内政治等因素的影响，双方国际交流的主动性都会降低。另一个挑战是国家间的教育体制也存在不同，“一带一路”沿线国家有能力、有意愿开展国际交流的国家大多为经济相对而言比较发达的地区，其教育水平也相对较高，而这些学校的中等职业教育以及高等职业技术教育的学校大多为私立院校，对教育国际化来说，政府的支持是至关重要的，比如，国内大多国际化高职院校都是公立性质的学校，这个原因也在一定程度上影响着中外双方的国际交流与合作。同时“一带一路”沿线国家的职业教育模式也不尽相同，中外高职院校在双方学生的学历、课程、学分、技能证书的互认机制上没有达成统一的认证标准。

其次，沿线国家语言与宗教的多样性让品牌建设的困难加大。语言的种类多样和不同的信仰是高职院校进行海外品牌建设的障碍性原因之一。“一带一路”倡议覆盖的国家多达 70 多个，这 70 多个国家有着多达五十几种官方语言。在沿线的 70 多个国家里绝大部分国家还是单一的语言，仅 12 个国家有两种官方语言。而且，不同的区域官方语言的选择也有着显著的特点。其中，阿拉伯语为官方语言，主要集中在西亚和北非；官方语言为英语的只有东南亚和南亚4个国家。“一带一路”沿线国家语言情况复杂，多种语言同时存在，这种状态下，加大了教育的交流与合作难度，这也是高职院校建设海外品牌所必须解决的重要障碍性因素。除了多种语言的复杂多样，信仰也是一大难题。

再次，沿线国家政治与经济的复杂性也使得高职教育国际化建设难度增加。“一带一路”倡议覆盖国家存在着多种不同的政体，其中就包括君主制、议会共和制等不同的政体。政体多样、政局不稳定也是沿线多国的现实情况，在沿线70多个国家中，有个别国家在近几年出现过大规模政治冲突，有些国家甚至长期处在战乱之中，如阿富汗、叙利亚等国家。除了各国的政治稳定程度各不相同外，各国的经济发展程度也不同：有处于前工业化时期的尼泊尔；也有处于发达的后工业时期的新加坡；最多的还是处在工业化中期的国家，如南亚的印度、中亚的哈萨克斯坦等。不同的工业化程度决定了合作发展需要的技术技能人才的具体规格。一个国家的政局是否稳定、经济发展情况如何直接影响该国对外合作的可能性。“一带一路”沿线国家政治经济的不稳定性让高职院校建设品牌的难度与风险成倍增长。因此，在高职院校进行海外高职院校品牌建设的时候，一定要对各个国家的政治经济的稳定情况进行综合考量。

二、高职院校多边合作格局尚未形成

尽管当前高职院校积极投入国际化项目，参与国际化活动的院校也越来越多，但是放眼全国，总体来看我国高职院校未形成完善的多边合作的格局。我国高职院校开展合作办学项目的数量仅占高职院校总数量的2%左右，这些开展合作办学项目的高职院校集中在江苏、浙江、广东、上海、河北、湖北、四川、安徽、北京及湖南等地区。2016 年，开设“鲁班工坊”的天津渤海职业技术学院和重庆工业职业技术学院、在柬埔寨开设的无锡商业职业技术学院、开展国际交流与合作具有较大影响力的宁波职业技术学院、宁波外事学校，与赞比亚合作的广东建设职业技术学院和湖南有色职业技术学院等，这些在国际化办学方面做得比较好的职业院校集中在东部沿海城市。排名前三的是广东、浙江、江苏，中西部地区的高职院校合作办学数量与其相差甚多，仅有个别省（自治区、直辖市）的高职院校开展国际交流与合作活动。“一带一路”沿线省（自治区）开展中外国际交流项目的高职院校更少，靠前的地区有海南、新疆、云南、福建、广西、贵州和陕西，但是相比东部地区院校数量差异过大，仅占我国高职院校中外合作办学总数的 10%，甚至有些地区如甘肃、宁夏等地区尚未全面开展合作项目，这与我国现阶段大力推进“一带一路”建设的趋势不相符。因此，“一带一路”沿线高职院校要根据院校以及当地企业实际情况，积极有效地参与进国际交流项目中，用更开放、更包容的学习心态与各国合作，形成全方位的多边合作格局，推动高职院校走向国际。

三、高职院校服务“一带一路”意识不强

教育国际化的本质是“服务”，包括国际化过程中的服务意识以及培养具有服务水平的人才。高职院校的国际化发展主要表现在高职教育服务于世界，“一带一路”倡议要求高职院校国际化发展有效服务于“一带一路”倡议，主动契合“一带一路”政策发展，为“一带一路”培养高技能型人才。高职院校在这一方面已经做出了努力，但收效甚微，除了部分高职教育发展较好的地区，大部分地区对于高职教育如何有效地服务于“一带一路”倡议没有清晰的认识。“一带一路”倡议下高职教育想要“走出去”发展，不仅需要懂技术的

高技能型人才，同时也要具有突出的外语能力、管理能力以及可以承担培训国外员工的工程师类人才，高职院校现在的发展很难满足“走出去”企业对多种专业人才的需求。除此之外，高职教育由于经费投入少、发展缓慢等客观原因，在服务“一带一路”沿线国家经济教育的发展过程中主动性不强，没有较强的服务“一带一路”意识，也没有强烈的“走出去”意愿，这是高职院校目前不能有效服务“一带一路”倡议以及“一带一路”对高职教育的推进效果不明显的另一个原因。因此，在服务“一带一路”倡议过程中，高职院校首先要提高服务主动性，主动将高职教育国际化发展与中国企业的国际化发展以及“一带一路”倡议紧密结合，增强国际化服务意识。

四、高职学生参与度不高

高职院校学生的国际交流主动性明显不足，高职学生参与国际化活动的数量较少。“一带一路”背景下高职院校国际化发展要培养的人才是具有良好的外语水平、管理能力以及专业技术较强的人才，其不仅对专业知识有较高的要求，还需要具有外语沟通能力、良好的人际关系处理能力以及交流与合作能力，这些都需要学生具有较强的学习能力、抗压能力等体现综合能力的素质，而高职学生本身的学习基础比较薄弱，学习能力相对来说比较缓慢，面对高水平的人才培养要求显得有点力不从心。因此，在主观意识上会排斥参加国际交流活动，没有意识到参加此类活动对综合素质能力提升以及职业选择有很重要的作用，学生们倾向于待在自己的“舒适区”，拒绝迎接人生挑战与经历，从而给高职院校的国际化发展带来了困难。另一方面，高职院校在推动学生积极参加国际交流活动方面也做得不到位，高职院校不能根据自身院校的实际情况以及学校学生的整体素质，制定相应的“一带一路”国际化发展策略，国际化培训及交流活动流于形式，这些因素共同造成了高职院校在“一带一路”机遇下不能有效把握机会促进高职教育国际化发展。

五、经费支持不够

职业教育国际化发展最根本的受制因素就是资金，而我国财政对职业教育的投入严重不足。根据教育部发布的教育统计数据，2018 年全国本科院校 1 245 所，教职工 180.10 万人，在校生 1 649 万人，高职（专科）院校 1 418 所，教职工 68.53 万人，在校生 1 133.70 万人，占普通高校在校学生数的 40%，但表 5.3 中显示，2018 年高职高专教育支出占高等教育（本科 + 高职高专）支出的 25.63%，40% 的学生数仅占高等教育支出的 25.63%，差距极大。

表 5.3　2017—2018 年高等教育教育支出分析

年度	教育支出 / 亿元	高等教育支出 / 亿元	高等教育支出对教育支出占比	高职高专教育支出 / 亿元	高职高专教育支出对高等教育支出占比 /%
2017	30 153.18	4 334.89	14.38%	1 131.57	26.10
2018	32 169.47	4 649.88	14.45%	1 191.84	25.63
2019	34 796.94	5 103.53	14.67%	1 309.25	25.65

我国职业教育经费支出明显低于本科教育，但职业教育成本却比本科教育的成本高出许多。经费不足大大限制了职业教育国际化的发展空间，影响师资队伍的建设、影响优质课程的开发、影响国际交流合作的进行。除此之外，职业教育经费支出地区差异较大，东部地区明显高于中西部地区，极大地影响了我国职业教育国际化的均衡发展。因此，职业教育想要参与国际竞争必须要得到国家财政的支持，不仅仅是中央财政的倾斜与扶持，还需要地方财政大力支持。

另外，各地高职高专生一般预算支出也存在较大的不均衡性，通过对教育经费统计年鉴中提供的2018年36个地区的学生人均教育经费支出进行分析，高职高专学校公共财政预算经费支出占教育经费预算支出总额全国平均66.75%，其中，北京、上海等地区相对较高，支出占比高于80%，而一些地区（如广西）占比甚至低于60%。

第六章 部分国家高职教育国际化经验

“他山之石，可以攻玉”，吸收他国高职教育国际化的经验能够使我国少走弯路，实现快速发展。高职教育交流与合作在很大程度上是20世纪的产物，随着全球化的逐步演进，各国、各地区因为不同的目的开展了大量实践，也积累了丰富经验，并形成了众多有特色的模式，这些模式和经验，有助于分析我国面临的发展方向，并借鉴经验和教训，更好地开展高职教育国际交流与合作。

第一节　美国高职教育国际交流与合作

美国是职业教育大国，也是一个典型的以移民为主的国家，从建国之初就注重吸引外来人才。尤其是到了20世纪后半叶，美国的经济实力已经居于世界首位。由于两次世界大战期间，为众多国家的科学家提供了和平的环境，在战后的政治、经济、军事、科技等各方面取得了巨大成就，如原子弹制造、信息科技革命等，都与教育人才的国际化和培养有着密切关系。开放、包容、创新、具有危机意识是每个国家一直保持着竞争力的关键。

一、美国教育国际交流与合作的发展历程

美国教育国际交流合作的历史由来已久，由于其移民多来源于欧洲，大西洋两岸国家关系密切，商贸人员往来频繁，大量欧洲国家的学术研究中心，尤其是数目众多的德国学者（如爱因斯坦等）加入美国的科研队伍中，甚至是整个科研团队都移民到美国。这些高素质的科技移民人员成为了国际教育交流史上的划时代事件，也是美国后来源源不断的学术进步的动力，使其20世纪60年代后迅速崛起，进而成为世界高等教育与科研中心。美国高等教育体系的形成过程本身就是国际交流借鉴的过程，开放性与国际性始终是其显著的特点。

从美国教育国际化的发展历程来看，主要经历了3个阶段：

（一）两极格局时期美国教育国际交流与合作

作为第二次世界后的西方超级大国，美国积极参与欧洲的重建，从国际事务的边缘走向中心，全球形成了以美、苏为中心的东西两大阵营，两极格局从此拉开序幕。双方为了增强对国际事务的影响力，从战后的政治、经济等各方面加紧对第三世界国家的争夺。1958年，美国迫于苏联卫星上天的压力于紧急颁布了《国防教育法》，这是美国历史上首次以法律的形式把教育置于事关国家安全的重大战略地位。该法支持高校建立现代外语教学和地区研究中心法案，还规定资助学者的国际交流等。同年，为了争夺第三世界国家的领导权，美国通过了《国外援助法》，把高等教育机构作为援助和渗透的重要力量；并成立了国际发展总署，旨在向贫困、落后和不发达国家提供经济、技术文化援助，包括开展海外教育。援助项目的很大一部分就是国际教育交流与合作。1961年，美国国会正式通过了《国际教育法》，要求确保这一代和未来几代的美国人了解其他国家、人民和文化的所有知识领域。1964年“富布赖特法案”通过，授权联邦政府用各种渠道资助高等教育。规定设立美国学生和教授在国外讲学或研究基金，同时设立奖学金计划，支持外国学生和学者来美国学习和从事研究工作。由于美国在西方乃至世界领导地位的确立，无论是美国的各类基金会还是官方政府对国际教育交流与合作都非常支持，给予大量资助，各个层级的教师频繁出国，研究成果和出版物大量涌现。在当时国际教育领域中普遍使用的术语和研究沿用至今，比如国际关系领域研究、外语文科和职业教育的国际化、外国学生海外留学教师交流校际交流、国际项目管理和研究政策等。[①]

（二）20世纪90年代后美国教育国际交流与合作

两极格局的结束让美国成为唯一的超级大国，与苏联抢夺科技制高点的

① 李敏．教育国际交流挑战与应答[D]．上海华东师范大学博士学位论文，2008:53.

目标也不再存在，但是美国教育的国际化却呈现出更加繁荣的趋势。由于明显的教育和科技优势，再加上名目繁多的奖学金，美国成为最吸引留学生的目的国。美国 20 世纪 90 年代通过的、“国家安全教育法”、《2000 年目标：美国教育法》，授权政府继续资助“国际教育交流计划”，建立专门基金资助美国学生留学发展中国家。这一时期，美国开始大量在海外举办分校。

教育国际交流与合作成为美国经济繁荣的重要支撑，根据美国商务部的统计数据，美国的高等教育已经成为第五大服务出口产业，教育出口额位居世界第一。本科、硕士、博士学生数量稳中有增，如图 6.1 所示。美国的国际学生人数在 2018/2019 学年创下历史新高，连续第四年超过 100 万。根据 2019 年的报告，国际学生总数为 1 095 299，比 2018 年增加 0.05%。国际学生占美国高等教育总人口的 5.5%。根据美国商务部的数据，2018 年国际学生为美国经济贡献了 447 亿美元，比上年增长 5.5%。中国已经连续 10 年成为赴美留学生最多的生源国，留学人数达到了 369 548 人。

国际交流为美国带来了大量的人才。2019 年度有效的 F-1 和 M-1 学生的 SEVIS 记录总数是 1 523 758 人，其中 F-1 学生的数量是 1 306 869 人，较 2018 年下降 1.7%。（M-1 签证是指在非学历教育学校进行职业性技能学习签证，数量一般不多）在这庞大的留学生群体中：

（1）副学士留学生占 8.2%，共 107 312 人。

（2）本科留学生占 39.6%，共 517 556 人。

（3）硕士研究生占 37.8%，共 494 099 人。

（4）博士研究生占 14.4%，共 187 902 人。

中国、印度以及欧洲等国家众多的留学生为美国经济运行注入源源不断的动力。美国的国际教育交流为来自各国的人才提供了大量的奖学金或助学金，不能简单地归结于增进文化交流和了解，其最根本的动因和目的是通过招募全世界最优秀的人才和智力资源，进而在以科研和人才为本的全球竞争中保持美国称雄的地位。人们形象地把美国称为“人才收割机”。

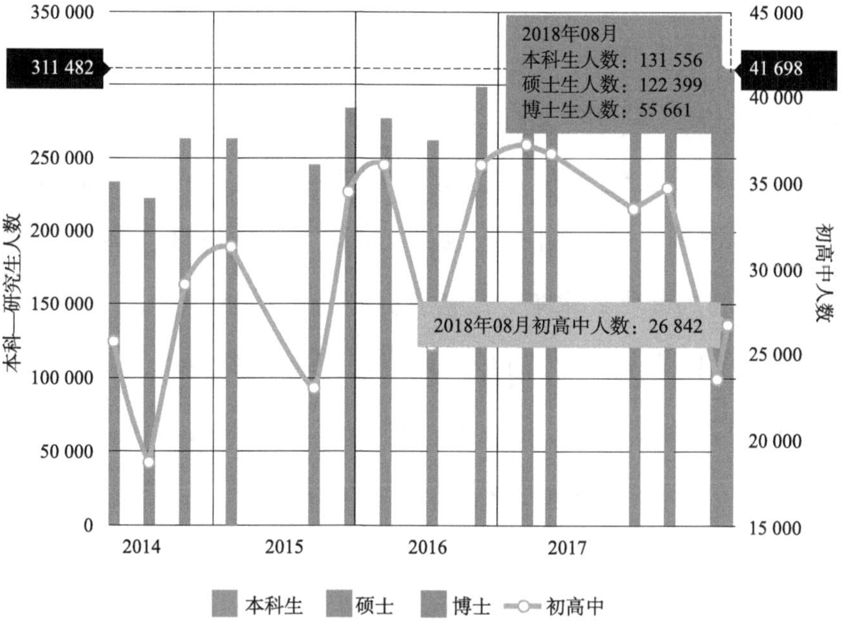

彩色高清图片

图 6.1　中国在美国留学生层次分配图

（三）21 世纪以来的美国国际教育交流与合作

“9 · 11”事件发生后，美国的国际教育交流开启了双向化历程。美国成为世界唯一超级大国后，从民众到政府陷入胜利的喜悦，因此对他国经验缺乏关心和了解，某种程度上造成了一定的自我封闭。当全世界都在学说英语的时候，绝大多数美国人根本没有学习除英语以外其他语言的兴趣。“9 · 11”事件时曾难以找到能听懂阿拉伯语、波斯语等小语种的人，美国游离于国际科教大家庭之外。2002 年 9 月美国政府郑重宣布重新加入联合国教科文组织（UNESCO），这一举动标志着美国从藐视他国教育经验转向关注和借鉴他国教育经验。“9 · 11”之后，全球恐怖主义的挑战使得国家安全理论成为美国外交政策的重要概念。美国相继出台了一系列严格限制境外人员入美的法案，从而使美国不再成为部分国际学生的首选之地，教育的国际交流与合作经历了一定程度的起伏。此时，美国国际教育学者协会发表了一份报告：《美国迈向国际的教育政策全球化和恐怖主义时代的国际教育》，可以看出美国在国际教育交流政策上的转向。

美国国际教育学者协会2000年2月22日发布的“美国迈向国际的教育报告”认为，联邦政府不可能包揽一切，要调动各种资源。大学、学院、社区学院必须进一步使他们的课程、校园国际化，必须为学生和教师提供更多的全球化机会。“社区学院”的国际化要求第一次被正式提及。2005年8月，美国国家科学院针对“9·11”以来美国政府的外国留学生政策进行分析，认为外国学生和学者是美国科学力量的重要组成部分，继续吸引外国学生和学者是美国创新经济成功的关键，同时也强调培养本国人才的重要性。经过这样一个低谷期后，美国重新评估其高等教育国际化的政策，为收复失去的市场份额，不仅研究型大学、普通的本科院校，就连以往只为本地社区服务的社区学院都纷纷到海外开教育展。与此同时，美国各大学，包括社区学院，进一步明确了“培养全球公民”的目标，鼓励学生到海外学习。

近年来，美国在重新审视高等教育国际化的战略调整问题。最有代表性的是“西蒙法案”。这一法案指出，今天世界上很多国家认识到，除非他们的公民所受到的教育中有部分是在外国接受的，否则将被认为没有受到过针对现代世界的教育。报告批评美国缺乏促进全球性学习的政策，政策制定者们似乎也不知道有这样的需求。这份报告设想，每年派100万大学生到海外学习，把每个美国大学生都塑造成为世界公民。目前美国有4 200多所高等教育机构，但是一半以上的海外留学生仅仅来自108所高校，这些学生又主要集中在研究型大学。这一计划的实施有3个主要目标：一是用十年时间内每年帮助一百万美国大学生赴海外留学；二是在一百万的海外留学生中，来自研究型大学、社区学院、少数民族等的学生人数需要与美国境内各种来源的大学生人数按比例增长；三是提高前往非主流国家留学比例，特别强调到发展中国家留学。美国国际教育研究所所长古德曼认为海外学习应该是每一位美国学生接受教育的一部分，美国正在进一步增加大学生海外学习的机会，消除学生参加海外学习的障碍，为每位学生成为世界公民做好准备。

二、美国高等职业技术教育发展概况

美国实行的是典型的单轨制教育。职业教育并没有专门的实施机构，但中小学都开设有职业教育的相关课程。与中国相对应的高等职业技术教育，主要由社区学院（由初级学院发展而来）及技术学院（由赠地学院发展而来）来实施，其中又以社区学院较为典型。另外，美国四年制的本科教育和研究生教育只有小部分是学术性教育，主要是技术应用性教育，因此它们与社区学院可以很好地衔接。

19 世纪 60 年代，为适应美国内战后重建而颁布的《莫雷尔法案》，产生了大量赠地学院，从此高等职业技术教育成为美国高等教育的重要组成部分。

1892 年，芝加哥大学校长把四年制本科教育分为前后各两年，前两年称为初级学院，初级学院最初的职能主要是转学教育。到了第二次世界大战期间，初级学院开始强化其职业教育功能，并更名为社区学院。第二次世界大战后，《退伍军人权利法》使得大批退伍军人进入社区学院学习职业课程，社区学院得到了快速发展。

1963 年，《职业技术教育法》的颁布，明确强调对职业技术教育的财政支持，美国高等职业技术教育在这一阶段实现了规模发展。

20 世纪 70 年代，全球石油危机，造成大批人员失业，这些人再就业前需要再接受培训，因此社区学院的职能从职前拓展到职后。

20 世纪 90 年代，美国政府积极响应联合国提出的“终身教育”的号召，社区学院又增加了终身教育的教育职能。典型的现象就是非传统年龄的学生数不断增加和四年制学院学生回流现象的增加。他们主要是为了学习高级工作技能，获取某一专门领域的证书，或仅仅是为了个人兴趣。至此，社区学院成为集转学教育、职业教育、技能培训、终身教育等多功能为一体的教育机构。

进入 21 世纪，美国的经济发展进入低迷时期，但是两年制社区学院的学生注册率反而飙升。美国联邦教育部公布的统计资料显示，2000—2006 年，两年制高等教育机构学生注册率上升了 10%。美国国家教育统计中心最新统计发现，2006—2007 学年，美国 1 045 所社区学院中共有 620 万名学生注册，这是该学年度所有中学后阶段学生注册总人数的 35%。虽然没有秋季学生入学情况统计数据，但许多学院估计 2021 年秋注册率较 2020 年将增加 10%。

三、社区学院成为美国开展教育国际交流与合作的重要领域

美国的教育国际交流与合作有着丰富的经验，但大部分院校层面的交流还是停留在研究型大学或至少本科院校。社区学院开展国际交流与合作的历史并不长。人们对于这个问题的认识也在不断深化的过程中。从 NAFSA 的报告、西蒙法案可以看到，越来越多的人和机构开始关注这一现象，意识到社区学院国际交流的重要性。美国社区学院联合会国际项目和服务部主任指出，社区学院创立之初就是为了服务地方，他们还将继续致力于满足地方需要。与此同时，社区学院也越来越意识到他们的学生将会生活在一个多元文化、彼此依存的社会里。为此，社区学院要拓展他们的项目和服务，去拥抱国际社区。社区学院国际交流的目标是帮助学生在世界文化中更加自由也更有能力地进行个人、职业的流动，帮助学生介入与教育、商业和社会交往有关的世界活动。社区学院主要通过把国际内容融入新的或已有的课程中，为移民和外国学生提供特殊课程和活动，启动海外学生项目，鼓励师资交流，招收国际学生等方式开始国际交流。

社区学院招收国际学生有两个主要的原因：首先，当然是因为招收国际学

生带来的财政上的收益；另外更重要的是，大多数社区学院是为了使校园里的学生群体更加多元化。尤其是对中西部地区那些同质化学生群体更严重的学校来讲，这个目标更强烈。

ACE 在 2001 年对全美社区学院的国际化进行过调研，并于 2005 年发表了一份报告《社区学院国际化评价》。报告开篇就指出社区学院在美国高等教育机构中占 42%，招收的学生数占 40%。社区学院服务于这个巨大的学生群体，它们对学生进入职场的准备起着重要作用，对学生的全球化能力的培养、对国家来讲至关重要。传统上讲，社区学院服务的是当地社区，但当地社区已经变得全球化时，社区的商业已经扩展到全球，移民潮也增加了城镇的多元化，劳动力的流动已经是一个不争的事实。如果社区学院的教育者关心他们所服务的社区，那么全球化的教育就是必需的，而不是可选的。社区学院的作用正在向满足这些新的挑战转化。当然，社区学院的特殊使命和学生群体的复杂性给大多数社区学院的国际化带来很大挑战。

2008 年 5 月，美国教育委员会发表了一份报告美国高校的国际化版本。从院校层面看，社区学院的学生背景和经历更加多元化，越来越多的高校已深刻认识到派遣学生赴海外留学的重要价值。从 2001 年到 2006 年，提供海外学习机会的社区学院剧增，从 2001 年的 36% 上升到 2006 年 85%。部分社区学院还提供海外实习机会，从 2001 年的上升到 2006 年的国际服务机会（从 4% 上升到 9%）以及到国外进行野外实习（从 9% 上升 19%）。培养师资国际化工作方面，社区学院也取得了一定的进步。从表 6.1 可以看出，社区学院在以下方面提供经费支持的比例有明显上升，开展课程国际化研讨从 36% 上升至 67%，训练外语技能从 16% 上升至 39%，奖励教师开展国际活动从 10% 上升至 16%，教师带领学生海外学习从 27% 上升至 38%，教师参加国际会议从 20% 上升至 33%，教师国外学习或研究从 9% 上升至 14%。

表 6.1　投资于师资国际化发展的社区学院数

数字：占被调查社区学院的百分比

项　目	2001 年	2006 年
开展课程国际化研讨	36%	67%
增加外语技能的机会	16%	39%
国际活动师资奖励	10%	16%
带领学生海外学习	27%	38%
参加国外会议	20%	33%
国外学习或研究	9%	14%

数据整理自：American Council on Education.Advancing Internationalization at Associate's Degree Institutions. Mapping Internationalization on U.S.Campuses：2008 Edition [EB/OL].
http：//www.acenet.edu/Content/NavigationMenu/ProgramsServices/cii/Comm Coll Mapping Ppt.pdf.

三、美国高职教育国际交流合作的主要特点及启示

（一）非政府组织影响力巨大

美国是一个非常国际化的国家，其强大的经济、科技实力决定了其在世界范围的影响力。美国一系列关注教育国际交流与合作的非政府组织在高校国际交流与合作中发挥了举足轻重的作用。他们不仅是信息的桥梁、专业的代表，更以权威的数据、深入的分析、专业的视角、前瞻的建议影响着国家政策走向。这些非政府组织，对本国国际教育的发展、政策、战略出谋划策，为高校、学生国际交流提供详细的指南。为推动高校的国际交流与合作提供了极有价值的指导，既有利于学校国际市场的开拓，又保证了国家国际教育政策的实施。政府对这类研究也给予了足够的重视。从而让他们的很多建议成为政府决策的重要依据。非政府组织作用的发挥方式以及政府对于民间组织的重视可以很好地为中国尚在成长期的民间组织所借鉴。

（二）有效的政策引导助推国际交流与合作

不要以为美国等西方国家是完全教育自由的国家，实际上美国的相关教育

政策在国际交流与合作中有着重要的指引作用。美国的高等教育系统具有分权的传统，高等教育系统内部差异度较大，学生群体多样化更大，因此美国始终强调以单个机构为基础的国际化方式，没有大一统的固定模式。联邦政府在高等教育方面的角色仅限于提供研究经费、学生财政资助和设定相关的政策。但是，美国政府在明确宏观战略的前提下，很好地利用这些措施，多方面进行攻关，有效引导了高等院校的国际交流与合作。美国以法律法案的方式，或者授权，或者直接设立基金，吸引留学生、鼓励美国学生海外学习。通过提供大量的奖学金或助学金，招募全世界最优秀的人才和智力资源。同时，也鼓励美国学生增加世界各地的学习经验。正在酝酿通过的《西蒙法案》将会极大地促进社区学院的国际交流与合作。可见，国家战略指导下的政策对于每一个个体的院校来讲都会产生方向性的引领作用，这一点对于中国非常适用。

（三）社区学院成为美国了解世界的窗口

美国各种类型的大学都具有开放的传统和创新的品质。阿特巴赫这样评价美国大学，美国大学结构在全球影响深远，表征着世界各地大学特征的基本结构，但其自身也是熔铸了各种国际影响的混合物。最初的来自英国的殖民地学院模式，与德国的研究型大学理念及美国式的服务社会观念相结合，形成了现代美国大学模式。通过一些创造性的方式，外国模式与美国国情紧密结合起来。但是在美国成为世界主导后，渐渐对其他国家的经验不再有浓厚的兴趣。“9・11”事件让这个民族再次充满危机感，重新认识到国际交流与合作的重要性。美国以更大的力度、更新的姿态推进高等教育的国际交流与合作。一直不被关注的社区学院国际交流与合作得到前所未有的关注，有关社区学院国际化的调研报告接踵而至。社区学院采取各种办法鼓励各种背景、各种年龄层次的学生到世界各国，尤其是向发展中国家学习，希望增加每一个美国公民对世界的了解。美国从藐视他国教育经验转向关注和借鉴他国教育经验，最终向融入全球教育大家庭的方向转化。作为当今世界唯一的超级大国，美国的经验告诉我们，无论发达国家还是发展中国家都有自己的优势所在，也都有教育国际交流与合作的必要。无论研究型大学还是职业院校，都需要培养国际化的公民，而要实现这个目标，国际交流与合作是必由路径。

（四）国际交流的认识在不断深化

美国国际交流的认识也是不断发生变化的。虽然美国高等教育国际化程度很高，但社区学院的国际化也是到了世纪末才引起大家的关注。社区学院因其服务社区的特殊使命和多样化的学生群体，在国际化进程中仍有很多挑战。因此，当前社区学院开展国际交流与合作有部分与中国高职院校相似的困难，比如学生缺乏自信，学校缺乏学生海外经历的经费，学生认为海外经历是本科院校学生的事。因此，美国社区学院探索国际交流与合作的实践和经验更可以为中国所借鉴。

第二节　日本高职院校国际交流与合作

日本职业教育在一定程度上有着领先优势。随着国际上对职业教育的重视并大力倡导发展高等职业技术教育，日本培养了高素质的劳动力，逐渐成长为世界职业教育领先的国家。目前，日本已经形成了一个开放、多元的现代高等职业教育体系，为满足不同层次类型的职业教育需求而设置了多种特色课程，为学习者提供了专科乃至本科、研究生层次的学历和学位衔接教育，并逐渐向实现职业教育的终身化和现代化而不断努力。

一、日本职业教育的体系

日本高等职业教育形成了多层次、互为补充的较为完善的体系结构。日本职业教育体系的先进性体现在类型结构与层次结构、人才培养目标、专业设置与课程结构等众多方面。

（一）完善的教育类型结构与层次结构

日本高等职业教育以短期大学、高等专门学校和专门学校为主体，这三大教育机构在功能定位和专业设置等方面相辅相成、特色鲜明、优势互补，形成了“三位一体”的有机整体。按照学习年限长短划分，日本高等职业教育分为长学制与短学制两种，学制 3 年以下（包括 3 年）的为短学制，学制 4 年及以上的为长学制。短期大学通常为 2 年制，也有部分医疗技术及护理专业为 3 年制，同时在 2 年制的基础上又设置有 1 年制及以上的专攻科。高等专门学校实行 5 年一贯制，在 5 年制的基础上还设置有 2 年制的专攻科。专门学校分为 1 年制至 4 年制不等，其中 2 年制的专业占了总体的半数以上，但是也有 1 年制的厨师类专业，3 年制的看护类专业和 4 年制的工学和医疗类专业。由此可以看出，日本高等职业教育不仅在不同类型的学校之间体现出学制上的多样化和差别化，更是在同一类型学校内部根据专业实际需求设置长短不同的学制，形成长短学制相互协调的体系。

从人才培养的层次结构来看（见表 6.2），日本的高职教育层次齐全：短期大学、高等专门学校和专门学校都相当于我国的专科层次的职业教育，但是都在各自类型的内部设置了独立而层次完整的高等职业教育。

表 6.2　人才培养的层次结构

学　校	层　次	授予称号或学位
短期大学	专科（2 年） 本科（专攻科）	短期大学学士学位 等同于大学，可获学士学位
高等专门学校	专科（5 年制） 技术本科（7 年制）（专攻科） 研究生教育（9 年制）（专攻科）	准学士学位 等同于大学毕业 等同于研究生毕业
专门学校	专科（2 年） 本科（4 年）	专门士称号 高等专门士

从表 6.2 可以看到，短期大学与专门学校都在专科职业教育的基础上，在内部设置了本科层次的教育，这为想要获得更高学历的学生提供了一条便利的升学途径；而高等专门学校则在专科、本科的基础上，更是设置了 9 年制的研究生教育，可以说，日本高等职业教育达到了一个新的层次和高度。总的来说，这 3 种学校的层级结构丰富，都能够为学生毕业后的升学之路提供有力的保障。

（二）清晰的人才培养目标

人才培养目标是职业教育办学模式的重要内容，反映了教育教学的最终目的。为此，日本《职业教育法》明确指出，日本职业教育的总目标“旨在发展学生多方面的能力和培养其社会适应性，使其成为优秀的产业人员”。文部科学省制定的有关章程规定，日本职业教育“教授专门知识和技术，培养各层次职业所需的能力”，其培养目标是实践技术人才。日本《学校教育法》对高等职业教育机构的办学目的有明确限定，在学校设置基准中对其培养目标也有所限定。根据《学校教育法》第 108 条规定，短期大学以培养学生专门职业知识和实际能力为主，教授高深的专门学术知识，培养学生职业及实际生活的必要能力，培养产业界所需的中级技术人才和专业技能人才。根据《学校教育法》第 114 条规定，专门学校以培养学生的职业和实际生活技能为主，重点关注学生综合素养的提升，并以职业资格为导向，帮助学生获得从事某一特定职业的资格与能力。根据《学校教育法》第 115 条规定，高等专门学校以教授较深的科学知识和技能，培养学生职业所需的工作能力和专业技术实践能力，重点培养工业领域和制造业领域中实践型的“中坚技术者”。因此，不管是私立学校还是公立学校，在人才培养目标方面都必须遵循《学校教育法》的相关规定，在此基础上再体现各自的办学特色。3 种类型学校各自的培养目标明确、具体、精细，高等专门学校和专门学校主要培养中级技术人才，短期大学培养中级技术人员和具有专业技能的人才。日本高等职业教育都是围绕产业发展来培养技术人才，充分体现了培养目标的社会适应性，形成了适应日本产业结构的职业教育体系。

（三）专业设置与课程结构相辅相成

短期大学的专业学科主要集中在人文科学类专业和保健、家政等实用类专业，包括人文科学、社会科学、理科、工学、农学、保健、家政、教育、艺术等，毕业生从事幼儿园教师、营养师、看护师的比例较大。这一特点也与短期大学的男女学生比例有关，由于在校生中女学生占极高的比例，因此在专业设置和人才培养方面也最大限度地体现了女性化的特点。与此不同的是，高等专门学校的专业学科主要集中在工科和商船科，因此教育对象以男生为主，毕业生大多服务于以制造业为主的第二产业行业。而专门学校在专业设置上与社会产业的需求关系非常密切，能适应社会产业，突出实用性和第三产业特征，并且文理兼备，男女学生比例较为均衡，综合发展优势明显，注重职业资格教育的导向性。由此可见，3 种类型学校各自有着明确而清晰的定位，在专业设置和人才培养方面实现了错位互补。

日本高等职业教育的课程设置以专业实践为导向，突出学生技能的培养与开发。在课程结构中，实践课程比例大，有些占比甚至超过了 50%。短期大学的一般教养课约占 10%，其他均为专业课程和实训课程，实践课比例在 1/3 以上；高等专门学校中一般教养课和专业课的比例大约各占 50%，实践课的实际比例接近 50%；专门学校的一般教养课占 5% 左右，技术类专业课程占较大比重，实践课比例较大，占总课时的 50% 以上。

（四）不同层级的职教互相衔接

为了满足科技发展和人才培养的需要，日本政府于 1961 年通过了《高专法案》，高等专门学校作为一种区别于大学和短期大学的职业教育制度开始实施。高等专门学校，作为“六三三四”学制的一种例外，实行五年一贯制职业教育，招收完成义务教育 15 岁年龄段的学生。目前，高等专门学校在日本全国范围内有57所，拥有约6万人左右的学生规模。虽然从学校数量和学生数量上来看，高等专门学校都属于日本高等职业教育中的“少数派”，但是其以高水平的理论为基础，重视实验、实习和练习，培养既有专业知识，又有实践经验的一线科技人才，因此毕业生得到产业界的高度好评，至今仍然保持着平均10家企业争相录用1名高等专门学校毕业生的良好就业形势。由此可以看出，高等专门学校在教育对象和教育内容等方面通过两性分化、优势互补的理念，与短期大学完全错位，成为日本高等职业教育中极具竞争力的教育机构。

高等专门学校为在校生创建了3种升学渠道：一是三年级的学生可参加4年制本科大学或短期大学的入学考试；二是修完5年课程毕业者即可获得“准学士”学位，在此基础上，在本校内还设置有实施更高层次水平专业教育的2年制专攻科，修完专攻科毕业者，通过大学评价和学位授予机构的审查，可获得“学士”学位（与大学学士同等）；三是修完5年课程的毕业生还可以通过考试转学升入技术科学大学。由此可以看出，高等专门学校全方位地为学生建立起了升学成长的“立交桥”；与短期大学主要通过与外部本科大学构建起升学通道的衔接方式不同，高等专门学校不仅有畅通的外部升学通道，更是在学校内部为学生创造了接受普通高等教育的机会，这一点在高等职业教育的体系构建上可以说是突破性的发展，大大提升了高等职业教育的教育水平和层次。

二、日本职业教育国际化历史与现状

（一）日本教育国际化发展历程

日本中央教育审议会在1956年的报告中提出了推进国际交流的设想，九年后中央教育审议会发表的《所期望的人》报告中指出“要培养具有国际视野的日本人”。

20世纪七八十年代，教育国际化开始受到日本政府的重视。在70年代的日本中央教育审议会《关于教育、学术、文化的国际交流》报告主张把教育放置于整个国际环境之中，用国际眼光进行考察，积极培养国际化的教育人才，以及培养“活跃于国际社会的日本人”。20 世纪 80 年代，日本设定了教育发展目标，认为“要同时做经济大国和政治大国”还要做教育大国。20 世纪 90 年代开始，日本逐步进入稳定低速发展阶段，经济上继续开拓海外投资，教育上积极培养技术人才。随着经济全球化，日本进一步发展教育国际化，这成为他们的总体发展战略。2006 年修改的《教育基本法》中增加的“教育目标”之一为“培养学生为国际社会的和平与发展做贡献的态度”。由此可见，教育国际化逐步被纳入日本国家的总体发展计划中。

（二）日本职业教育国际化发展现状

日本高等职业教育非常重视国际合作与交流，短期大学、高等专门学校和专门学校推进教育国际化的积极性高，收效明显。3 种类型的学校在实施国际化发展战略中各有侧重，互相补充。短期大学将国际化的重心放在为本校学生提供多样化的海外留学机会，重点与欧美等英语国家合作较多，与中国合作较少，目前有 2 所学校与中方开展合作办学项目（高职层次）。高等专门学校高度重视“国际化人才培养”，实施全方位、多形式的国际合作与交流，既引导本校学生“走出去”，为他们提供海外留学与实习的机会，又采取“引进来”方针，积极吸收海外留学生；与中国 30 多所高等职业院校已经建立起合作关系，开展内容丰富的合作交流活动；国际交流与合作制度十分完善且成熟，但目前还没有与中国的合作办学项目。专门学校以招收留学生为国际交流事务的重心，在这 3 种学校中拥有的留学生数量最多，且中国籍留学生数量最多，部分学校在中国直接设点招收留学生，对中国的环境和相关法规都比较熟悉，已经发展成为中日合作办学项目的主力军（高职层次）。由于学校数量多，专门学校的国际化水平和教学质量也存在参差不齐的问题。

三、日本职业教育国际化的基本经验

随着近几年教育国际化的不断发展，教育国际化概念的外延和内涵变得日益丰富起来，为职业教育国际化可持续发展提供了条件和可能。日本在应对职业教育国际化上采取了一系列颇为有效的措施和方法。

（一）设立专门的质量认定机构

为确保日本本土技术人才教育的国际质量，培养本土国际通用的技术型人才，日本教育部在20世纪末成立了一般社团法人的日本技术人才教育认定机构。根据统一的检测标准，通过产学互助联合，日本职业教育系统进行了高等教育机构技术人才培养质量的认定。

（二）实施职业教育的衔接体制

早期日本的职业教育院校主要是短期学制的大学，即以女学生为主的两年制专科院校、职业高中和以“3+2”的初中起点的五年制大专。为了培养国际通用的高等职业人才，1991 年对高专制度进行了调整，设立专升本制度，规定学生可升入本校的本科班或插班大学二三年级继续进行专业学习。除此之外，普通高中的高三毕业生也可以选择插班进入高专四年级继续进行专业学习。随着经济全球化的不断推进以及信息化的迅猛发展，社会对劳动者职业实践能力要求不断呈现高端化、多样化发展的趋势，日本职业教育果断对本土职业教育机构进行了高层次深化改革，于 1999 年开始实行职业研究生教育，目标是培养专门技能型硕士和博士人才。

（三）拓展国际交流与合作

日本高职教育通过扩大交流与合作推进国际化。一方面，拓展留学生的派遣与招收规模。20 世纪 80 年代中叶以来，随着日本经济迈向国际化，赴英美德等发达国家留学的日本人日益增多。80 年代后期，日本加强留学生管理制度建设，先后制订并实施了“两个留学生计划”和“接受 30 万留学生计划”。截至 2019 年，日本高等专门学校已与两百多家海外教育机构签订了办学交流协议，实现学生与教职人员的双向派遣。另一方面，日本积极推动高职教育国际化战略。日本高职教育国际化办学高度尊重高职教育的基本属性和基本职能，最大限度地将“国际维度”和“国际教育”融入办学实践中，以国际教育标准为实施准则，以国际标准化教育为导向进行系统化职业能力的开发，提高人才培养的可雇佣性和国际流通性，保障学生职业能力的培养与学生终身发展需求以及企业需求的密切对接。同时加强保障机制建设，不断提升国际化办学质量，使质量评价管理与国际职业标准精准对接；有规划地出口高专项目，重点瞄准亚洲和中东欧国家，向其出口高专的教学大纲，受到发展中国家的欢迎。

第三节　新加坡高职院校国际交流与合作

新加坡经济腾飞“奇迹”与有效地培养、吸引、使用和开发国际化技能人才密不可分。新加坡一方面重视职业教育与经济发展的互动，另一方面也加强与西方发达国家职业教育的交流，为新加坡从一个贫困落后的港口城市变成一个现代化国家做出了重大努力。

一、不断变革的新加坡高职教育

1954 年，第一所高职学院新加坡理工学院成立，1958 年招生，新加坡的高职教育与职业教育同时起步。建国之初，新加坡实行劳动密集型的进口替代经济发展战略，客观上需要一批与工业发展相适应的技术人员和熟练工人，单一的普通教育无法满足需要，于是职业教育成为新加坡教育的重要领域。

（一）20 世纪六七十年代的初创时期

随着 1965 年从马来西亚的独立，新加坡失去了原料供应来源和商品销售基地。与此同时，英国突然宣布提前从新加坡撤军，致使英军雇佣的三万多名雇员面临失业。面对狭小的国内市场，政府只好把内需型的进口替代式经济发展战略改变为外向型的出口式经济发展战略。这样，在客观上就需要有足够的专门技术人员和管理人员以及大批熟练的工人，才能保证引进的外国先进设备和技术发挥其效能。

外向型的经济结构，使得高等职业技术教育一开始就要瞄准国际市场，具备国际化的特点。政府对整个中学教育系统进行了一次改组，除一般中学外，还建立了4种类型的职业学校，工艺学院改组为高等技术训练机构，培养技师。这样就形成了一个由低级到高级的职业技术教育系统，也形成了普通教育与职业技术教育双轨并行的格局。1968年，新加坡成立了全国工业训练理事会和技术训练局，该局于1973年改组为工业训练局。这一时期，新加坡将原为中等职业技术学校的新加坡理工学院改组为以工科为主的技术专科学院，又于1963年建立了新加坡义安理工学院，这是一所培养实用型技术人才的综合性高等职业技术学校院，原为私立学院，1968年改为公立大学。新加坡理工学院的改组和义安理工学院的建立，标志着新加坡高等职业技术教育的起步。这一系列的改革都有力地促进了经济的发展，到了20世纪70年代后期，经济多元化格局已经形成。在此期间，新加坡大学与新加坡理工学院达成协议，理工学院的学生同时具有新加坡大学合法的学生资格，学业水准达到新加坡大学要求时，可授予新大的学位。这也是职业教育与普通教育接轨的尝试。

（二）20世纪七八十年代体系建立阶段

20世纪70年代后期，劳动密集型工业不再有竞争力，而且新加坡本身就劳动力短缺。1979年，李光耀总理提出了新的经济发展战略，称为“经济重组”或“第二次工业革命”，要求大力发展资本密集型、高附加值的产业，减少对低工资、劳动密集型产业的依赖。能否提供经过专业技术教育与训练的劳动力成为当时经济发展的关键。

在这样的背景下，新加坡开始进行全面的教育改革，从国家宏观战略的角度来安排职业技术教育。1979 年，工业训练局和成人教育局合并为工业与职业训练局，隶属于教育部，负责统筹、协调和推动职业教育和技术训练的各项计划，对劳动力由“量的需求”变成“质的要求”，满足国家工业化需求。高职教育在此阶段得到快速发展。“分流制”和“职业资格等级证书”是这次改革的主要成果。在从小学就开始的统一分流教育制度中，职业技术教育正式被纳入正规教育范围，实现了双轨统一的教育制度。

“职业资格等级证书”是工业与职业训练局所属学校提供的多种职业技术训练课程，修业期满，可分别获得各种工作能力的证书。在进一步完善的“职业资格等级证书”制度中，新加坡政府为了鼓励职工参加训练，提高技能，规定国家三级公务员证书、三级技工证书、职业训练证书和其他培训课程毕业证书，相当于实践毕业证书。国家二级技工证书、工人技师证书相当于高中毕业水平。国家二级公务员证书、一级技工证书相当于大学毕业水平。各种证书之间可以相互衔接。例如，职工取得了某种相当于高中毕业水平的证书，就可以参加本专业大学水平的招考与学习。正是由于职业培训证书与正规学历证书建立了一定的等价关系，而政府又实行按学历定工资，这样技术等级与待遇就自然形成了一一对应关系。这对于克服长期以来鄙视职技教育的传统观念，有十分重要的现实意义。

为满足国民经济发展的需要，这一阶段，理工学院的工程技术专业比例大大增加。例如，1981 年成立的南洋理工学院，下设电气与电子工程、土木与结构工程、机械与生产工程等系。除了大量的正规学历教育发展迅速外，各种非正规的职业教育和培训也开展得如火如荼。例如，新加坡要求企业的工业培训中心把培养标准提高到与职业学院同级水平，开始与国外合作进行职业培训工作，工业与职业训练局直接举办的职业技术学院。20 世纪 80 年代，除了大力扩充新加坡理工学院和义安技术学院外，经济发展局还借助外国之力，同德国、日本和法国合作建立了三所专科级的德新、法新、日新技术学院。

（三）20世纪90年代后的稳步发展阶段

20世纪90年代开始，新加坡进入了以高科技为主要特点的第三次工业革命。随着外资的涌入、产业结构的调整升级，对劳动者素质需求进一步提高。为此，要求新加坡的职业院校一方面能追随产业结构的升级，及时调整专业，另一方面能根据来新加坡投资的跨国公司先进的技术要求，超前做好培训课程的开发。

1991年，原来的南洋理工学院升格为南洋理工大学，旨在成为一所高质量的综合型大学。随后，新加坡政府兴办了三所大专性质的理工学院：淡马锡理工学院、南洋理工学院和共和理工学院。其中，南洋理工学院成立后合并了早年政府和德国、法国、日本合作开办的德新、法新、日新技术学院。这一时期，高职教育出现了多样化的形态：例如，1990年新的学徒制实施，它采用了巴登—乌登堡的"双元制"模式，主要面向能够向员工提供训练的企业。新加坡理工学院率先于1991年推行"工读双轨计划"。1992年，新加坡理工学院开始为私人公司的工业培训人员实行"混合型学徒训练计划"。1992年，成立了直属于教育部的工艺教育学院，以接替职业与工业训练局的工作。

目前，新加坡已形成了一个完整的"立交桥"式的高等职业技术教育体系。新加坡中学后教育分为大学预科、工艺学院及工艺教育学院，大学预科是为升入大学作准备，工艺学院和工艺教育学院是高等职业技术教育的第一层次，学制2年；第二层次为理工学院与技术学院，学制3年，直接从高中招生或选拔工艺教育学院的优秀毕业生，为专科层次；第三层次是本科大学教育。新加坡的本科大学教育属于普职混合型，由国立新加坡大学和南洋理工大学承担，学制四年。在新加坡的高等职业技术教育体系内，可以凭学业和课程等成绩转入相应专业的第二或第三年级就读学位课程或者文凭课程，即工艺教育学院的优秀者可申请转理工学院，而理工学院的优秀毕业生，也可往高层上升。

这种上下衔接的高等职业技术教育体系，为职业教育学生创造了一条深造的道路，极好地满足了不同人群在不同阶段的需求。

二、新加坡高职教育的国际化视野

新加坡是一个有着危机意识的国家，在人才培养上，新加坡政府超乎寻常的国际化视野为新加坡赢得一次又一次发展良机奠定了基础。

（一）政府高度重视国际化职业人才培养

新加坡政府充分意识到，服务于外向型经济的国际化职业人才的培养关乎国家前途，因此十分重视职业教育工作，不断采取措施在行政领导、经费投入、证书制度等方面保证了职业教育的重要战略地位。例如，政府在法律中规定求职者必须接受职业技术培训，使职前培训制度化。凡资本在百万新元以上或雇员在 50 人以上的企业，必须对在岗职工进行专业技术培训。外资或合资企业，如招聘新籍员工，必须派到投资者母国进行专业技术培训，所有企业必须缴纳职工工资的 4% 作为全国技能发展基金。再如，新加坡理工学院的办学经费 75% 由政府资助，10% 来自于企业的资助，学生的收费只占办学经费的 15%。新加坡政府在引进外国先进技术、设备的同时，引进培训资源，创办培养高级技术工人的训练中心或技术学院。凡是外国大公司或厂商来新加坡投资，新加坡经济发展局都与他们商计开办培训中心的事宜。

（二）与经济产业发展相适应

1. 建国之初广泛派遣留学生

新加坡政府提出造就一支世界级劳工队伍的策略。时任总理吴作栋认为，如果我们要享受有世界级的生活水平，就必须有世界级的工人队伍。1965 年建国之初，新加坡就提出“教育立国”的目标。20 世纪 70 年代，新加坡政府把“使学生具有走向国际，面向世界的全球性眼光”作为四项教育目标之一。因此，新加坡把培养国际人才作为事关国家未来的大事来抓，此时新加坡国际教育发展的形式主要是鼓励国人出国留学，回来建设新加坡。

2. 劳动教育服务贸易理念转变

1985 年 4 月，新加坡政府建立了一个以李显龙为首的经济委员会，委员会集中回顾了二十年来新加坡经济发展的经验教训，发现地理优势弱化、劳动力成本提高、制造业竞争激烈等国内国际的变化。在制定经济发展长远规划的过程中，该委员会提出了对“教育服务产业”发展具有影响深远的观点，首先认为教育是急待发展的服务产业，而服务产业是未来经济发展的两大引擎之一。委员会认为“教育具有巨大的增长潜力、对经济发展具有完全正面的影响，具有巨大的出口创汇潜力”。

在这一基础上，新加坡政府考虑到本国经济的发展主要是靠引进外资和外国先进科学技术，而能够在吸引外资等方面占优势的关键是提供高素质、低成本的人力资源。因此，政府一方面注意控制大学生的数量，另一方面大力发展工艺学院，培养具有高等职业技术、实用的熟练人员，从而有效地控制社会的人力成本总量。1991 年，新加坡政府制定了名为“新的起点”的跨世纪战略，确定了国家经济发展的国际化战略，要求优先发展服务业，特别是国际服务业。为此，政府明确了高等教育国际化的发展战略，希望利用国际的人才和资源，使新加坡成为国际学术文化中心。但直到 20 世纪 90 年代，新加坡一直是一个留学生的输出国和教育的进口国。

3. 重视输入与输出并举

亚洲金融危机让新加坡深刻认识到必须发展知识经济，才能摆脱欧美国家的控制和攻击。高素质人力资源的吸引和培养再次成为重中之重。首先，新加坡经济发展局提出了著名的“双翼发展”构想，即一面引进世界顶尖大学“TOP10”计划是 1998 年提出，2003 年 8 月，新加坡又推出“环球校舍”政策，一面发展国际教育服务贸易，将教育的输入和输出同步进行。另外，新加坡政府从一开始就具有了非常明确的教育品牌意识，其引进的高等院校包括美国麻省理工学院、芝加哥大学、宾夕法尼亚大学等世界名校，也有像北京中医药大学这样的具有某一学科研究特长和优势的普通高校。根据国际高等教育网站（Global Higher Education）的统计，2013 年 3 月，全球共建立 188 所国际分校，其中新加坡有 16 所（包括 2007 年关闭的新南威尔士大学新加坡分校），约占全球国际分校总数的 8.5%。

首先，新加坡政府希望发挥自身处于东西方交汇的区位优势，通过国际顶尖大学的入驻，吸引一流的专家、学者、学生，高起点、快速度地发展本国高等教育，同时通过各种优惠政策吸引这些顶尖人才留在新加坡。第二，新加坡政府鼓励外国教育机构到新加坡合作办学，为新加坡普通劳动力提供先进的专业技术教育和终身教育，增强劳动者的就业能力。第三，大力推动新加坡教育机构和合作办学机构走出国门，广泛招收亚太各国留学生，希望把新加坡打造成为“地区教育中心”。新加坡政府将教育服务产业细分为五类，各级各类院校都有自己明确的任务。例如，新加坡国立大学和南洋理工大学只与政府推荐的世界顶级大学合作办学，确保通过国际教育为国家和东南亚培养一流人才，使这两所大学进入世界一流大学其他公立院校主要满足本国人民对高等教育的需求，满足各个产业对各类技术和经营人才的需求。同时，积极推进国际教育，向外国学生提供教育服务私立院校则受到政府鼓励，利用世界贸易组织的《服务贸易总协定》（GATS）的规则，积极开展国际合作办学，拓展海外教育市场，开设各类学历、非学历的教育培训课程，形成以外国学生为主体的学生群。

（三）以跨国公司为依托

新加坡面国土面积仅有 700 多平方公里，却云集着约 8 000 家跨国公司和 12 万个中小型企业。在这些企业中，有超过 4 000 家在新加坡建立了企业总部。目前，世界强 500 企业中，有 200 多家在新加坡运作。新加坡在世界经济体系中找到自己的最佳位置，不断瞄准世界新兴产业，通过引入新兴产业和本地培育，使产业结构不断调整升级。建立地区总部，使得这些跨国公司在全球范围内配置人员，使得一大批国际化人才通过跨国公司的渠道进入新加坡，引入新的理念、新的经验和先进的技术同时，反过来促进了当地高等院校的国际化进程。高等院校要迅速调整专业设置、课程体系，以提供适应新技术的国际化人才。在新加坡经济进入高科技、高附加值阶段，新加坡政府积极与跨国公司签订人才培训合同，联合制定培训方案，很快就培养出自己的新技术人才。国家需要什么，学校可以立即进行订单式培养，当前来投资的企业基础设施建成时，学校已经“生产”出符合企业需求的劳动力。

（四）突出语言学习的引领作用

新加坡有4种官方语言：汉语、马来语、泰米尔语和英语。由于从新加坡独立那天起，以美国为代表的英语国家实际上是世界先进技术、创新、发明的发源地，因此英语已然成为一种世界语言。为此，新加坡政府提出了坚持英语学习的政策，高等教育机构也使用英语作为主要的学术语言。新加坡前总理李光耀曾指出“英语使我们能直接吸收西方工业的知识和技术，没有对使用英语的坚持，新加坡就不能为它的经济找到新的基础，也就不会具有今天所拥有的国际和地区经济中心的地位。”这种语言政策有利于新加坡接受世界上最新的教育、科技、文化信息，吸收西方先进的文明成果，为新加坡走向国际化、迅速融入国际社会奠定基础，反之也能不断推动其教育，包括高职教育国际化的进程。这一点在新加坡的发展历史中确实得到印证。

三、新加坡高职院校国际化的实践

新加坡主要承担高等职业技术教育任务的是五所理工学院，相当于我国的高等职业技术学院。它们分别是1954年诞生的新加坡理工学院、1963年创办的义安理工学院。进入20世纪90年代，为满足经济建设不同专业的人才需要，新加坡又于 1990 年正式成立了淡马锡理工学院，1992 年成立了南洋理工学院，2002 年成立了共和理工学院。五所理工学院的专业设置互为补充，避免了恶性竞争。新加坡的教育国际化，是从职业教育开始的。

（一）以超前的国际化职业教育理念引领院校发展

新加坡的职业教育，尤其是高职教育诞生之初，就是为了满足国家外向型经济发展战略的需要，因此从创办伊始就必须面向世界市场，以符合国际标准的技能去生产能打开国际市场的产品。随着产业从劳动密集型向技术密集型的升级，为了吸引此类产业的外资投入，高职教育又肩负起培养与新型产业相匹配的人力储备的功能。因此教育理念不仅要先进，还要超前。新加坡职业技术教育的发展宗旨就是用明天的技术，培训今天的人才，为未来服务。高职教育始终瞄准世界产业技能发展的最前沿，开设的专业富于前瞻性，与经济发展预测和市场需求的联系程度紧密。新加坡高职教育的国际化战略，为新加坡的外向经济和跨国企业提供了人才保障。我们可以从五所理工学院的使命陈述和愿景中了解他们先进的教育理念和国际化的发展愿景。

新加坡理工学院的使命宣言是使我们的学生工作优异、生活精彩，用技能和知识武装成年学习者，增强他们的职业胜任力。愿景是成为一所领先的学院，使我们的学生为工作、为生活、为世界做好准备。理工学院的教学特别注重超前性和市场性，认为教学必须服务于区域经济和世界经济发展的需要，服务于产业和经济结构调整的需要。

南洋理工学院的使命宣言是：(1) 南洋理工学院将为学生和成年学习者提供优质的教育与培训课程，为他们在未来的生活与事业上做好准备，使他们成为终生学者，为促进新加坡的技术、经济和社会发展做贡献。(2) 南洋理工学院将充分利用自己的资源、专业技能，创新和改革支持新加坡工商界的发展，为完善新加坡的全球化努力。其愿景是成为全球卓越的最好的理工学院。为了达到这个目标，该校的承诺是提供更优质的教学、更优质的课程、更优质的环境、更完善的管理。

义安理工学院的使命宣言是通过教育与培训培养与经济发展相适应的专业人才。愿景是智慧相连、人才相牵、创造价值。

淡马锡理工学院的使命宣言是为中学毕业生和在职成年人适应未来不断变化的社会提供相关的理论知识、终身服务的技能，以及不断改善自我的品质。淡马锡的愿景是在全球化的教育网络中成为一所世界级的学院，因为其教学项目、应用研究、卓越管理和创新企业文化而声誉卓著。

共和理工学院的使命宣言是培养创新的、有企业精神的、有文化的专业人才。其愿景是要与利益相关者一起，以基于问题的学习来培养能适应不断变化的世界的人才。

（二）在学习借鉴中形成独特的职教模式

新加坡在职业教育发展过程中，始终注重向职教先进的国家学习。比如，“双元制”的职业技术教育制度是德国经济腾飞的“秘密武器”，新加坡在发展职业教育的过程中，对于德国这一行之有效的职教模式进行了深入学习。但是，他们也认识到两国国情的不同。20 世纪 80 年代初，新加坡南洋理工学院院长林靖东结合本国实际，提出了新加坡职业和工艺教育的新的办学理念和教学模式——“教学工厂”，把学校按工厂模式办，把工厂按学校模式办，通过“工业项目组”让学生在实际生产操作中学到知识和技能。

虽然“教学工厂”是在“双元制”的启发下，把学校和工厂这二元结合起来的实践，但这种实践又充分考虑了国情的差异，主要还是以学校为主位，而不是像德国那样以企业为本位。因为新加坡的企业规模普遍不大，没有专门的具有相当规模的培训中心。新加坡的“教学工厂”是在现有的教学系统的基础上设立，学校统一领导、统一组织，按统一的教学计划进行。“教学工厂”是“双元制”在新加坡的改造模式。

当然，新加坡的各理工学院作为高等职业技术教育的主要承担者，在或长或短的办学过程中，各自形成了独具特色的办学理念与教学模式。例如，共和理工学院采取欧美先进的 PBL——基于问题的学习教学法，新加坡理工学院则大力推进“CDIO”——构想—设计—完成—操作教学模式，义安理工学院更擅长与国际企业的合作科研项目，等等。

（三）课程体系采用国际化认证

课程的国际化是实现高等教育国际化的重要途径之一。新加坡高校普遍重视与工业界及国外高校的联系与交流。在设立一个新的学院、专业甚至课程时，首先考虑的是如何与国内甚至全球在这一领域做得最好的高校建立联系，利用对方的经验和条件来发展自己。这一方法节约了资源，提高了效率。新加坡在技术人才培养的发展过程始终强调“国际人”的质量理念。课程设置上瞄准国际产业技能发展的最前沿，课程计划和开发注重与国际市场紧密结合。新加坡引进美国式的选课制和学分制，增强课程的国际性，重视对课程进行质量控制，实行课程校外评审制度，保证了人才培养质量标准的国际化。南洋理工学院 1996 年 12 月所有专业文凭课程全面获得 ISO9002 证书认可，义安理工学院于 2001 年通过了 ISO9001：2000 认证，新加坡理工学院也通过了 ISO9001 和 ISO14001 的认证。

（四）师资培养的各环节均与国际接轨

新加坡理工学院不仅教育理念超前，师资的招聘、培训和使用也与国际接轨。理工学院普遍制定了国际化的招聘政策，在全球范围内招聘高技能教师。例如，淡马锡理工学院，包括商科系、工程系、设计系、资讯科技系与应用科学系等大系的 29 个专业，均有来自各国资深的教师执教。据不完全统计，如今新加坡的理工学院外籍教师人数占到教师总数的 10%。

在与发达国家的合作中，新加坡始终把教师的培养放在首位，尽管理工学院的教师绝大多数都有在国外学习、培训的经历，但他们仍然坚持每年送一定数量的教师到国外去考察和进修，目的就是要让教师能追踪行业前沿知识。教师通过参加专业展览会、新技术培训、新课程学习、专业项目研究、出国学习等途径，主动到企业进行调研，预测企业发展趋势，超前2~3年对企业未来发展方向和技术技能进行积极准备。正是由于具备国际视野的超前准备的师资，才可能用明天的技术来培养当下的学生。

当然，各理工学院用于师资培训的经费也有充分保证。新加坡理工学院每年教师人均进修费用为4 000新元，专业教师隔2~3年就要从事一段时间的工业项目的研制。南洋理工学院从1992年组建起就建立专门的“学院员工培训基金”，用于内部员工的培训。

（五）加强院校国际教育交流与合作

1. 招收留学生

根据新加坡政府的教育国际化战略，新加坡各级各类学校都提高了留学生的招生比例，努力营造一种“国际化校园”的氛围。据统计，如今新加坡的5所理工学院留学生人数超过学校总人数的10%，而义安理工学院的留学生人数已经达到20%。

2. 学生海外经验

新加坡的理工学院都有学生前往海外“浸润”式学习或实习的计划，以通过文化交流扩大国际视野。例如，义安理工学院从2007年开始所有的在籍学生都要至少参加一项海外学习。

3. 与国外高等教育机构建立合作关系

新加坡的理工学院普遍都设立了国际教育学院或国际教育部，旨在与全球教育机构建立交流合作关系。一方面，他们积极与世界顶尖的学院合作办学，学习他们的先进经验，并给学生提供升学通道，另一方面也没有忽视向亚太地区输出自己的职业技术教育。例如，义安理工学院既与世界顶尖学府美国维诺学院和亚洲区幼师培习中心、英国泰恩河畔纽卡斯尔大学、美国查普曼大学联办本科学士学位课程3个，也与中国武汉科技大学联办物流管理专业大专文凭课程。而新加坡理工学院国际教育部的宣传栏上更是清晰地表明自己的优势所在，新加坡理工学院国际教育部旨在为亚太地区的其他国家提供新加坡理工学院的技术教育。他们通过在过去五十年中获得的知识和经验，培训为亚太经济发展提供产品和服务的技术人员。

四、新加坡高职院校国际交流与合作的主要特点及启示

（一）重视政府的先导作用

新加坡包括理工学院在内的高校在国际化进程中取得了良好效果，这在很大程度上得益于政府在经济发展的各个关键时期制定的具有远见的政策。新加坡独立后实施外向型经济发展战略，努力把本国经济融合在世界经济之中，为经济服务的职业教育也始终保持开放的姿态。新加坡是一个富有忧患意识、具有强烈危机感的国家，正是这种忧患意识和危机感促使新加坡高校时刻瞄准国际市场，按国际化目标要求，在实践中不断推动国际化。政府在引进外资，引进跨国企业，规定企业员工培训经费、培训要求，职业资格证书与就职薪资联动等方面进行系统的规划，有效地整合了国内、外资源，也有力地推动了高职院校的国际化进程。

（二）发挥教育的贸易作用

新加坡大学国际化的最重要特点是政策的制定者是新加坡政府。教育服务贸易对于新加坡而言起到三方面的作用：减少本国人才和资金外流、吸引外国人才和资金、给本地高校引入竞争机制。新加坡在开发教育产业的过程中体现了高度的计划性，通过细分教育市场，将各级各类院校明确分工，有计划、有步骤地引导和推进高等院校的国际化进程，避免彼此盲目竞争。教育服务贸易目前对于中国来讲还只是向世界开放了教育市场，没有很好地利用规则走向开放的世界市场。缺乏宏观战略布局和策略规划是主要因素。

（三）培养国际化的本土意识

新加坡理工学院很重视吸收国外的先进经验。“拿来”的同时能根据自己的情况进行消化，善于学习又不失自己本色。国际化思想在新加坡理工学院早已深入人心，成为一种共同的战略愿景，这种战略愿景表现为自上而下的结合，既有学院使命愿景的表达，又落实在教育教学的各个层面，成为院校发展的有机组成部分。

第四节　教育国际化先进经验的相关启示

尽管不同的国家和地区政治背景、经济发展、文化传统各异，但可看出相关的国家（地区）都非常重视高等职业教育的发展，在调整中巩固、在改革中发展、在发展中创新高等职业教育，也因此促进了这些国家（地区）经济的腾飞。在这一过程中，世界各国都在积极地推进本国职业教育的国际化水平，并且都已经意识到其给本国产业经济发展带来的巨大影响，以至于各国都纷纷将国际交流合作纳入国家发展战略当中。虽然，不同国家经历了不同的发展进程，但在发展过程中都存在着一些成功经验，经过分析可以总结出一些具有规律性的共同点，给我国职业教育国际化发展方向带来一定程度的启示。

一、超前的教育理念规划

通过研究发达国家职业教育国际化发展的先进经验，不难发现超前的教育理念应该是职业教育国际化发展的前提条件，只有具备了超前的教育理念才能有效制定国际化发展策略。发达国家都能够积极吸收国际前沿的教育理念，并结合本国国情进行改革创新，探索出适合本国实际情况的发展道路，新加坡在这一方面成效尤为突出。即使新加坡的职业教育起步较晚，但由于具备超前的教育理念，使其一直处于高速发展的态势。新加坡职业教育不断为社会培养国际化专业技术人才，使得国内经济仅仅在40余年的时间里，就由一个贫困落后的港口城市发展成一个现代化国家。

国家重视顶层设计的整体设计与调整更新的效果明显优于局部改革，这是职业教育吸引力得以增强的重要前提。以国家制度体系和配套政策为执行标准，结合地方政府和州政府实际情况制定实施细则，国家监督机构对地方政府和州政府的实施情况进行定期指导监督，及时对各地出现的不协调、不适应情况做出协调，理顺执行与监督的程序和职责，建立一体化的管理体制，为保持增强职业教育吸引力打下制度及政策体系基础。

二、政策与立法相配合

职业教育国际化发展是一个复杂的系统工程，它的推行落实需要一套完善的政策保障体系，发达国家职业教育国际化发展的成功推进依赖于本国相对成熟完善的政策环境，既保证了职业教育国际化发展的正确方向，也能够为职业教育国际化发展提供保障。美国对于职业教育政策法规的关注较早，发展也比较完善。1946年，国会通过的《富布赖特法案》是一项国际交流奖学金计划，要求政府设立专项教育资助金用于国际交流；1963年颁布的《职业教育法》是美国一部非常重要的法案，该法案扩大了职业教育的范畴，冲破了传统观念对职业的束缚。1966年出台的《国际教育法》将教育国际化从理论研究到实施措施都做出充分说明。后续又在20世纪90年代初制定了《2000年目标：美国教育法》，其中明确提出要重视国际教育交流，并针对去发展中国家留学的美国学生设立专项资助基金，等等。发达国家（地区）都非常重视通过立法的方式促进并规范高等职业教育的发展。德国有《教育法》《职业教育法》《职业学院法》《学校法》《职业培训条例》《劳动促进法》《高等教育、职业教育专业培训及考试细则》及各州的教育法与学校法等法律法规来规范高等职业教育的发展。送些立法涵盖了高等职业教育办学主体、办学模式、办学经费、资质认定等诸多方面的范畴，使德国高等职业的发展有法可依，有章可循。瑞士有联邦《职业教育法案》及各州的立法。日本有《职业安定法》《教育基本法》《学校教育法》《劳动基准法》《高等专业学校设置基准》《短期大学设置基准》《专修学校设置基准》等。

三、厚植职业教育直接与企业合作的制度体系

世界范围内的资本主义社会中，行会组织不同于我国社会主义国家的行会组织地位，在很长一段时期内对职业教育的发展起到巨大促进作用。近年来，随着全球扁平化发展的趋势，行会组织的作用逐渐减弱，甚至在某些国家已然消失，因此，各国政府在不断采取加强直接与企业对话的措施，拓宽直接与企业建立关联的方式和渠道，制定出台各项有利于企业发展的制度及政策，尤其是关于职业教育与企业直接对接的多项利好政策，在增强职业教育吸引力的同时，为本国经济的发展也开辟了一条新的路径。

美国、日本、新加坡等发达国家（地区）在高等职业教育人才培养的具体模式上各有特色，但它们都非常重视学校与企业的合作、学习与工作的结合、研究与生产的结合，送样使学生与老师都能较好地做到理论与实践的结合，推促了高等职业教育的发展。德国的双元制模式强调学校与教育企业共同培养学生，高职院校的理论学习与在教育企业实践培训相结合，学校的普通教育课程大概占 40%，企业的实践课程则占到 60% 以上。

美国的社区学院与企业建立起了密切的合作关系，企业界还通过行业协会、专业协会、专业团体的鉴定以及职业资格认定来评判社区学院的教学质量。澳大利亚发动企业参与高等职业教育教学建设，使高职院校形成了较好的校企合作办学模式。企业帮助学院购置现代教学设备，建设实训基地，接待学生实习，有的企业还会把企业自己的生产设备提供给高职院校使用。行业企业

还参加教学质量的评估，如学生的学业成绩及技能水平就是由学校与企业联合鉴定。日本现代的高等职业教育也是实行学校与产业界相互合作、共同培育人才的产学结合模式，劳动部门与教育部门共同管理高等职业教育、产业企业与高职学校的合作办学、离岗学习与在岗培训相结合。

四、优质的教育资源是国际化发展的基础

从发达国家的发展情况来看，优质的教育资源可以说是国际化发展的基础，我国职业教育国际化发展也应该从提升教育资源质量上着手。一方面，要开发高水平的国际化课程，发达国家为了使职业教育课程与国际接轨建立了国际化课程体系，并制定与国际接轨的标准与要求，这就使得国际化的要求在职业教育中落到了实处。另一方面，要打造国际化师资队伍，引进具有国际水准的优秀教师资源，大力开展师资培训，让教师掌握世界前沿科技，不断更新知识体系。

五、多方位的合作交流是国际化发展的策略

大力开展合作交流是职业教育国际化发展的主要策略，以上发达国家在这方面都取得了显著地成绩。新加坡为了促进职业教育的国际化发展，先后已经与德、法、日等多个发达国家开展了深层次的交流与合作。多方位的国际教育合作交流可以通过创造国际交流氛围、不断挖掘国际交流合作机会、与大型跨国企业进行校企合作的方式来实现。职业院校不断优化基础设施和完善留学生保障制度，以此吸引国外留学生，扩大留学生规模，创造国际交流氛围。日本为了提升综合实力，尤其重视与美国和欧盟国家之间的交流合作，可以积极有效地推动亚洲国家间职业教育的共同发展，有效推动成员国之间的职业教育一体化进程，实现区域间的共同发展，为区域交流合作增强实力。

六、形成职业资格认证体系与国家资格框架

很多国家（地区）注重高等职业教育的职业资格认证与国家资格框架的建立，这样使得高职毕业生在国内市场乃至国际市场上有了被认可的准绳或标准，促进高职毕业生在劳动力市场上的流动。高职教育不仅担负着培养技术技能型人才的重要任务，也是执行我国高等教育从大众化走向普及化的重要载体。美国两年制的社区大学与四年制大学之间实行“2 + 2”转学制度，灵活的入口及转向制度使其成为美国教育体系的重要组成部分。在新加坡，接受理工学院（相当于国内高职）的教育者占62%，学生毕业后可根据自身能力特点选择进入大学学习。因此，我国高职必须与其他学历教育沟通才能够拥有发展的内驱力。同时，高职教育需要与各种社会职业真正联通起来。因此，我们亟须通过规范职业资格证书与岗位能力的匹配性，建立学历教育与职业资格证的互认制度，逐步建成面向人力资源市场需求的高等职业教育，将学历教育与终生教育联系起来，推行终生职业技能培训制度。

除了上述6种经验外，我国还要树立终身教育理念，加大高职教育的经费投入，加强职业教育的理论研巧，结合我国实际，多管齐下促进我国高等职业教育的发展。

第七章

广州铁路职业技术学院国际化发展路径与实践

第一节　广州铁路职业技术学院国际化合作概况

一、背景与意义

“一带一路”倡议和“高铁走出去”既有利于扩大中国新时期对外开放的格局，又契合了沿线国家和地区经济发展的愿景，创生了一种共商共建“命运共同体”的互利共赢、国际化办学导向，同时也为高职教育博采众长、育才献智、合作共赢、助推人类命运共同体建设描绘美好画卷。

（一）响应“一带一路”及“高铁走出去”政策

2013 年，中国发起“一带一路”倡议，共同打造政治互信、经济融合、文化包容的利益共同体、命运共同体和责任共同体；2016 年，教育部印发《推进“一带一路”教育行动》，旨在贯彻落实《关于做好新时期教育对外开放工作的若干意见》，为“一带一路”建设培养人才，提供智力支持，促进设施联通和文化交流。《行动》指出，地方应重点推进，突出“一带一路”的主体性、支撑性和落地性。

（二）贯彻落实关于加快发展现代职业教育等政策文件

《国务院关于加快发展现代职业教育的决定》(国〔2014〕19 号)、《高等职业教育创新发展行动计划（2015—2018）教职成〔 2015）9 号》等提出“推动与中国企业和产品‘走出去’相配套的职业教育发展模式”；《粤港澳大湾区发展规划纲要》提出“构建现代化的综合交通运输体系”以及《广州综合交通枢纽总体规划（2016—2030 年)》提出的到 2030 年广州将形成“面向全国、连接东南亚”的铁路网络，建成世界交通枢纽等系列目标。

随着中国高铁优势的凸显，以及“一带一路”倡议、《互联互通总体规划2025》、“泛亚铁路网”、“亚吉铁路”等深入推进，越来越多的国际铁路项目整体输出中国管理、技术、标准和设备，这些都为高职教育实施国际化办学和服务“一带一路”提供了背景支撑和行动指南。高职教育积极响应国家政策号召，践行开放办学，不仅体现了其紧抓时代发展机遇、锐意改革进取的家国情怀，更体现了新时代高职教育服务国际产能合作和中外合作交流的责任担当。

二、建设目标与任务

广州铁路职业技术学院（以下简称为“广州铁职院”）以平台建设为依托，以多元化合作项目为支撑，瞄准人才培养、平台搭建、国际化培训、技术研发与应用、标准研制、师资交流、文化交流等国际合作领域，面向独联体、东南亚、非洲等区域，组建华南“一带一路”轨道交通职业产教融合联盟，共建“亚欧高铁合作学院”，建立高铁科技国际合作基地、培育“东南亚职教中心”，成立“高铁技术培训中心”，搭建联盟轨道交通在线教育平台，将国际化人才培养培训、专业国际化和师生国际化交流，打造成独具轨道交通特色的“三驾马车”，提升国际服务能力和影响力。

三、目标实现情况

截至2020年底，学校（本章中“学校”均指广州铁职院）根据国家所倡、“一带一路”所需、专业所长，推动对外开放工作高质量、内涵式发展。坚持“依托行业，立足广州，辐射全国，面向世界”的办学定位，坚持“走出去、引进来”双向发力，坚持“引入、培育、输出”相结合，以平台建设为依托，以多元化合作项目为支撑，以提升学校国际化水平和国际化人才培养质量为目标，全面提升国际服务能力和影响力，助力中国文化传播和轨道交通教育标准“走出去”。建设期满，学校牵头组建了“亚欧高铁合作学院”和华南“一带一路”轨道交通产教融合联盟两个国际化办学平台，开展了包括与马来西亚拉曼大学学院合作的铁道机车海外办学专业、与白俄罗斯国立交通大学合作的铁道交通运营专业等5个国际化人才培养合作项目，开发服务中国铁路工程集团有限公司等“走出去”企业的铁道供电、运营等员工培训项目13个，拓展了技术研发与应用、标准研制、师资交流、文化交流等国际合作领域，创新了高职院校国际化发展“4+4”模式，全面提升了学校国际化办学与人才培养能力，扩大了学校的国际影响力。20余所院校来校交流学习国际化办学经验，《中国教育报》、马来西亚《南洋商报》等主流媒体专题报道了学校国际化办学的经验，国际化办学水平达到了全国领先水平。

项目共取得17项标志性成果，其中，国家级7项、省级10项，如表7.1所示。

表7.1　标志性成果一览表

序号	级别	项目名称	备注
1	独创	马来西亚联合办学及轨道交通职业教育培训基地项目	
2	国家级	中马校企双主体培育高铁人才海外办学项目	入围教育部“中国—东盟高职院校特色合作项目”中国—东盟双百职校强强合作旗舰计划
3	国家级	全日制国外留学生项目	
4	国家级	服务“一带一路”广州铁职院在行动	“中国教育报”刊登广州铁职院国际化办学成果
5	国家级	白俄罗斯国立交通大学中外合作办学项目	获省厅批准和教育部备案（批准书编 PDE44BY3A20191078N）
6	国家级	广州铁路职业学院与港铁学院签署合作框架协议	获“学习强国报道”
7	国家级	中马校企双主体培育高铁人才海外办学项目	入围教育部“中国—东盟高职院校特色合作项目”
8	省级	中—乌信息技术国际联合研发中心	广东省海外名师项目立项
9	省级	中—乌轨道交通信息技术国际科技和教育合作基地	广东省海外名师项目立项

续表

序号	级别	项目名称	备注
10	省级	中—白轨道交通国际教育和人才培养中心	广东省海外名师项目立项
11	省级	中俄轨道交通国际教育、人才交流和科研合作基地	广东省海外名师项目立项
12	省级	中白轨道交通信息技术院士专家工作站	广东省海外名师项目立项
13	省级	中白铁道交通运营管理专业技术技能人才联合培养	广东省海外名师项目立项
14	省级	《高速脉冲液压成型技术交流》	广东省海外名师项目立项
15	省级	电工机械关键零部件材料选择及使用问题研究	广东省海外名师项目立项
16	省级	埃塞俄比亚援外培训项目、马来西亚海外办学、轨道交通职教培训基地 2 个案例入选	广东省质量年报
17	市级	标准引领差异化育训 “一带一路”背景下轨道交通国际人才培养实践与创新	市级教学成果奖一等奖（重点项目）

四、整体建设成效

2016 年 9 月以来，与马来西亚、菲律宾、老挝和白俄罗斯等国家开展教育合作，新增中外合作办学项目 1 个、海外办学项目 1 个、测试认证中心项目 1 个；招收国际学生 34 名，在校生服务“走出去”企业国（境）外实习 11 320 人日，学术骨干专业教师赴境外专业培训 44 名，学生赴境外学习交流 108 人。

学校在共建共享优质教育资源、人才培养培训、搭建国际平台等方面先行先试，充分发挥教育的基础性、先导性作用，提升了国际化水平和国际化人才培养质量，打造了轨道交通职教国际品牌，为服务国际产能合作和中外人文交流贡献智慧和方案。

（一）组建“一带一路”产教融合联盟，国际合作平台不断拓展

学校主动对接国家“一带一路”倡议，特别是“中国高铁走出去”国际化技术技能人才培养培训，按照走出去、引进来双向原则，对接独联体、东南

亚、非洲和粤港澳大湾区 4 个区域，基于教学、科研、社会服务 3 项内涵，联合轨道交通职业院校、行业协会、骨干企业等，牵头组建华南“一带一路”轨道交通产教融合联盟，在联盟支持下建设轨道交通国际合作平台，组建亚欧高铁合作学院，培育东南亚职业教育中心，拓展高铁技能培训中心国际化服务项目。联盟现有中国铁路工程集团有限公司、广东省铁道学会、白俄罗斯国立交通大学、马来西亚拉曼大学学院等180余家单位成员单位，形成了教育和产业、学校和企业之间“共建、共享、共生、共长”的校企合作格局与长效机制。轨道交通国际合作平台架构图如图 7.1 所示。

（二）共建亚欧高铁合作学院，提升国际化人才培养能力

联合俄罗斯国立交通大学、白俄罗斯国立交通大学、乌克兰国立技术大学共建亚欧高铁合作学院，开展多元合作与交流。在共建协议框架下，就人才培养和师资共建等领域开展合作与交流。在人才培养领域，与白俄罗斯国立交通大学合作开办铁道交通运营管理专业，首届招生火爆，部分学生分数接近本科。双方采取学分互认方式打通“3+2”五年贯通制人才培养，共同开发铁路信号安全等课程；在师资共建领域，引进 16 名外籍教师讲授专业课程，获得省级“海外名师”立项 8 项；选派教师赴白方攻读博士学位 1 名、访问学者 2 名。

（三）建立高铁科技国际合作基地，推动学产研一体化服务

依托亚欧高铁合作学院，拓宽与独联体国家在技术创新和科研服务等领域的合作。与乌克兰国立技术大学联合开展“铁路行业关键岗位人员疲劳度检测算法和系统研究”课题研究，与乌克兰国家科学院控制学研究所联合开展“基于视频动态信息算法的铁路智能模式识别监控系统研究与应用”课题研究；与广东独联体科技联盟等联合开展科技创新和轨道交通国际化人才培养研究，获得教育部、广东省、广州市课题立项 10 余项；依托白俄罗斯国立交通大学

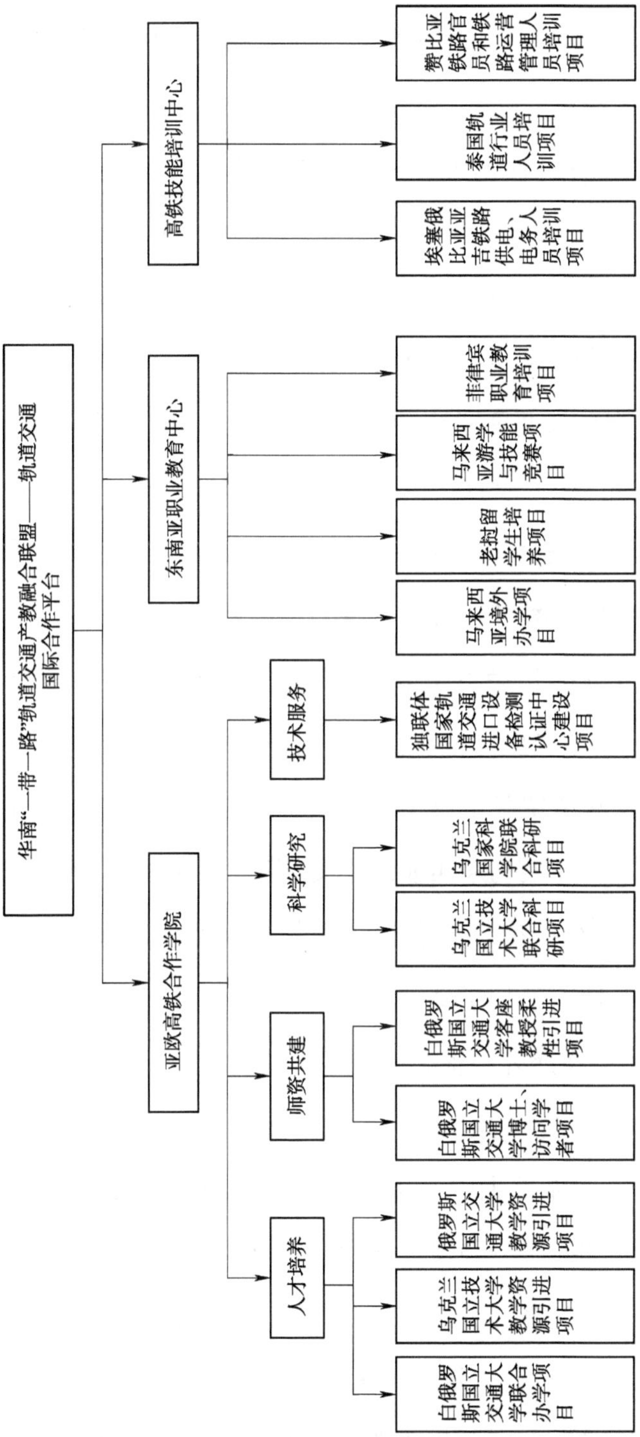

图 7.1 轨道交通国际合作平台架构图

对独联体国家轨道交通设备进口的检测鉴定资质，合作共建“独联体国家轨道交通进口设备检测认证（中国）中心”，开展独联体国家进口我国轨道交通设备检测认证系统化服务。

（四）成立东南亚职教中心，助推铁路教学标准走出去

对接国家“一带一路”“中国高铁走出去”项目，以轨道交通教育标准输出为导向，面向东南亚开展职业教育合作项目。面向马来西亚开展境外办学项目，与拉曼大学学院联合开办铁道机车专业，输出铁道机车等专业课程标准10个，按照协议招收马来西亚学生10人，学制为3年（9个学期），其中在马来西亚学习7个学期，在广州铁职院学习2个学期，广州铁职院教师讲授《铁道概论》等10门专业课程928学时；面向老挝开展留学生培养项目，与老挝教育与体育部技术与职业教育司合作，在老挝的四所高职院校中选拔、培训、录取和考核，首批招收学历教育留学生17人在广州铁职院轨道交通领域的3个专业学习，其中10名老挝毕业生就职于中老铁路并成为骨干力量；组织老挝留学生参加第五届东盟留学生汉字听写大赛、国际电梯安装比赛大赛，分获团体优秀奖和三等奖；开展马来西亚游学交流项目，接待马来西亚学生短期游学团等2个40人次，组织广州铁职院学生赴马来西亚等国短期游学团5个113人次，学生在游学期间参加了马来西亚SOLIDWORKS技能大赛，并获得冠亚军，4名游学学生已在海外中资企业实习就业。

（五）依托高铁技能培训中心，育训区域型技术人才

依托学校高铁技能培训中心多年来打造的培训资源和精品培训项目，拓展面向东南亚、非洲的服务领域，开发铁路培训项目。与中国铁路工程集团有限公司、中国铁道建筑集团有限公司、中国南车股份有限公司等中资企业，开展铁路项目培训13期，共培训437人，其中包括与西南交通大学共同承担的埃塞俄比亚亚吉铁路供电、电务培训4期189人；与北京交通大学共同承办商

务部举办的泰国轨道行业人员、赞比亚铁路官员和铁路运营管理人员培训7期206人。与深圳地铁国际投资咨询有限公司签署埃及项目合作框架协议，双方将在基地共建、人才培训等方面开展深度合作，充分发挥职业教育跟随优质产业和重点企业“走出去”的重要助推作用。

（六）搭建联盟在线教育平台，讲好中国职教故事

携手广东省铁道学会、中国铁路工程集团有限公司、中国铁道建筑集团有限公司、西南交通大学等联盟30余家合作成员单位，联合开发《可视化高铁职业汉语互动教学系统》《铁道供电技术》《城市轨道交通车辆技术》《城市轨道交通机电》等在内的国家及省级教学资源库4个；合作编写《高铁情境汉语》系列教材5本；建成《“一带一路”沿线综合资讯（广府文化主题）》在线教育平台、联盟轨道交通在线教育平台2个；共同开发融汉语与高铁文化于一体的《可视化高铁职业汉语》教学资源，提供课程教学视频250余个、高铁服务礼仪知识200余条、高铁沿线景点及风俗等高铁服务技能约30 000条、APEC高铁绿色技能知识3 000余条。

第二节　中白铁道交通运营管理专业中外合作办学项目实践

广州铁职院成立亚欧高铁合作学院，与白俄罗斯国立交通大学开展铁道交通运营管理专业合作办学，办学资质及学历资质获得中外政府认可。双方形成过程共管教育教学人才培养机制，中白双方共同制定教学培养方案、双语联合授课，共同承担教学任务，共同参与教学管理，全程监控教学过程。学生修完教学计划规定的所有课程，经双方考试，成绩合格者由广州铁职院颁发铁道交通运营管理大专毕业证书，白俄罗斯国立交通大学颁发铁道交通运管专业结业

证书。学生毕业后，可选择赴白俄罗斯国立交通大学继续深造。

一、合作项目可行性分析

两校自2017年3月建立合作关系以来，双方领导、教师进行多次互访，就合作办学、师资共享、教学资源共建等领域的合作深入对接和研讨，在中外合作办学项目申报材料及协议上达成共识，签署了《洽谈备忘录》《共建亚欧高铁合作学院框架合作协议》《广州铁路职业技术学院与白俄罗斯国立交通大学合作举办铁道交通运营管理专业专科教育项目协议书》。

（一）助力“一带一路”倡议高铁“走出去”的需要

随着我国轨道交通事业的快速发展，特别是“一带一路”倡议及中国高铁“走出去”等重大战略的推进，轨道交通人才培养面临着难得的历史机遇，也面临专业性、实践性、国际化等多方面的挑战。开展中白铁道交通运营管理专业合作旨在大力培养高层次复合人才，充分发挥人才培养在实施“一带一路”国家倡议中的支撑作用，为“一带一路”高铁“走出去”培养国际化人才。

（二）广东省一流高职院校的建设需要

2016年11月，广州铁职院等18所高职院校确定为广东省一流高职院校建设计划立项建设单位。通过与白俄罗斯国立交通大学开展《铁道交通运营管理专业》中外合作办学项目，打造轨道交通国际教育和人才培养平台，培养符合“一带一路”建设需要的轨道交通专业高技能国际化人才。

（三）白俄罗斯国立交通大学轨道交通教育水平实力雄厚

白俄罗斯国立交通大学建于1953年，曾是苏联四大交通类高校之一，特别在铁路运输、机械制造方面办学实力强大，师资力量雄厚，铁路运输试验设备先进。该校现有大批优秀的高等院校专注于铁路轨道交通领域的专家人才培养，并拥有先进丰富的教学资源、经验及优秀的师资人才团队。

（四）中外双方具备良好的专业基础、师资力量和教学条件

广州铁职院铁道交通运营管理专业起源于原铁道运输专业，已有近40年的办学历程，为国家骨干校重点建设专业。现建有省级资源共享课程4门，中央财政支持的专业实训基地1个，校内实训室9个，设备总值1 600多万元，能满足行车调度、客流组织与票务作业、运输设备操作等专业核心能力的实训需求。

白俄罗斯国立交通大学的铁路运输试验中心拥有配备当代设备能进行所有类别的试验台测试的试验场，面积达25.5公顷（1公顷=10 000平方米），铁路轨道总长1 593.10米。在校学生可在此开展实验室工作，掌握新的工艺，开展科学研究。

二、合作项目基本情况

（一）广州铁职学院铁道交通运营管理专业基本情况

专业至今已有近40年的沉淀，为国家骨干校重点建设专业和广州市示范性建设专业。拥有专兼职结合的广州市级教学团队，85%的专任教师具有硕士及以上学位，90%以上的专业教师具备“双师”素质；建有广东省级资源共享课程2门、院级优质核心课程5门；建成了中央财政支持的专业实训基地1个，校内实训室9个，设备总值1 600多万元，能满足行车调度、客流组织与票务作业、运输设备操作等专业核心能力的实训需求。广州地铁、广铁集团广州车站、广州南站等校外实习基地为学生到铁路、地铁顶岗实习解决了后顾之忧。专业注重培养学生的岗位职业能力和职业素质，毕业生以专业技能强、综合素质高获得用人单位和社会的认可。近年来，专业学生被广州地铁、广铁集团等大型轨道交通企业录用的比例逐年提升，专业对口就业率超过90%，毕业生总体就业率平均为99.6%。

（1）培养目标：面向地铁站务、铁路运输生产一线，培养熟练运用轨道交通运输设备，掌握轨道交通行车组织、客运组织及管理等专业技能，能从事地

铁站务、铁路行车和铁路客运岗位工作，具备职业生涯发展能力，具有健全人格的技术技能型人才。

（2）主要课程：铁路运输设备、铁路站场与枢纽、接发列车工作、车站调车工作、列车调度指挥、铁路客运组织、铁路货运组织、铁路非正常行车组织、轨道交通运营管理实务、铁路行车规章运用、铁路客运服务与礼仪、列车运行图课程设计、客运岗位实习等专业课程。

（3）就业方向：铁路行车岗位群、铁路客运岗位群、地铁站务岗位群。主要包括铁路车站值班员、客运值班员、列车值班员、行车调度员等；地铁车站值班员、值班站长、行车调度等。

（二）白俄罗斯国立交通大学及合作专业基本情况

1. 白俄罗斯国立交通大学基本情况

该校建于1953年，前身是白俄罗斯铁路交通工程学院，曾为苏联历史上四大交通大学之一，1993年正式更名为白俄罗斯国立交通大学。该校的校本部位于戈梅利，地区分校位于布雷斯特、维捷布斯克和明斯克。

该校师资力量雄厚，现有教师300多名，其中有170多名教授和副教授，约有12 000名学生在此学习。开设32个教研室，设有10个院系：军事运输系、人文经济系、继续教育系、外国留学生系、硕士培养和职业指导系、机械系、工业及国民建设系、运输过程管理系、建筑系、电力技术系，另独立开设技能提高学院和铁路科研学院。留学生学院共有来自世界15个国家超过240名外国公民在此学习，包括阿塞拜疆、以色列、伊拉克、哈萨克斯坦、中国、黎巴嫩、拉脱维亚、立陶宛、俄罗斯、塔吉克斯坦、土库曼斯坦、土耳其、斯里兰卡、乌兹别克斯坦、乌克兰。专业涵盖大学现有本科、硕士及博士等所有专业。

2. 白俄罗斯国立交通大学铁道交通运管专业基本情况

该校铁道交通运管专业成立于1954年，距今已有60余年办学历史。该专业拥有50名教师和研究人员，为苏联及白俄罗斯铁路培养了6 000余名铁路运输专业人才，是白俄罗斯境内铁路运输管理人才的摇篮，为独联体国家铁路运输安全生产做出了杰出的贡献。学生毕业后主要从事铁路运输的组织和管理、货物和旅客运输管理等工作。

专业设置的主要课程包括：运输法律法规、铁路勘测和设计、运输物流、运输营销学、铁路运输自动化和远程技术、运输代理服务、运行安全保障、运输系统中数学模型、负载管理、铁路装备和开发、机车车辆和火车牵引、运输经济学、铁路车站和枢纽、装卸工作全套机械化和自动化、货运和商业活动管理、运营工作和劳动保护管理、交通信息学技术、人事管理、劳动经济学、道路运输和交通管理、交通方式相互作用、易腐货物运输、铁路车站设计创新技术、货运和商业活动创新技术、会计、分析和审计、运输通信等。

（三）中白合作办学项目简介

1. 基本情况

结合自身人才培养和教学发展需求，以及白俄罗斯国立交通大学在轨道交通领域人才培养的优势，广州铁职院运输物流学院与白俄罗斯国立交通大学开展铁道交通运营管理专业中外合作办学专科教育项目，于2019年取得教育部备案（批准书编号：PDE44BY3A20191078N），2020年招生69人。专科毕业后，可选择赴白俄罗斯国立交大继续深造。深造模式有“3+2”本科模式、“3+1+2”本科模式（1年语言班）、“3+2+1”硕士研究生模式等。

2. 人才培养目标

铁道交通运营管理专业中外合作办学专科教育项目面向轨道交通运输生产第一线，培养熟练运用铁路运输设备，掌握铁路行车组织、客运组织及服务等方面职业技能，能从事铁路接发列车、调车、客运等岗位工作，有一定创新能力，能熟练使用英语、俄语，具有国际化视野和技能，具有工匠精神、创新精神的国际化高素质技术技能专门人才。

3. 职业面向

毕业生主要面向铁路车站、车务段、客运段、各大地铁公司等就业单位，主要职业岗位包括铁路行车岗位群、铁路客运岗位群、地铁站务岗位群，具体如表 7.2 所示。

表 7.2　铁道交通运营管理专业主要就业岗位

主要职业岗位	职业岗位描述
铁路行车岗位群	运用运输设备，从事铁路接发列车、调车作业的人员，主要包括车站值班员、信号员、助理值班员、制动员、车站调度员等
铁路客运岗位群	从事铁路售票、检票、候车、旅客乘降、列车客运服务等客运组织、票务组织及客运服务的人员，主要包括客运值班员、客运员、售票员、售票值班员、列车值班员等
地铁站务岗位群	运用运输设备，从事地铁行车组织、客运组织、票务组织的地铁站务人员，主要包括地铁站务员、车站值班员、车站站长、行车调度员等

4. 人才培养规格

（1）素质要求：

①公共道德素养：坚定拥护中国共产党的领导和我国社会主义制度，践行社会主义核心价值观，具有正确的人生观、道德观和法制观；遵法守纪、崇德向善、诚实守信、尊重生命、热爱劳动，履行道德准则和行为规范，具有社会责任感和社会参与意识。

②职业道德与态度素养：具有强烈的安全意识、运输服务及质量意识；遵守铁路职业道德，发扬爱岗敬业岗位精神，培育精益求精的工匠精神；严格执行“集中领导、统一指挥、逐级负责”的岗位工作原则；严格执行运输组织工作程序、工作规范、工作标准和安全操作规程；爱护铁路运输设备、工具及备品；具备文明生产职业活动所必需的基本能力、创新思维及环境保护的意识。

③身心素养：具有健康的体魄、心理和健全的人格，具有应对突发事件的心理素质，养成良好的健身与卫生习惯；具有主动为旅客服务的意识、自我管理的能力、职业生涯规划的意识、较强的集体意识和团队合作精神；具有一定

的审美和人文素养，能够形成 1~2 项艺术特长或爱好。

（2）知识要求：

①熟悉线路、车站、车辆、牵引供电、信号、连锁、闭塞、通信等运输设备的组成、技术参数、功能、操作及工作原理。

②熟悉正常情况下的接发列车作业程序，包括办理闭塞、准备进路、开放信号、迎送列车和开通区间。

③熟悉非正常情况下的接发列车作业组织，包括信号机故障、道岔故障、连锁故障等非正常情况。

④了解检修施工救援作业组织。

⑤理解解体、编组、取送、摘挂、转场等调车工作知识。

⑥熟悉列车运行调整阶段计划，列车调度指挥突发事件等知识。

⑦了解施工计划组织，包括施工列车的开行和施工作业。

⑧了解行车事故分析处理及事故分析报告。

⑨熟悉列车运行图编制。

⑩熟悉《铁路技术管理规程》《行车组织规则》等铁路行车规章。

⑪熟悉列车运行调度指挥等方面的知识。

⑫熟悉车票的发售、退票、误售、误购及丢失处理方法。

⑬了解乘客服务标准、乘客投诉处理方法和技巧。

⑭理解旅行变更知识，包括变座、变径、越站、分乘等。

⑮理解违章乘车及违章携带物品处理方法。

⑯理解货物、行李、包裹承运、运输变更和交付。

⑰了解列车发生火灾、爆炸、线路中断等旅客运输阻碍事故处理知识；旅客急病、死亡、人身伤害事故等旅客运输事故处理知识。

（3）能力要求：

①会熟练使用线路、车站、信号、连锁、闭塞等运输设备，进行正常情况下的接发列车作业。

②能按照有关作业标准要求办理正常情况下的接发列车作业、非正常情况下的接发列车作业、检修施工救援作业。

③会进行解体、编组、取送、摘挂、转场等调车工作。

④会编制调度日（班）计划、列车运行图、列车运行调整阶段计划，组织指挥列车安全正点运行，具备列车运行调度指挥和运行调整能力，并能处理列车调度指挥中的突发事件。

⑤会按照施工计划组织施工列车的开行和施工作业。

⑥能够积极预防行车事故，调查分析行车事故，撰写事故分析报告。

⑦能够正确填写各类行车报表、台账。

⑧具有客流组织和控制能力。

⑨会按作业标准服务乘客、办理站车各种票务事务、处理乘客相关客运事务。

⑩会妥善处理乘客投诉。

⑪会办理铁路货物、行李、包裹承运、运输变更和交付，铁路装载加固。

⑫会处理列车发生火灾、爆炸、线路中断等旅客运输阻碍事故，会处理旅客急病、死亡、人身伤害事故等旅客运输事故。

⑬具备一定的事故预防和应急处理能力，能调查分析行车事故，撰写事故分析报告。

⑭能独立进行铁路知识的学习。

5. 办学资质

双方合作院校均为政府公办院校，办学资质及学历资质获得中外政府认可。

6. 教学管理

双方实行教学过程共管，中白双方共同制定教学培养方案，双语联合授课，共同承担教学任务，共同参与教学管理，全程监控教学过程。

三、合作办学项目运作规范

2020 年 9 月，中白铁道交通运营管理专业合作办学项目首批招生 69 人，中白双方采取过程共管模式运作，即双方共同制定教学培养方案、双语联合授课，共同承担教学任务，共同参与教学管理，全程监控教学过程。项目由“铁道交通运营管理专科教育项目管理委员会”负责管理。管理委员会人员由广州铁职院和白方组成。其中，广州铁职院委员会委员 4 人，白方委员 3 人，委员会主任由广州铁职院 人员担任。

（一）制定完整的人才培养方案

经充分协商与调研，双方制定了内容详尽的人才培养方案和实施计划，明确学生第一年以语言培训及专业基础课为学习内容，第二、三年学习专业课程及实训，双方在课程设置、学时安排、授课地点、考核形式、师资力量配备、教材选用等事项达成一致，如表 7.3 所示。

表 7.3　铁道交通运营管理专业（中外合作办学）课程设置一览表

课程类别	序号	课程名称	总学时	开课学期	课程来源	考核方式
公共必修课	1	思想道德修养与法律基础（含廉洁修身）	48	1、2	中方	考试
	2	毛泽东思想和中国特色社会主义理论体系概论（含形势与政策）	48	3、4	中方	考试
	3	俄语语言及文化	224	1、2、3、4	白方	考试
	4	体育与健康	64	1、2	中方	考试

续表

课程类别	序号	课程名称	总学时	开课学期	课程来源	考核方式
公共必修课	5	雅思英语	168	1、2	中方	考试
	6	军训（含军事理论）	56	1	中方	考查
	7	应用数学（Ⅰ）	48	2	中方	考试
	8	创新创业指导	16	1	中方	考查
	9	职业指导	16	1	中方	考查
专业必修课	10	机械制图与 CAD	76	2	中方	考试
	11	运输设备实习实训	28	3	中方	考查
	12	春运组织实务	56	3	中方	考查
	13	铁路客运服务与礼仪	48	3	中方	考试
	14	全路客运接算站示意图默画实训	28	5	中方	考查
	15	铁路非正常行车组织	40	5	白方	考试
	16	铁路行车规章运用	64	5	白 / 中方	考试
	17	接发列车实训	56	4	白方	考查
	18	铁路运输设备	90	3	白方	考试
	19	轨道交通运营管理实务	48	4	白方	考试
	20	列车运行图课程设计	56	5	白方	考查
	21	铁路站场与枢纽	60	3	白方	考试
	22	站场与枢纽课程设计	56	5	白方	考查
	23	车站作业计划与统计	48	5	白方	考试
	24	接发列车工作	60	4	白方	考试
	25	铁路客运组织	80	3	白方	考试
	26	铁路货运组织	90	4	白方	考试
	27	车站调车工作	48	4	白方	考试
	28	列车调度指挥	48	5	白方	考查
	29	毕业顶岗实习	448	6	中方	考查
	30	货运岗位实习	56	4	中方	考查
	31	客运岗位实习	84	3	中方	考查
	32	高速铁路概论	28	5	中方	考查
	33	轨道交通客运服务心理与沟通	28	5	中方	考查

续表

课程类别	序号	课程名称	总学时	开课学期	课程来源	考核方式
专业必修课	34	铁路运输专业英语	28	5	中方	考查
	35	地铁客运组织及服务	30	4	中方	考查
	36	轨道交通技术创新指导	28	5	中方	考查
专业选修课	37	防疫与急救	30	3	中方	考查
素质教育	38	素质拓展	48	6	中方	考查
	39	大学生心理健康教育	16	1	中方	考查
	40	应用文写作	32	4	中方	考查
公共选修课	41	全院公共选修课（含网络公选课）	64	1、2、3、4、5	中方	考查
合计开设课程 41 门，其中 14 门课程由白方完成，26 门课程由中方承担，1 门课程由白 / 中方共同完成						

（二）共建优质师资教学团队

引进外方教师 10 名（详见表 7.4），其中有 4 位教师入选“广东省海外名师项目”立项，占总师资的 35.7%；引进外方课程 15 门（详见表 7.5），占总课程的 36.60%。外方承担专业核心课程 14 门，占比 34.10%，承担 1 068 课时，占比 40.20%（详见表 7.6）。

2020 年 9 月，受新冠疫情影响，白俄罗斯国立交通大学原计划面授的课程改为线上进行，通过视频会议的形式为学生进行了《俄语语言及文化》课程授课，从语音语调、语法、言语训练、听力、铁路俄语等方面开展教学工作，在语言文化上对学生做了引导，较好地激发了学生的语言学习兴趣。

表 7.4　白俄罗斯国立交通大学授课师资引进名单

序号	教师姓名	学历 / 学位	专业	职称 / 职务	拟任课程
1	柏林 · 尼古拉 · 彼得罗维奇	副博士	运输系统信息管理保障和程序系统	系主任 / 副教授	铁路非正常行车组织

续表

序号	教师姓名	学历 / 学位	专业	职称 / 职务	拟任课程
2	戈罗维奇·亚历山大·康斯坦丁诺维奇	博士	铁路交通运营	教授	铁路站场与枢纽 站场与枢纽课程设计
3	卡扎科夫·尼古拉·尼古拉耶维奇	副博士	轨道交通控制系统	副教授	轨道交通运营管理实务
4	菲德洛夫·伊夫根尼·亚历山大耶维奇	副博士	物流运输	运营管理和劳动保护教研室主任 / 副教授	铁路行车规章运用 铁路货运组织
5	叶罗费耶夫·亚历山大·亚历山大耶维奇	副博士	客运运营管理	运营管理科研实验室主任	车站作业计划与统计 车站调车工作
6	谢尔盖·格里戈里耶维奇·多达列夫	副博士	运输系统自动化控制	副教授	接发列车工作 列车调度指挥
7	芙拉休克·塔季扬娜·阿尔卡季耶夫娜	副博士	轨道交通运营管理	副教授	铁路客运组织 列车运行图课程设计
8	彼时克·弗尤达尔·普拉达诺维奇	副博士	运输系统自动化控制	副教授	接发列车实训 俄语语言及文化
9	沙基洛·谢尔盖·尼卡拉耶维奇	副博士	轨道交通运营管理	副教授	列车运行图课程设计
10	利萨古斯克·奥列格·尼古拉耶维奇	研究生	牵引车设备自动化	高级讲师	铁路运输设备

表 7.5　引进外方课程比例情况

引进外方课程门数	总课程门数	比　例
15	41	36.60%
引进外方专业核心课程门数	**总专业核心课程门数**	**比　例**
14	19	73.70%

表 7.6 外方授课比例情况

外方承担专业核心课程门数	总课程门数	比 例
14	41	34.10%
外方承担课时数	总课时数	比 例
1 068	2 658	40.20%

（三）共建校本教材

该项目共开设 41 门课程，广州铁职院主要承担《铁路客运服务与礼仪》等 26 门课程。双方联合编写《铁路站场与枢纽》《铁路行车规章运用》等双语教材，并将《铁路客运组织》《高速铁路概论》等纳入双语教材建设规划，为中白合作办学项目持续深入开展拓宽教材资源。

（四）完善的质量监督体系

（1）严格的学生甄选制度。该项目选取高考分数在高职高专录取控制分数线以上报考广州铁职院本专业的学生，并根据教育部有关规定进行录取。若涉及自主招生，将按照有关规定另行申报。

（2）完善的教学质量信息系统。该系统由教学督导员、调查员和教学质量信息员构成，加强对教学环节的监督，鼓励教师采用启发式和互动式教学，着重对难点、重点进行讲授，培养学生自主学习等各项能力。

四、项目深化思路

（一）“引入—共建—输出”三线并举，打造一批精品双语教学资源

双方专家、学者多次开展专业交流，积极探讨专业发展、人才培养、资源建设等领域，确定引入白方铁道交通运管专业相关课程资源，并明确了教材编写等合作意向。

随着项目的深入，广州铁职院采取三线并举的“引入—共建—输出”的方式共建共享专业教学资源，优选引入“俄罗斯文化”“俄罗斯标准”“俄罗斯资源”的同时，大力输出“中国文化”“中国标准”“中国资源”，将具有中国特

色的职业教育人才培养方案、课程体系、教学资源以及铁路专业标准、技术等输入白方以及其他独联体国家，助力“一带一路”建设及高铁“走出去”。

学校目前建有广东省级城市轨道交通运营管理专业教学资源库、校级铁道交通运营管理专业教学资源库，以及《城市轨道交通客运服务与礼仪》《轨道交通行车组织》2门广东省级精品在线开放（资源共享）课，拥有大量教学资源。学校会加大力度推进以上资源的优化与输出。

目前，学校已展开《铁路客运组织》《接发列车工作》《高速铁路概论》等铁道交通运营管理专业课程的双语教学PPT开发工作，未来将有序推进铁路专业系列课程的双语资源建设，联合白方出版《铁路线路与站场》《铁路客运组织》等双语教材，与白方共商共建共享一批精品双语教学资源。

（二）构建“引进+培育+输出”师资模式，打造国际化教学团队

两校铁路专家、学者进行了较为深入的专业交流，未来将邀请省级“海外名师”戈罗维奇·亚历山大·康斯坦丁诺维奇等专家学者来校开展人才培养与学术交流。通过学术讲座、专家授课、交流研讨、科研合适等多种形式，提升专业教学团队整体水平，更好地培养、锻炼学校的专业教师。

学校迄今已选派教师赴白方攻读博士学位1名、访问学者2名，以后将继续完善教师赴境外访学、研修、培训等制度，设立100万人民币/年。与此同时，为打造国际化教学团队，学校着力培养教师双语沟通、授课能力，已开展2批俄语培训，未来将继续推进俄语培训项目。学校将建立长效选拔任用机制，明确培养目标、选拔标准，确定考核、奖惩等机制，在全校范围内公开选拔专任教师以及企业兼职教师参与培训。持续推进“以赛促教”，定期举行年度双语教学能力比赛，实施“以老带新”等政策，多方位提升教师俄语授课能力，着力打造一支国际化、高素质的专业教师团队。

学校将依托广东-独联体国际科技合作联盟，与白俄罗斯及其他独联体国家积极展开探讨，深入挖掘中方师资“输出”的可能性，确定“输出”方向，

将这支国际化、高素质的专业教师团队推向更高更广的国际舞台。

（三）优化人才培养方案及课程体系，培养国际化学生

基于国际化高素质复合型技术技能人才培养要求，广州铁职院将深入中白轨道交通行业企业调研，结合中外铁路行车、客运等岗位工作过程及要求，选取适当的职业资格证书，实施“课证”融通；紧跟时代及铁路技术发展，与白方深入研讨国际化人才培养要求，优化人才培养方案及课程体系，确定“课证”融通的实施方案；注重国际化学生的素质教育及创新思维培养，积极创建平台强化学生双语沟通能力，为国际化人才储备及输出做出贡献。

学生通过本项目，在学到专业技能的同时，获得俄语语言学习、双证文凭、双校学籍以及白俄深造的机会。双方将做好“白俄深造”宣传，为学生开展“3+2”、“3+1+2”（1 年语言班）、“3+2+1”等专升本、专本硕模式搭建平台。

（四）依托亚欧高铁合作学院，深入开展国际科技合作

依托广东 - 独联体国际科技合作联盟及亚欧依托高铁合作学院等搭建的轨道交通国际技术合作平台，为中白双方的科技合作带来机遇。3 位赴白读博、访学的专任教师深入白俄罗斯学习考察铁路设备与技术，在双方开展科研合作的基础上，成功申报广东省级科研课题 3 项。学校将借助轨道交通国际技术合作平台，积极引入白俄罗斯铁路先进技术成果，联合白方专家共同申报国际、国家、省、市相关课题，开展科学研究，并促成科技成果转化，强化双方科研能力，为“一带一路”建设提供科学技术支持。

第三节　马来西亚铁道机车专业海外办学项目实践

马来西亚铁道机车专业海外办学项目自 2017 年启动以来，受到中马两国

政府的高度关注。2019 年 6 月 13 日，在中马政府相关领导见证下，两校签署协议举办铁道机车专业，确定在中马两地联合培养马来西亚学生，毕业时同时获两校文凭。两校与中铁东方国际集团有限公司、中国中车（马来西亚）有限公司签署协议，确定校企三方共建轨道交通职业教育培训基地，共享学术知识和行业前沿技术。现已招收 2 届学生，输出铁道机车专业标准和课程体系 1 套、课程标准 10 个，输出融汉语考证与高铁专业学习于一体的《高铁情境汉语》教学资源 1 套。本项目旨在培养马来西亚本土化轨道交通技术技能型人才，为“走出去”中资企业提供属地化人才保障。

一、项目实施背景

（一）政策依据

1. 响应“一带一路”及高铁“走出去”政策

2016 年 11 月，中国与马来西亚发布联合新闻声明，双方高度重视在马来西亚南部铁路项目上的合作，有意发掘潜力，就基础设施建设项目开展合作，从战略层面促进相关地区的互联互通，带来潜在经济发展机遇，推动经济社会发展。

2. 响应广州市“一流校”建设和“一带一路”建设行动计划

2016 年 11 月，为贯彻落实《国务院关于加快发展现代职业教育的决定》（国发〔2014〕19 号）、《高等职业教育创新发展行动计划（2015—2018 年）》（教职成〔2015〕9 号）、《广东省人民政府关于创建现代职业教育综合改革试点省的意见》（粤府〔2015〕12 号）等文件精神，广东率先启动一流高职院校建设计划，提出要重点建设 15 所左右全国一流、世界有影响的高职院校，省教育厅一方面通过财政重点支持的方式，给予建设院校更多的资源支持；另一方面将参照高水平大学、高水平理工科大学建设的要求，进一步下放办学自主权，支持建设院校创新发展。2018 年 5 月，广州市政府常务会议审议并原则通过《广州市参与国家“一带一路”建设三年行动计划（2018—2020 年）》，针对促进投资贸易自由化便利化、加大投资贸易合作、增强基础设施互联互通、加速金融合作与科技创新、深化人文合作交流等 5 大方面提出工作措施。

（二）发展形势

1. 中马“高铁走出去”战略合作不断取得进展

马来西亚社会发展迅速，政局稳定，多种语言、文化并存。2018 年，全国人口约 3 238 万，其中马来人为最大族群，其次为华人。两国于 1974 年 5 月 31 日正式建立外交关系。2013 年，两国在“一带一路”倡议和“高铁走出去”战略框架下的合作不断取得进展，中马在南部铁路和东海岸铁路项目开展合作，从战略层面促进设施联通、政治互信和民心相通。

2. 中马经贸合作不断深化，中国高铁“走出去”的前景广阔

经济上，自 2004 年以来，马来西亚经济保持平稳增长，是一个新兴的多元化经济国家，2018 年人均收入达到 72 193 元人民币。2018 年，马来西亚国内生产总值（GDP）约为 2 827.9 亿元人民币（按 2010 年不变价格计算），同比增长 4.7%，人均 GDP 约为 6.43 万元人民币。2018 年，中国对马来西亚的投资额达 333.18 亿元人民币，连续 10 年成为马来西亚最大贸易伙伴。中国正不断加大对马来西亚市场的投入，积极参与到马来西亚的基础设施投资与建设中。截至 2018 年底，中国企业在马来西亚制造业投资项目累计达 422 个，为当地创造约 7.3 万个就业岗位。

（三）项目实施的必要性

1. 满足马来西亚对铁路技术技能人才的迫切需求

作为中国“一带一路”倡议的核心政治和地缘区域，马政府积极实施经济转型计划，大力发展铁路交通，和中国铁建、中国中铁和中国交建等中资企业合作，大力推进 140 多亿元人民币的“南部铁路工程”和 850 多亿元人民币的

“东部沿海铁路”项目。两线已分别于2018年4月和2017年8月正式开工，累计线长超过800多公里，为金马士—新山米轨改造及东海岸重要城镇和西海岸的经济中心及未来泛亚铁路连接提供助力。按照通用的铁路定员国际标准来计算，当地中资铁路企业需要近2万名了解中国标准的本土化铁路专业技术人才。由于东盟通过了《互联互通总体规划2025》以及中国发起的“一带一路”倡议，使得在东南亚国家的铁路基础设施合作得到广泛开展。“泛亚铁路网”建设进一步深化了东盟与周边国家间的双边合作。在未来，铁路建设规模将会不断扩大，创造更多铁路方向的就业机会。

2. 助力轨道交通“一带一路”职教标准走出去

2016年12月，广州铁路职业技术学院依托现有资源积极规划，在广东省一流校建设方案中提出依托大型央企与南沙全面兴建高铁“走出去”综合平台，助力轨道交通“一带一路”职教标准走出去。建设思路以东南亚轨道交通职业教育联盟为纽带，为东南亚国家提供技术培训服务。鉴于马来西亚有着“东南亚中心”的天然区位优势，是中国推进“一带一路”建设的天然和重要合作伙伴，因此规划提出以“马来西亚为轴心”，成立东南亚轨道交通职业教育培训基地，传授高铁技术知识和行业标准。

3. 马来西亚高等教育国际化发展的利好政策与支持

早在2007年，马来西亚高等教育部就发布《面向2020年国家高等教育战略规划》，将高等教育国际化确立为建设区域卓越高等教育枢纽的基础，对其进行整体谋划。目前，马来西亚鼓励以英语作为教学媒介，引进和输出高等教育，采取包括鼓励外国高校在马设立分校、积极发展留学生教育、推动国际课程合作等措施支持高等教育国际化发展。现有的《大学和大学学院法修正案》《教育法》《国家学术鉴定局法》《国家高等教育委员会法》《私立高等教育机构法》《国家高等教育基金公司法》等政策法规，为高等教育国际化改革提供了制度保障。

二、项目基本情况

（一）广州铁路职业技术学院铁道机车专业基本情况

铁道机车专业是广州铁路职业技术学院办学历史最长，也是珠三角地区高校中唯一培养机车司机、机车车辆检修技师等铁路高素质技术技能人才的铁路特色专业，至今已有46年的办学历史。2019年12月，该专业作为铁道供电技术专业群内骨干专业之一成功入选国家“双高计划”专业群建设项目，专业同时为广东省省级示范专业。

铁道机车专业现有在校生450人，实训设备总值超5 000万元，已建成一支共计28人、专兼并包的双师、双语教学团队。自2006年以来，该专业与广铁集团等轨道交通行业企业开展“双主体双定向”订单式培养，为轨道交通企业输送铁路高素质技术技能人才超5 000人，学生在全国职业院校各类技能竞赛中获得奖项12项，教师获省级以上教学类技能竞赛5项。2017年，该专业作为广州铁职院招收老挝国际留学生的首批专业。2019年，成为广州铁职院与马来西亚拉曼大学学院联合培养铁路特色专业国际留学生的承办专业。近两年毕业生初次就业率在99.06%以上，就业专业对口率96%，毕业生就业满意度80%，企业满意度达到95%。

（二）拉曼大学学院合作二级学院基本情况

拉曼大学学院成立于1969年，是一所由马来西亚华人总工会基金会创办的非营利性私立大学学院。作为马来西亚最古老的高等学府之一，学校办学条件优良，师资力量雄厚，拥有吉隆坡、棕城、沙巴等6个校区、7个学院、2个中心和25个研究中心，在校生28 000余人，具有博士学位教师占比60%。2018年在私立大学学院中排名第2，荣获2018—2019年度星洲教育大奖、杰出教育机构奖、专业学术认证奖和企业社会责任奖。

马方承接该项目的二级学院为工程与技术学院，该学院成立于1972年，拥有48年的工程教育经验，目前具有研究生、本科学士和专科3种层次的培养资质。学院专注于现有的专业和国际认可的工程课程，由马来西亚工程师委员会工程认证委员会认证。其中，与广州铁职院联合开展的铁道机车大专海外办学项目的相关学生主要来自该学院专科层次的机械工程、电气工程和机械电子工程3个专业的学生。

（三）项目简介

本项目依托华南“一带一路”轨道交通产教融合联盟，联合中铁东方国际集团有限公司和中国中车（马来西亚）有限公司，校企合作在马来西亚拉曼大学学院开展铁道机车专业海外办学，输出铁道机车专业教学标准。中方办学实施主体为广州铁路职业技术学院，马方实施主体为马来西亚拉曼大学学院。双方资源共享、师资共享、联合授课、基地共建。

1. 办学层次

全日制学制3年（共计9个学期），其中7个学期在拉曼大学学院学习，2个学期在广州铁路职业技术学院学习和实训。

2. 办学形式

办学形式是两地设立中心，实现共建共管，名称为“广州铁路职业技术学院——拉曼大学学院轨道交通教育中心”。中心为非营利机构。在马来西亚教学期间，中心设置在拉曼大学学院国际合作学院，教学及硬件设施由拉曼大学学院提供；中国中车（马来西亚）有限公司和中铁东方国际集团有限公司等跨国铁路中资企业，作为马来西亚本土生产性实习实训基地为学生提供实习就业机会，并按照当地标准，为学生提供实习补贴和就业资助。在中国教学期间，中心设置在广州铁路职业技术学院国际合作学院，教学及硬件设施由广州铁职院提供。

3. 教育教学

按照广州铁职院牵头制定的铁道机车专业标准开展教学。学生修满学分并达到汉语4级水平后，将获得两校毕业文凭。广州铁职院负责轨道交通10门专业课程讲授和教学资源建设，其中 5 门在马来西亚讲授，5 门在中国讲授。学生毕业可同时获得两校文凭，即拉曼大学学院颁发工程与技术专科文凭及广州铁职院颁发的铁道机车专业文凭。

4. 招生

面向中专 / 高中应届生、当地社会和中资企业招生，招生对象由拉曼大学学院根据学校规定和企业定制执行。广州铁职院则根据拉曼大学学院需要配合招生宣传。马来西亚非学历生的招生对象由合作企业负责招生，拉曼大学学院、中资轨道交通企业和广州铁职院则负责培训。

5. 师资队伍

教师团队由广州铁职院机车车辆学院和拉曼大学学院工程与技术学院相关专业骨干教师共同组成。团队教师具有良好的英语授课能力和合作意识。团队负责人由双方二级学院院长担任，负责专业沟通与联络；确定人才培养目标，制订教学计划、教学内容、教学组织形式和教学评价方案。拉曼大学学院教师负责讲授机械、工程等通用理论课程，广州铁职院教师则负责讲授铁道机车专业课程。

6. 质量监管与评价

拉曼大学学院和广州铁职院采取趋同管理原则，共同监控教学质量。学生获得广州铁职院铁道机车专业证书需按照学校教务处规定执行。为保证教学质量，每门课程结束，双方采取学生填写问卷调查及教师回访等形式进行质量监管与评价。

三、项目进展与成效

（一）项目进展

双校合作办学历时 3 年，先后开展了 7 次互访、15 次三方联合办学委员会会议、4 期短期双向游学，开展了国际技能竞赛，签订了 5 个框架协议及备忘录，经历了“项目规划期”“项目推进期”“项目落地期”3 个阶段。

1. 项目规划期

2016 年，广州铁职院依托现有校内外资源积极规划，在广东省一流校建设方案中提出要依托大型央企与南沙全面兴建高铁“走出去”综合平台，助力轨道交通“一带一路”职教标准走出去。建设基本思路是以东南亚轨道交通职业教育联盟为纽带，为东南亚国家提供技术培训服务。鉴于马来西亚是“21 世纪海上丝绸之路”的重要节点国家，又有着“东南亚中心”的天然区位优势，也是中国推进“一带一路”建设重要合作伙伴，因此学校在规划中提出要以“马来西亚为轴心”成立东南亚轨道交通职业教育培训基地，传授高铁技术知识和行业标准。

2. 项目推进期

依托华南“一带一路”轨道交通产教融合联盟平台，2017 年完成马来西亚轨道交通企业人才需求分析、项目运作可行性分析等分析报告，并签署《教育合作备忘录》，确定在轨道交通领域开展专业共建、学生短期研学、技能培训基地共建共享等方面开展合作；2018 年，签订《联合办学委员会章程》《联合办学及东南亚轨道交通职业教育培训基地合作框架协议》，按照马来西亚教育主管部门和行业协会要求，两校确定了铁道机车专业标准及课程标准，明确了课程体系、教师授课内容与课时、授课场地与方式等细节。

3. 项目落地期

2019 年 6 月，在中国驻马来西亚大使馆公使衔参赞、副馆长陈辰，广州市政府副秘书长刁爱林，马来西亚拉曼大学学院董事会主席、前交通部部长拿督斯里廖中莱的见证下，两校签订《关于举办铁道机车专业专科教育项目协议备忘录》，确定在中马两地联合培养马来西亚学生，毕业时同时获两校文凭；两校与中铁东方国际集团有限公司、中国中车（马来西亚）有限公司签署《谅解备忘录》，确定“校—校—企”三方共建轨道交通职业教育培训基地，共享学术知识和行业前沿技术。首批招收的 10 名马来西亚学生已于 2019 年秋季入读广州铁路职业技术学院。同年10月，3名专任教师赴拉曼大学学院完成《铁道概论》课程教学。为保证教学质量，学校对其进行为期3个月的“一对一”的外教口语训练、英文讲义审核和英语授课指导。

面对突如其来的新冠疫情，专业团队及时调整，通过线上跨境直播授课，完成2019级《电力机车检修基础》《动车组机械结构检修与维护》《高铁情境汉语》的线上跨境直播授课。与拉曼大学学院共同完成2020级学生的线上招生宣讲活动，招收留学生7名，完成2020级《铁道概论》和《高铁情境汉语》的线上跨境直播授课。

（二）项目运作机制

中方实施主体为广州铁路职业技术学院、中铁东方国际集团有限公司、中国中车（马来西亚）有限公司；马方实施主体为拉曼大学学院。双方资源共享、师资共享、联合授课、基地共建。

1. 组织架构及工作机制（见图7.2）

实行合作办学联合委员会制。由广州铁路职业技术学院、拉曼大学学院和联盟企业成员单位三方共同组建铁道机车专科教育项目管理委员会，制定《联合办学委员会章程》，主任由广州铁路职业技术学院校长担任，副主任由拉曼大学学院校长担任，执行主任为两校主管国际合作副校长担任，项目成员包括国际合作学院院长、教务处处长、二级学院院长、专业负责人及联盟成员项目专员等。设立委员会秘书事务处。办公室分设在两校国际合作学院。实行责任人对接机制。负责日常项目工作对接。建立月沟通机制。每月最后一个工作日召开视频会议。拉曼大学学院重点负责学生招生、学生管理、日常运营、授课协助、汉语备考、项目推广等。

2. 保障措施

（1）管理保障（Management Alliance）：牵头成立华南“一带一路”轨道交通产教融合管理联盟。联盟设“一带一路”轨道交通协同育人中心、技术研

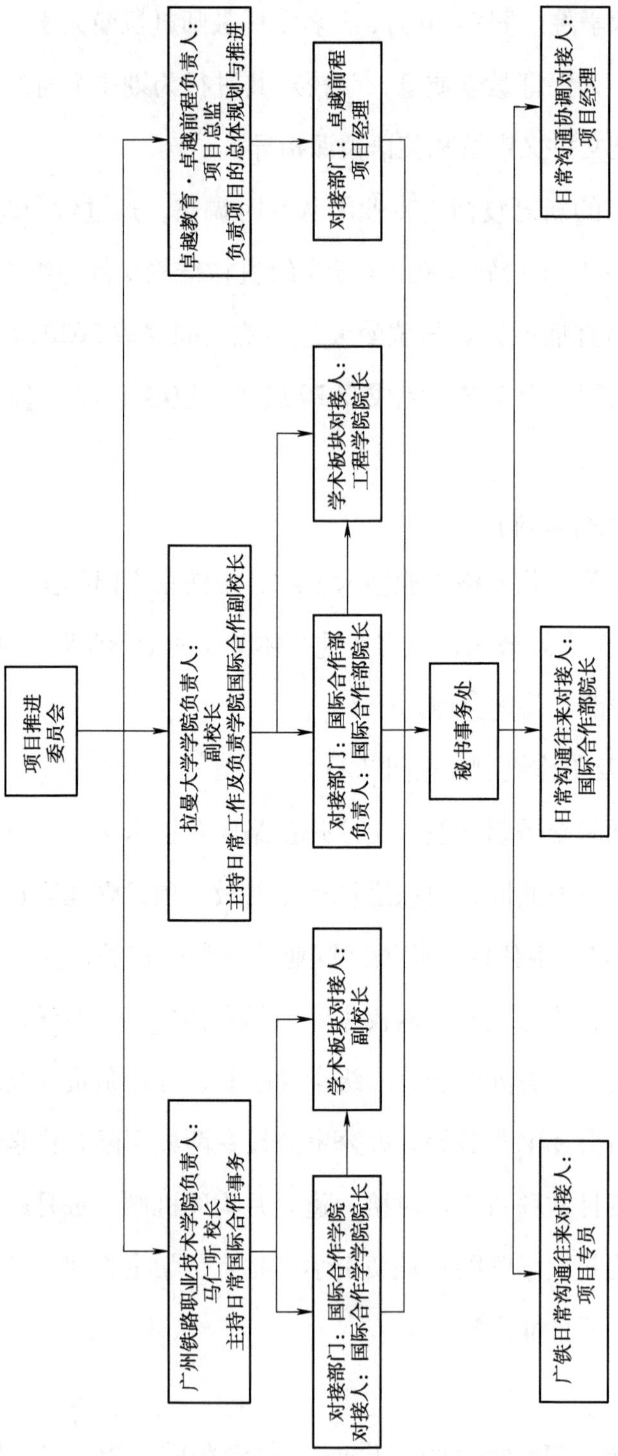

图 7.2　组织架构与工作机制

发与应用中心、国际合作与培训中心等 3 个平台，具体负责合作项目的拓展与落实以及联合制定轨道交通人才培养标准。通过抱团的方式主动“走出去”，有助于“一带一路”沿线国家和地区在轨道交通领域实现双边或多边对话，打通职业教育国际化人才培养路径。

（2）机制保障（Operation Mechanism）：建立五业联动（产业、行业、企业、职业、专业），共建共享课程与教材资源、师资团队、实践基地等机制；依托大型央企与南沙全面兴建高铁“走出去”综合平台，引入企业运营管理，创新二级教学机构“国际订单班”培养机制；采取质量监管和评价保障机制，共同监控教学质量，在每门课程结束一周内，两校互相反馈学生学习问卷调查及教师授课回访表，共同制定整改措施；采取趋同管理原则，按照两校教务处规定执行。

（3）支持保障（Support Service）：运用现代化教育手段，以“文化+”“互联网+”的思路和模式，建立轨道交通在线教育平台，推进“一带一路”沿线国家轨道交通教育教学改革，为交通轨道国际化人才培养培训提供支持保障。轨道交通在线教育平台实现铁道机车专业标准和课程标准输出，实现线下面授与线下教学相结合，保证海外办学教学质量。

（4）“四位一体”跨界融合（Talent Development）：以课程跨界开发、师资跨界共享、学生跨界培养和技术跨界服务的“四位一体”理念实现跨界融合发展。通过采用国内外课程跨界融合、高职院校与企业的师资跨界联合、政府与行业的跨界支持、线上与线下、高职教育国际化跨界融合等手段，在人才培养标准中融入“一带一路”沿线国家和地区人才培养要求，积极推进轨道交通国际职业资格认证引导和培育学生在文化价值差异中实现社会价值的统一。

3. 运作方式

（1）设立广州铁路职业技术学院马来西亚轨道交通分校。分校承担轨道交通类职业教育“走出去”任务，学制 3 年（共计 9 个学期），其中 7 个学期在拉曼大学学院学习，2 个学期在广州铁路职业技术学院学习和实训。学生毕业可同时获得拉曼大学学院颁发工程与技术专科文凭及广州铁职院颁发铁道机车专业文凭。教师团队由广州铁职院机车车辆学院和拉曼大学学院工程与技术学院相关专业骨干教师共同组成。拉曼大学学院教师重点讲授涉及机械、工程等通识课程；广州铁职院负责轨道交通类 10 门专业课程讲授和教学资源建设，其中 5 门在马来西亚讲授，5 门在中国讲授，如表 7.7 所示。

表 7.7　马来西亚铁道机车海外办学项目授课一览表

<table>
<tr><th>授课学期</th><th>课程</th><th>授课时间</th><th>学时</th><th>学分</th></tr>
<tr><td>第 1 学年第 2 学期
2019 年 10 月—2020 年 2 月</td><td>铁道概论
（接受网络汉语言课）</td><td>2019 年 10 月 7—12 日</td><td>48</td><td>3</td></tr>
<tr><td>第 1 学年第 3 学期
2020 年 2 月—2020 年 4 月</td><td>电力机车结构检修与维护</td><td>2020 年 2 月 24—29 日</td><td>48</td><td>3</td></tr>
<tr><td>第 2 学年第 1 学期
2020 年 5 月—2020 年 9 月</td><td>电力机车检修基础</td><td>2020 年 5 月 18—23 日</td><td>48</td><td>3</td></tr>
<tr><td>第 2 学年第 2 学期
2020 年 10 月—2020 年 12 月</td><td>动车组机械结构检修与维护</td><td>2020 年 10 月 5—10 日</td><td>48</td><td>3</td></tr>
<tr><td>第 2 学年第 3 学期
2021 年 1 月—2021 年 4 月</td><td>电力机车行车规章</td><td>2021 年 5 月 17—22 日</td><td>48</td><td>3</td></tr>
<tr><td rowspan="7">第 3 学年第 2 学期
2021 年 10 月—2022 年 1 月</td><td>机车制动机检修与维护</td><td rowspan="7">2021 年 10 月 12 日—
2022 年 1 月</td><td>48</td><td>3</td></tr>
<tr><td>牵引电机与电器检修与维护</td><td>64</td><td>4</td></tr>
<tr><td>电力机车控制</td><td>80</td><td>5</td></tr>
<tr><td>车站机电设备运行与维护</td><td>48</td><td>3</td></tr>
<tr><td>汉语课程</td><td rowspan="2">48</td><td rowspan="2">3</td></tr>
<tr><td>中国概况</td></tr>
<tr><td>电力机车综合实训（2 个月）</td><td>224</td><td>8</td></tr>
<tr><td>第 3 学年第 3 学期
2022 年 3 月—2022 年 4 月</td><td>电力机车综合实训（2 个月）</td><td>2022 年 3 月—2022 年 4 月</td><td>224</td><td>8</td></tr>
</table>

（2）设立广州铁职院马来西亚海外培训基地。通过整合华南“一带一路”轨道交通产教融合联盟各方优质资源，在马来西亚成立具有实践和仿真教学一

体的轨道交通培训中心，选派国内专业教师和技术人员在马来西亚基地授课、讲学和培训学员，并为当地教师提供行业师资培训，提升“一带一路”沿线国家高铁技术水平。在起步阶段，广州铁职院采取“1+2”形式形成教学团队，1 人主讲，2 人助讲，一方面可以更加详尽、充分地准备教学材料，另一方面也可以更好地应对并解决教学中可能存在的语言问题。

（3）采取“项目协议合作制”，实行利益分配。广州铁路职业技术学院、拉曼大学学院和华南“一带一路”轨道交通联盟企业成员单位三方不成立新的公司法人主体，在合作总体框架下采取“项目协议合作制”模式，以协议的形式规定各方工作职责、费用预算及结算等细项。

（三）项目成效

1. 输出铁道机车专业标准和课程标准

双方先后开展了 7 次互访、15 次三方联合办学委员会会议、5 期短期双向游学与竞赛及多次联合办学沟通工作，签订 5 个框架协议及备忘录，现已向拉曼大学学院输出铁道机车专业教学标准和课程体系 1 个、10 门课程标准和专业教学资源库等。

2. 建立轨道交通在线教育平台

利用现代远程教育技术，为马来西亚学生搭建铁道机车专业和汉语教育的师资、课程、教学资源的信息化平台，平台包括轨道交通在线教育和“一带一路”高铁沿线综合资讯，提供与铁道机车专业相关教学视频 8 000 余个、专业知识 20 000 余条。

3. 成立广州铁路职业技术学院马来西亚轨道交通分校

2019 年 6 月 13 日，在中国驻马来西亚大使馆公使衔参赞、副馆长陈辰，广州市政府副秘书长刁爱林，马来西亚拉曼大学学院董事会主席、前交通部部长拿督斯里廖中莱的见证下，两校签订《关于举办铁道机车专业专科教育项目协议备忘录》，首批马来西亚学生已于 2019 年秋季入读广州铁路职业技术学院。

4. 建立东南亚轨道交通职业教育培训基地

广州铁职院与拉曼大学学院携手，分别与中铁东方国际集团有限公司、中国中车（马来西亚）有限公司签署《谅解备忘录》，确定校企三方共建轨道交通职业教育培训基地，形成以培训项目为载体的优势互补长效机制。基地工程师和技术人员参与海外办学项目的教学，担任马来西亚留学生的实践指导教师，并为学生提供实训和就业机会。

5. 引起社会各界广泛关注

广州铁路职业技术学院马来西亚轨道交通分校的成立以及“2+1”两地教学联合培养人才模式，形成了可示范、可复制、可持续的中外合作办学新模式，引起了国内外众多媒体、高等院校、行业和企业的广泛关注，得到省教育厅、教育部的关注，提供了马来西亚海外办学典型案例。受到马来西亚星洲日报、南阳商报等当地媒体报道。在 2019 年“中国—东盟轨道交通教育培训联盟服务‘一带一路’校企高层论坛暨第四届中国—东盟轨道交通教育培训联盟年会”上，校长马仁听教授受邀发表主题为“聚焦‘一带一路’推动轨道交通国际化本土人才培养”的演讲，广州铁路职业技术学院的建设经验得到了与会代表的高度认可。

四、项目深化思路

（一）提升育训功能，建设海外轨道交通学院

根据中铁东方国际集团有限公司、中国中车（马来西亚）有限公司对马来西亚本土化轨道交通人才的用工需求，将陆续增设铁道工程、铁道供电、铁道信号和铁路运营管理等专业。由现有的“广州铁路职业技术学院—拉曼大学学院轨道交通教育中心”发展为“广州铁路职业技术学院—拉曼大学学院轨道交通学院”，该学院集学历教育和职业培训双重功能，一方面开展轨道交通类专

业学历教育，输出优质轨道交通专业标准和课程标准；另一方面为中铁东方国际集团有限公司、中国中车（马来西亚）有限公司等“走出去”中资轨道交通企业开展东南亚本土化员工培训，助力中国高铁“走出去”。

（二）扩大招生规模，实行国际“学历＋培训＋订单”人才培养

加大马来西亚本土宣传，培育本土教育市场，提升学生认知能力。后续将实行“学历＋培训＋订单”人才培养等多种组合方式扩大招生生源，面向应届生、当地社会和中资企业招生，招生对象按照由拉曼大学学院根据学院规定执行，广州铁职院根据拉曼大学学院需要配合招生宣传。马来西亚非学历生的招生对象由合作企业负责招生，拉曼大学学院、中资铁路企业和广州铁职院则负责培训。

（三）助力“一带一路”，输出铁道机车专业教学标准

依托本项目教学实践，围绕国际化技术技能人才培养目标，以“一带一路”沿线国家实际需求为导向，吸收如德国铁路标准（DIN）、西门子标准（CSICAR）、欧盟铁路互联互通技术规范（CTS）、国际铁路行业标准认证（CIRIS）等技能标准与规范，按照“专业基本能力、岗位核心能力、创新发展能力”的职业成长规律和教学规律，构建“能力递进”课程体系，输出铁道机车专业国际化专业教学标准。

（四）组建国际教学团队，提升教师国际视野

以培养“一带一路”沿线国家铁道机车相关专业人才培养需求为导向，依托广州铁职院搭建的教师发展平台，吸收引进英语基础扎实的年轻教师。在专业能力较强的骨干教师引领下，每门专业核心课程组建专业教学团队，强化“专业培养＋外语强化”相结合的培育方式，实现专业骨干教师与年轻教师有机配合、有效协同。通过参加国际学术会议、邀请国际知名专家来校讲座，与国外专业教师交流研讨、合作撰写学术论文等多种形式，拓宽专业教学团队国际视野，提升教师团队整体水平。

（五）开发双语教学资源，输出“文化＋铁道机车”标准

依托学校现有的铁道机车专业、城市轨道交通车辆技术、铁道供电技术专业等广东省、国家教学资源库，根据马来西亚国际留学生特点，依据铁道机车专业教学标准、行业标准等规范，针对每门专业核心课程编写开发双语教材讲义、双语教学课件，拍摄双语课程教学视频资源等，同时依托智慧职教平台，为马来西亚留学生搭建跨境线上学习平台，有效满足了国际留学生的学习需求。

目前，铁道机车专业已进行《铁道概论》《电力机车结构检修与维护》《电力机车检修》《动车组机械结构检修与维护》等专业课程的双语资源开发工作，后续将有序推进铁路专业后续专业课程的双语资源建设，编写出版《电力机车构造》《电力机车检修》等双语教材，打造一批精品双语教学资源。

随着项目的深入，将不断输出“文化＋铁道机车”标准，将具有中国特色的国际化职业教育人才培养方案、课程体系、教学资源以及铁路专业标准、技术等输入马来西亚以及其他东南亚国家，助力“一带一路”倡议及中国高铁“走出去”项目。

第四节　老挝轨道交通类专业留学生项目实践

中老铁路是由两国政府主导、以中国铁路总公司作为牵头单位的“一带一路”投资项目，是中国在包括老挝在内的东盟国家推动“一带一路”倡议所落实的重点示范项目，是“一带一路”倡议在老挝落地的重要标志，对老挝、东盟以及中国都意义重大。为此，广州铁职院着眼于中老铁路的运维，从老挝招收留学生进行学历教育，为中老铁路的发展提供技术人才支持。广州铁职院和

老挝教育与体育部技术与职业教育司合作培养的首批老挝来华留学生已成为中老铁路技术骨干。

一、项目缘起与政策依据

（一）项目意义

1. 符合中老铁路建设对轨道交通类专业人才需求

中老铁路是促进区域融合的标杆。以中老铁路作为支点，中国将不断深化对外合作，建设泛亚铁路通道枢纽，实现与泰国、柬埔寨、马来西亚等国铁路的连通，进而构建起连接东南亚地区的铁路网络。然而，人才匮乏已经成为制约铁路企业进一步开展国际业务的“瓶颈”。中老铁路全长 1 000 多公里，其中，中国段正线全长 508.53 公里，老挝境内全长 414 公里。参照世界通行的最低的铁路定员标准，中老铁路将产生超过 2 万人的人才培养需求。随着中老铁路的建成与运营，对于轨道类交通专业人才的需求仍将继续增加。本项目旨在培养符合中老铁路需求的铁道供电、铁道机车和铁道交通运营管理专业人才，为中老铁路输送老挝本土化轨道交通技术人才。

2. 契合共建中老命运共同体的需要

近年来，中老保持“走亲戚”式的交往态势，两国最高领导人保持年度会晤传统，各层级往来频繁，全方位、多层次、机制性对话交流不断开展。2015 年 11 月 13 日，中老铁路项目正式签约，标志着中老铁路正式进入实施阶段，为项目后续建设运营及两国进一步深化铁路基础设施合作打下了基础。2019 年 4 月 30 日中国和老挝签署《构建中老命运共同体行动计划》，强调要加强中老教育领域合作，开展职业教育合作办学，服务中老项目建设，中方欢迎老挝优秀学生来华留学。中老铁路作为以中方为主投资建设的老挝第一条现代化铁路，有助于老挝经济的发展和两国经济、贸易、人文往来，开创了中老关系新时代，对推动构建人类命运共同体具有重要示范意义。

（二）项目的政策依据

来华留学生教育是衡量新时期教育对外开放水平的重要指标，也是一个国家或区域经济发展水平和开放度的客观体现。在宏观规划方面，国务院印发的《关于做好新时期教育对外开放工作的若干意见》提出要坚持扩大开放，做强中国教育，推进人文交流，不断提升我国教育质量、国家软实力和国际影响力；《国家职业教育改革方案》中指出，要促进产教融合校企“双元”育人，推动校企全面加强深度合作。职业院校应当根据自身特点和人才培养需要，主动与具备条件的企业在人才培养、技术创新、就业创业、社会服务、文化传承等方面开展合作，推动职业院校和行业企业形成命运共同体。

在具体规划方面，专业群国际化建设是衡量专业群质量高低的一个重要指标。教育部教师工作司《关于遴选首批国家级职业教育教师教学创新团队的通知》对于国家级教育教师创新团队的国际化也提出了要求，国内外影响力明显增强，招收海外留学生、输出专业教学标准等都成为建设的重点内容。

二、老挝留学生培养项目基本情况

中老铁路作为首条以中方为主投资建设、全线采用中国技术标准、使用中国装备并与中国铁路网直接连通的国际铁路，将极大地带动老挝经济发展，为老挝创造大量的就业机会。广州铁职院充分发挥铁路特色优势，与老挝教育与体育部技术与职业教育司签订《高等教育合作框架协议》，确定为中老铁路开通及运行提供本土化铁道交通运营管理专业、铁道机车专业、铁道供电技术专业人才。

（一）铁道交通运营管理专业人才培养目标和职业面向

（1）人才培养目标：面向老挝国内轨道交通运输生产第一线，培养熟练运用铁路运输设备，掌握铁路行车组织、客运组织及服务等方面职业能力，能从事铁路接发列车、铁路调车、铁路客运等岗位工作，具有一定创新能力和工匠精神的高素质技术技能专门人才。

（2）职业面向：面向铁路车站、车务段、客运段、各大地铁公司等就业单位，从事铁路行车岗位群、铁路客运岗位群、地铁站务岗位群等职业岗位，具体如表 7.8 所示。

表 7.8　铁道交通运营管理专业主要就业岗位

主要职业岗位	职业岗位描述
铁路行车岗位群	运用运输设备，从事铁路接发列车、调车作业的人员，主要包括车站值班员、信号员、助理值班员、制动员、车站调度员等
铁路客运岗位群	从事铁路售票、检票、候车、旅客乘降、列车客运服务等客运组织、票务组织及客运服务的人员，主要包括客运值班员、客运员、售票员、售票值班员、列车值班员等
地铁站务岗位群	运用运输设备，从事地铁行车组织、客运组织、票务组织的地铁站务人员，主要包括地铁站务员、地铁车站值班员、地铁车站站长、地铁行车调度员等

（二）铁道机车专业人才培养目标和职业面向

（1）人才培养目标：铁道机车专业以市场为导向，主动适应高铁走出去战略，推进中国与老挝两国经济发展需要，培养面向老挝国内铁路运输生产第一线，培养具有高职文化素养和职业道德，具有规范操作、敬业爱岗、团结协作、安全意识强、服从统一指挥的职业素质，熟悉有关铁路技术管理规程及规章，具备电力机车运用、监测与维护、故障判断处理和检修能力的，具有工匠精神、创新精神的技术技能型人才。

（2）职业面向：主要面向铁路机务段、机车检修段（厂）、轨道交通制造与维修企业等就业单位，面向的主要职业有轨道列车司机、铁路机车制修工、铁路机车车辆制动钳工、机车调度值班员及机车整备员等，主要从事机车运用、机车检修、机车调度及机车整备等工作，具体如表 7.9 所示。

表 7.9 铁道机车专业主要职业岗位

主要职业岗位	职业岗位描述
轨道列车司机	本职业指：驾驶轨道机车、动车组，运输乘客和货物的人员。涉及的岗位工种：电力机车司机、内燃机车司机。 主要工作任务： （1）接收、记录、传达行车指示、命令； （2）进行机车技术性能试验，办理交接手续； （3）驾驶机车驶入指定线路、位置，连接列车车列、车辆，进行列车制动和电气性能试验； （4）牵引列车、车辆运行，进行车机联控； （5）检查机车运行途中和终到站后关键部位状态，应急处理运行途中机车故障； （6）填写台账、报告，办理退乘
铁路机车制修工	本职业指：使用工具和设备制作、装配、检修、调试铁路机车、轨道吊车机械、电气等系统的人员。涉及的岗位工种：铁路机车电工、内燃机车钳工、电力机车钳工、铁路机车装调工。 主要工作任务： （1）装配、调试、检修机车部件及整车机械装置； （2）装配、调试、检修机车电气系统及装置； （3）装配、调试、检修机车制动系统及装置、管路； （4）调试、检查、机车电路、电器，处理故障； （5）装配、调试、检修机车安全通信、采暖等辅助装置； （6）装配、调试、检修机车柴油机动力系统及装置； （7）检查、处理运行机车故障
铁路机车车辆制动钳工	本职业指：使用工具和设备制造、组装、检修、调试铁路机车、车辆制动装置的人员。涉及的岗位工种：铁路机车车辆制动钳工。 主要工作任务： （1）处理机车车辆制动装置故障； （2）分解、研磨、组装制动阀； （3）组装、试验、检修制动软管和连接器； （4）制造、组装、调试、检修机车车辆空气制动机及零部件； （5）组装调试、检修空气压缩机、风泵调压器； （6）组装、调试、检修闸瓦间隙自动调整器和制动缸； （7）制造、组装、调试、检修机车车辆人工制动机及零部件； （8）制造、检修、维护、调试自用设备和工艺装备

续表

主要职业岗位	职业岗位描述
机车调度值班员	本职业指：从事机车运用计划编制和组织工作的人员。本专业涉及的岗位工种：机车调度员、机车运用值班员。 主要工作任务： （1）编制日班运用机车计划和机车周转图； （2）组织提供机车，执行机车检修扣修计划； （3）接收、编制、录入运行揭示、调度命令等数据； （4）安排机车乘务员值乘工作； （5）办理机车乘务员出退勤手续，检索、分析监控记录； （6）传达行车提示，下达调度命令，布置工作事项； （7）统计、分析机车运用指标，填写机车运用概况等报表、报告； （8）办理配属机车的加入和解除
机车整备员	本职业指：从事机车检查、保养、整备作业的人员。本专业涉及的岗位工种：机车检查保养员、机车整备工。 主要工作任务： （1）进行机车走行部、制动系统等检查、保养和试验运行； （2）使用输油泵、阀门、发放柱等设备，加注内燃机燃油； （3）烘干、清筛处理、加补机车用砂； （4）操控隔离开关； （5）验收、发放、管理机车用燃油、油脂、砂、擦拭材料等； （6）维护保养输油泵、上砂机等机车整备机械设备

（三）铁道供电技术专业的人才培养规格

本专业面向老挝国内轨道交通行业供电专业运营、施工与管理一线，培养掌握牵引供电系统理论知识，具备轨道交通供电设备维护检修、运行管理与安装施工能力，能胜任接触网运行检修与施工、变配电所运行检修及电气设备试验、工厂电气设备运行与维护等岗位工作，具有工匠精神、创新精神的高素质技术技能专门人才。要求做到“三懂”（懂设备原理、懂设备结构、懂设备性能）、“三会”（会使用、会维修、会排除故障），同时具有较强的故障分析与处理能力。具体要求具备以下知识、能力与素质。

主要面向铁路企业、城市地铁、铁路或电力工程监理企业等单位，主要职业岗位有接触网工、变电工、电气试验工、继电保护工和维修电工等，主要从事接触网运行检修与施工、变配电所运行检修及电气设备试验、工厂电气设备运行与维护等工作。具体职业岗位如表 7.10 所示。

表 7.10　铁道供电技术专业主要职业岗位

主要职业岗位	职业岗位描述
接触网工	（1）技术文件阅读； （2）接触网运行值班； （3）接触网设备巡视； （4）接触网测量； （5）接触网停电检修； （6）接触网远离带电检修； （7）接触网间接带电作业； （8）接触网施工与配合； （9）接触网缺陷处理； （10）接触网事故抢修
变电工	（1）技术文件阅读； （2）变电所值班、巡视与监控； （3）变电设备倒闸操作； （4）变电设备日常维护与检修； （5）变电设备故障查找； （6）变电设备事故应急处理
继电保护工	（1）技术文件阅读； （2）变电设备继电保护装置的检修和试验； （3）继保护装置整定值的录入与调整； （4）远动设备的日常维护； （5）变电所二次系统的维护与故障处理
电气试验工	（1）技术文件阅读； （2）高压电气设备年度绝缘预防性试验； （3）高压电气设备交接验收试验； （4）所有绝缘用具的周期性试验； （5）高压电气设备的特性试验； （6）电气设备故障的诊断与分析

续表

主要职业岗位	职业岗位描述
维修电工	（1）技术文件阅读； （2）供配电线路安装与维护； （3）供配电设备安装与维护； （4）供配电系统故障处理

三、项目进展

（一）项目启动期

1. 遴选优秀学生

中老铁路项目于2015年11月13日签约，这标志着中老铁路正式进入实施阶段。广州铁职院为响应国家“一带一路”倡议，积极推进中国与东南亚国家在轨道交通领域的教学与人才培养合作。于2016年11月，与老挝教育与体育部技术与职业教育司签订《高等教育合作框架协议》、轨道交通教育合作备忘录，对在轨道交通类专业开展学生培养、师资培训进行宏观计划，以期满足老挝未来铁路人才需求；2017年6月，与老挝教育部与体育部技术与职业教育司签订了人才培养合作备忘录，并与万象省技术学院签订了《中—老轨道交通类专业合作协议书》，确定2018年9月第一批老挝留学生进校学习轨道交通类专业，正式开启了广州铁职院老挝留学生培养的第一步。

2018年5月26日—5月29日，由广州铁职院相关二级学院、教务处、国际处等相关负责人组成代表团，赴老挝选拔优秀的老挝留学生入读广州铁职院。代表团受到技术与职业教育司处长及巴巴萨技术学院、万象省技术学院、理工学院、老德技术学院4所学校的领导高度重视。按照面试方案，就汉语应用能力、逻辑能力、对专业的认识、对中国概况的了解等方面对学生进行考查，3位面试官单独评分，以3位考官单独评分的平均分作为最终成绩。经小组综合评价和讨论后，最终录取了前17名学生，其中女生3人，男生14人；

中专学历 15 人，大专学历 2 人。根据学生学习意愿及专业均衡原则，划分到铁道交通运营管理、铁道机车和铁道供电 3 个专业。

2. 建设体制机制

2018 年上半年，学校多次召开相关部门协调会与研讨会，确定以插班形式对此次老挝留学生进行培养，其中 6 名进入铁道交通运营管理专业、5 名进入铁道机车专业、6 名进入铁道供电技术专业。

为推动我院教育国际化进程，规范国际学生管理，更加精准实施留学生培养方案，确保培养质量，广州铁职院由国际合作学院为牵头部门，会同教务处、学生处、后勤管理处等相关职能部门做好体制机制建设，推行了一系列留学生管理制度，并制作留学生手册，做好服务指南工作。其中，最重要的是根据广州铁职院实际情况，研究制定《广州铁路职业技术学院国际学生管理办法》，规定相关部门责任与义务，更好地实现老挝留学生的趋同化管理。

广州铁职院成立以校长为组长、分管校领导为副组长、教务处、学生处、财务处、人事处、后勤保卫处、国际合作交流处（国际合作学院）主要负责人为成员的国际学生管理工作领导小组（办公室设在国际合作学院），负责广州铁职院国际学生招生、管理的统筹协调，以及项目执行过程中的有关事项。国际合作学院作为归口管理部门，主要负责国际学生的招生工作，制定录取标准、招生办法和章程，负责组织招生宣传和汉语水平考核；办理国际学生出入境和入学手续；国际学生学籍学历注册和颁发毕业证；国际学生日常管理，承担留学生班主任工作；国际学生汉语教学的具体组织实施；制定奖学金评定办法并组织实施；国际学生的涉外管理、突发事件应急处理和安全教育等工作。

二级学院作为国际学生具体教学组织实施部门，接收国际学生的二级学院，主要负责审核国际学生录取工作中的专业资格；制定国际学生专业人才培养方案；组织安排国际学生培养过程中的教学活动；协助国际合作交流处（国际合作学院）完成年度奖学金评审工作；负责初审国际学生毕业证书授予资格；组织国际学生参加学院社团活动、课外活动和社会实践等工作。学校其他相关职能部门按照趋同化管理的原则，处理好各自职责范围内涉及国际学生的事务。

（二）精准培养期

老挝项目涉及铁道运营管理、铁道机车、铁道供电技术 3 个专业，专业设计及人才培养方案均面向老挝国内轨道交通运输生产第一线和轨道交通行业供电专业运营、施工与管理一线。项目以市场为导向，主动适应高铁走出去战略，推进中国与老挝两国经济发展需要，培养熟练运用铁路运输设备，掌握铁路行车组织、客运组织及服务等方面的职业能力，能从事铁路接发列车、铁路调车、铁路客运等岗位工作；熟悉有关铁路技术管理规程及规章，具备电力机车运用、监测与维护、故障判断处理和检修能力的创新人才；培养掌握牵引供电系统理论知识，具备轨道交通供电设备维护检修、运行管理与安装施工能力，能胜任接触网运行检修与施工、变配电所运行检修及电气设备试验、工厂电气设备运行与维护等岗位工作，具有工匠精神高素质技术技能专门人才。

1. 铁路运营管理专业的课程体系构建

通过对职业岗位工作任务分析，确定专业面向的铁路行车、铁路客运等主要就业岗位的能力要求，结合铁道交通运营管理专业技术和车站管理特点，融入铁路行车、铁路客运岗位职业标准和职业技能规范，以职业能力培养为主线，以核心课程为骨干，合理确定专业基础课程和支撑课程，构建专业课程体系。遵循学生认知规律、职业技能培养、职业能力发展规律，将课程体系设计为职业基础能力、职业专项能力和职业综合能力 3 个模块，充分发挥学校、企业两个教学平台的优势互补作用，实现常规教学与订单培养的有机衔接。铁道交通运营管理专业课程体系构成如图 7.3 所示。

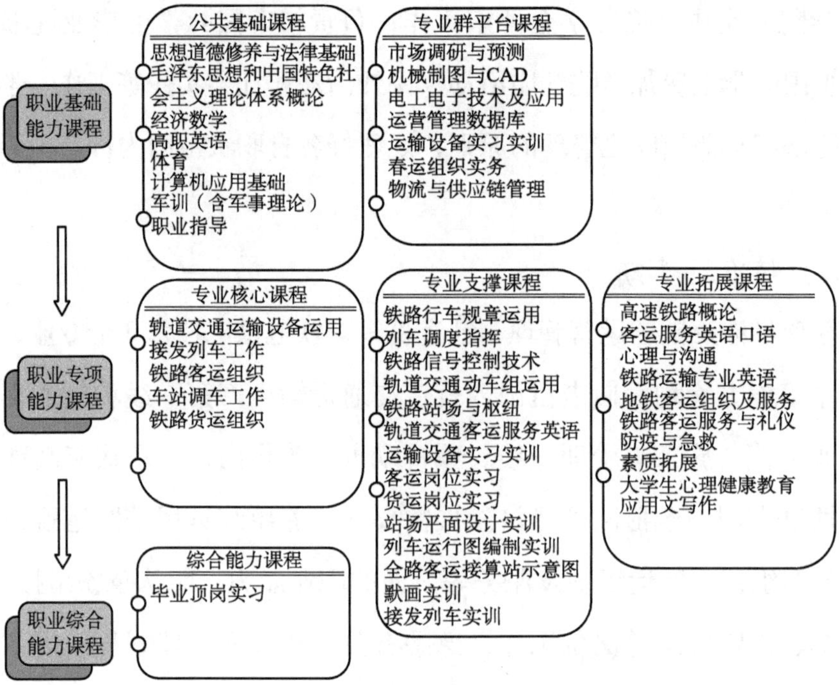

图 7.3　铁道交通运营管理专业课程体系构成

2. 铁道机车专业的课程体系构建

通过对职业岗位工作任务分析，确定专业面向的机车运用、机车检修、机车调度、机车整备等主要工作的能力要求，结合铁道机车专业技术和轨道交通企业文化，融入相关铁路特有工种职业技能规范，以能力培养为主线，以核心课程为主干，合理确定专业基础课程和专业拓展课程，构建以驾驶为主、兼顾检修和整备的专业课程体系。遵循学生认知规律和职业能力发展规律，将课程体系设计为专业基础能力、专业核心能力和专业拓展能力 3 个模块。专业基础能力课程设计为专业群共享课程，通过专业群共建共享，形成集群办学效应，发挥重点专业对专业群的辐射带动能力，专业拓展能力课程设计为专业共享课程模块和方向课程模块，学生在完成专业共享课程学习后，再进入方向课程学习，既实现优势师资与实训条件共享，又达到分方向培养个性要求。专业课程体系构成如图 7.4 所示。

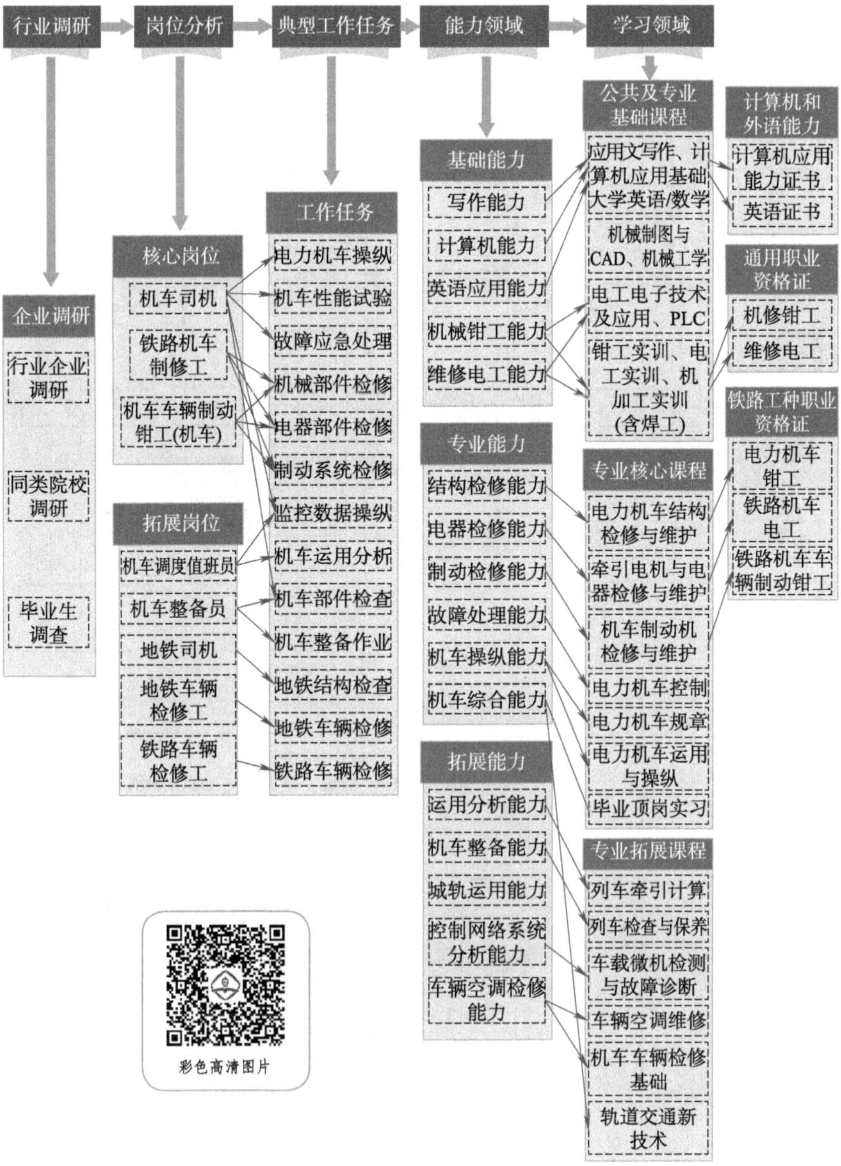

图 7.4　铁道机车专业的课程体系

3. 铁道供电技术专业的课程体系构建

根据专业所面向的职业岗位、所从事的工作领域和所需具备的职业能力，据此来构建“职业基础能力+职业综合能力+职业专业能力”的专业课程体系，如图 7.5 所示。

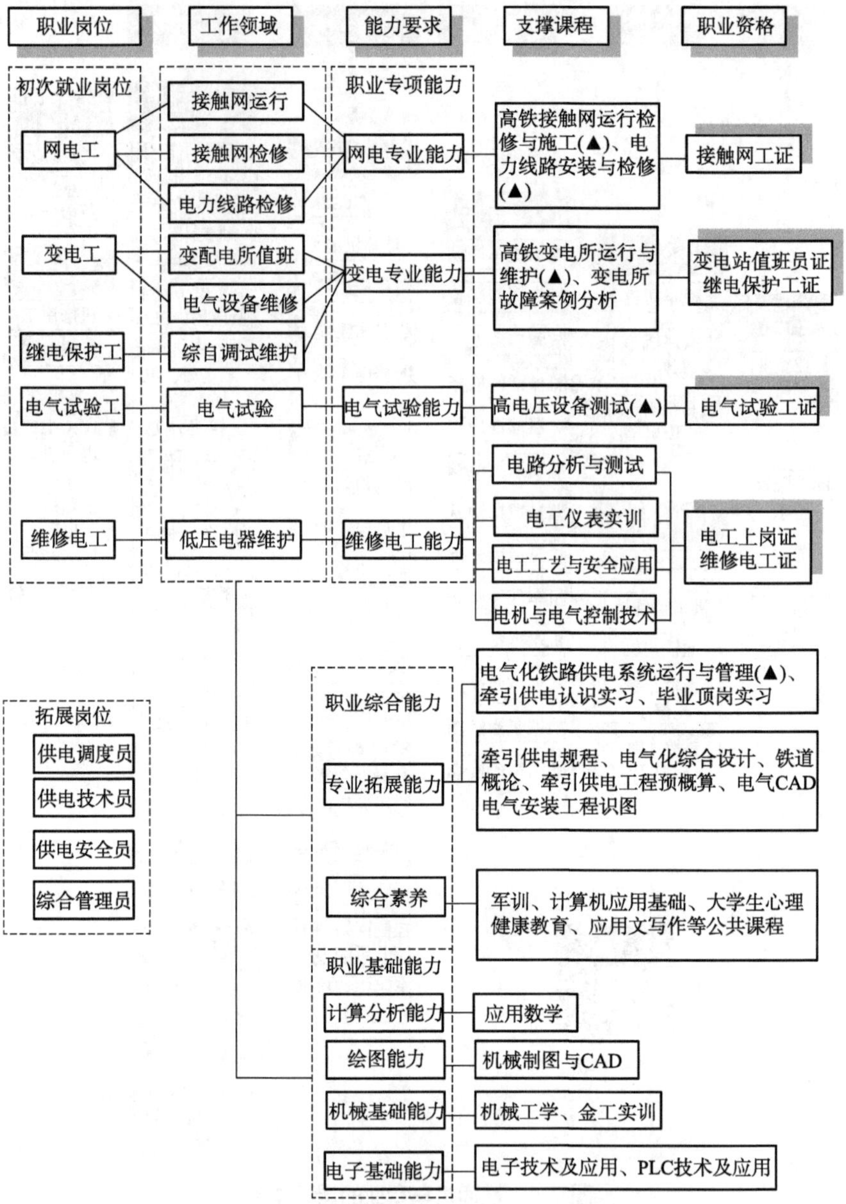

图 7.5　铁道供电技术专业的课程体系

注：标“▲”表示专业核心课程

四、项目总结及经验

（一）推行奖学金制度，解决学生后顾之忧

近年来，随着我国经济社会快速发展和国际影响力不断提高，来华留学人

数不断增加，结构逐步优化，有力地提升了教育对外开放和国际化水平。由教育部、外交部和公安部发布的42号令《学校招收和培养国际学生管理办法》中指出，高等学校可以为国际学生设立奖学金。老挝国家经济不发达，留学生家境普遍不富裕。为此，学校专门为留学生设立奖学金制度，鼓励学生进步，并按照规定给予适当的生活补贴，满足了学生的基本生活需要，为他们顺利毕业奠定了经济基础。同时，通过奖学金制度，也能够让老挝留学生领略到与沿线国家共商共建共享的决心，让他们亲身感受中国的留学生政策，促进更多的外国学生来中国，推动中国高职院校的教育对外开放事业。

（二）采用合班培养方式，实行趋同管理

所谓趋同管理，就是在承认留学生与国内学生差异的条件下，按照国内学生的要求，根据留学生的特色，在某些方面进行融入性管理，最终达到国内学生的标准。之所以这样做，一方面是因为留学生本质上也是学生，也要遵守所在国的规章制度，不能因为他们是留学生而产生优越感，进而产生特权意识。另一方面，就自身而言，留学生确实与国内学生有所差异，为此，广州铁职院成立学校领导牵头、各二级部门单位为成员的职能领导小组，根据部门日常管理职能，明确在留学生管理中的职能和作用，做到趋同管理。学校根据老挝留学生人数不多的实际情况，从融合教育的角度出发，将留学生和国内学生合班上课。采用合班上课的作用主要体现在下面几点：

（1）语言交流。中国的汉语虽然那些留学生认识，但是汉语的多音、多意以及具体语境的使用是很难的。通过合班上学，留学生从生疏到熟悉再到打成一片，增加了对汉语的了解和认同。

（2）丰富课余生活。通过合班上学，课上的熟悉延伸到课余的集体活动。他们会和国内学生踢足球、爬白云山、过中秋节，这些课余生活的延伸增加了

他们对中国学生的了解，增加了对中国日常生活的了解。

（3）专业课互补。专业词汇相对来讲比较难懂，老挝留学生课堂接受比较慢，如果单纯地靠老师辅导，经历相对有限。而通过他们与国内学生的交互式学习，让他们在非课堂时间完成了专业课知识的补缺，取得了专业课的优秀成绩。

（三）加强人文关怀，增强跨文化适应

2020 年 5 月 17 日，国家主席习近平在给北京科技大学全体巴基斯坦留学生的回信中说，生命至上，不管是中国人还是在华外国人员，中国政府和中国人民都一视同仁予以关心和爱护。短短几句话，彰显了大国担当和大国情怀，同时，体现了我们在对来华留学生的人文关怀始终放在比较重要的位置。在老挝留学生的培养实践中，减少跨文化带来的冲击，最重要的是加强人文关怀，增强跨文化适应。来华留学生的文化适应和文化认同互为补充，交错进行。一方面，建立班主任、辅导员、专业导师、学习小伙伴的团体辅助模式，加强在生活、学习、课上、课下的辅助力度。在生活上以班主任和辅导员为主，了解生活上遇到的困难和心理层面问题，组织并举办多种类型的业余活动，创建留学生与中国学生的交流机会；在学习上以导师和小伙伴为主，解决课堂上的专业学习问题，课下专业辅导问题。通过这些举措，使来华留学生更快、更好地融入异国文化。另一方面，鼓励留学生社团的建立。建立留学生社团，可以为留学生提供一个缓解异国文化焦虑的平台，通过交流相似问题，达到情感的释放，从而减少文化冲击对人才培养的影响。

（四）加强制度建设，设立专职班主任

来华留学生班主任工作是高校学生管理工作的重要组成部分。在来华留学生日常管理中，班主任要积极做好桥梁作用，搭建沟通交流平台，激发来华留学生融入学校和周边环境。广州铁职院采用专任班主任制度，并建立班会制度，班会内容涉及近期学生学习和生活问题；为了提升留学生对中国的了解，班主任组织学生参加团队活动。例如，2019 年 3 月，广州铁职院组织学生爬白云山，让学生领略中国的山川风貌。同时，广州铁职院还积极配合相关留学生社团组织，鼓励学生参加地区留学生的活动，拓展学生的朋友圈；班主任利用我国来华留学生教育事业的相关资源，带领留学生“走出去”。2019 年 9 月 27 日，为了提高留学生的汉语交流水平和书写水平，广州铁职院派出以班主任带队的 4 人团队赴贵州遵义师范学院参加 12 届中国—东盟教育交流周之东盟留学生汉字听写大赛比赛。通过参赛，留学生接触到了更多的“一带一路”沿线国家的留学生，结交了新朋友，开阔了眼界，对广州之外的中国城市也有了进一步的了解。最重要的是，他们锻炼了汉语交流的能力，提升了汉语的书写能力。通过建立班主任制度，取得以下成效：一是能够对学生进行及时的了解和跟进；二是加强了沟通联系，作为学生与校方之间的中间者，班主任起到了承接中转作用，将留学生的问题汇总至班主任，不能解决的难题再由校方处理；三是建立了解释的渠道，中国的法律、法规、校纪、校规主要通过班主任适时地融入至留学生的日常管理中。由于文化体制的不同，留学生会对某些规定产生疑惑，班主任就要根据实际发生的情况进行解释，避免形成更大的矛盾。

（五）加强校企合作，搭建实习就业平台

广州铁职院积极践行国家教育大政方针，牵头组建的华南轨道交通产教融合联盟，积极推动职业教育领域的深度合作，着力构建国际职业教育互学互鉴新机制。通过平台成员单位的共商共建，不仅推进了与沿线各国的人文交流机制建设，还培养了一批老挝本土化铁路人才。学校借助该平台与中铁昆明局保持良好的合作关系，在老挝学生实习就业方面积极联系沟通，进行强强合作，

为学生实习就业提供一站式服务。

（六）加强教学资源开发，建设高铁情境汉语教材

学校针对来华留学生教育培养要求，在制订学习计划、设计课程方案和教师的安排等方面突出轨道交通专业独特的职业能力和职业素养。学校组织老师开发采用活页教材的形式，满足学生的日常教学；联合轨道交通专业教师，建设《高铁情境汉语》教材用书，将 HSK 考级词汇与中国高铁专业词汇、专业术语结合起来，在汉语学习中融入高铁知识，在高铁知识中学习汉语表述，形成了特色鲜明的教学体系。

第五节　广州铁路职业技术学院高职国际化的经验分析

紧随国家“十四五”和“双高”建设的要求，学校坚守家国情怀、使命担当，立足粤港澳大湾区立体式轨道交通发展实际，从“一带一路”沿线国家合作出发，围绕“提质、扩容、强服务”，拓展了与相关国家的交流，提升了学校办学层次和水平，拓展了国际化合作空间，为落实对外开放做出了应有的贡献。

一、以提质为核心，推进优质教育资源共建共享

广州铁职院立足形势选好合作契合点，借着中马战略联盟的利好东风，瞄准马来西亚南部铁路和东海岸铁路建设项目建设的人才需求，与马来西亚拉曼大学学院联手开展中马铁道机车专业海外办学项目，共育共训轨道交通技术技能人才。为保证教育资源输出的优质性，学校与“走出去”中资企业——中铁

东方国际集团有限公司和中国中车（马来西亚）有限公司联手做优做强轨道交通类专业，助推区域轨道交通产业发展，同时依托学校现代学徒制试点单位的优势，采取“学历＋培训＋订单”的三组合方式开展企业定向培养，有效实现了职业教育的“提质”。

二、以“扩容”为重点，以“盟”为桥开展国际合作

广州铁职院借外力、壮内力整合资源，积极组建并依托政校行企联盟开展国际合作。

（1）牵头成立广州工业交通职业教育集团及华南“一带一路”产教融合联盟，联合广东卓越公司、拉曼大学学院等联盟成员成立马来西亚轨道交通分校，形成可示范性多主体协同育人海外办学模式，引起业内广泛关注和国内外媒体报道。

（2）依托广东—独联体国际科技合作联盟等，以中白合作办学项目成功获批为契机，联合两国相关政府机构、高校和媒体等举办启动推介会，白俄罗斯驻广州总领事馆、广东省科学技术厅、广州市政协、教育局、俄罗斯工业联合会等100家单位的代表共200余人参加会议，获得了较好的社会宣传效应。

三、以强服务为目标，建立健全组织保障机制

广州铁职院着力搭建校企合作共赢平台，通过建章立制实现有序运行。宏观上，与“一带一路”沿线国家和地区加强联动，协同制定区域教育合作框架与实施方案，充分发挥机制创新和政策调节的作用；中观上，建立推进“一带一路”教育行动多元投入激励机制，对有效开展海外办学的社会力量给予政策与资金支持，形成政府投入、学校自筹、联盟参与、行业企业支持的多渠道经费筹措机制；微观上，建立健全包括《中外合作办学管理办法》《国际学生管

理办法》《来华留学生奖学金条例》《境外专家柔性引进制度》等系列管理制度；加大国际化师资队伍和课程体系建设机制，协同二级学院成立包括《铁道概论》《电力机车结构检修与维护》《电力机车检修》《太极拳》等23门本土化双语课程和教材研发小组，确保课程标准输出。

第八章 促进我国高职院校国际交流与合作发展的建议

面对国家“十四五”发展的黄金机遇期，高职院校国际化发展要积极贯彻落实习近平总书记2020年9月22日在教育文化卫生体育领域专家座谈会上提出的教育工作重点与战略部署，坚守家国情怀、使命担当，为党育人、为国育才。要从党和国家事业发展全局的高度，扩大教育对外开放，优化教育开放布局，加强国际交流合作，加快产能人才培养，提升办学层次与水平，为国家软实力建设提供服务与支撑。可以预见，未来我国的高职院校走出去仍将是大势所趋。依托学校办学特色，紧密服务“一带一路”，助力中国产业链的全球延伸是我国高职教育的长远目标和任务。

第一节　对接“一带一路”倡议进行国际化转型升级发展

进入新时代，高职教育在“百年未有之变局”中扮演中重要角色。中共第十九届第五次会议公报提出要“依托我国大市场优势，促进国际合作，参与全球经济治理体系”。《教育部等八部门全面部署加快和扩大新时代教育对外开放意见》中指出要“打造‘一带一路’教育行动升级版，扩大教育公共产品国际供给”。《关于实施中国特色高水平高职学校和专业建设计划的意见》更是明确了高职教育要“实现高质量发展、达到国际先进水平”这一宏伟目标。以上政策的密集出台，既体现了经济社会发展对大幅提升高职教育国际服务能力的迫切诉求，又充分彰显了我国高职教育积极参与“一带一路”职业教育国际治理的高度自信。当前，我国职业教育国际化发展正处于攻坚期，其转型升级的优劣将决定“一带一路”建设方案的实施成效。

一、紧抓“一带一路”机遇期

由于“一带一路”倡议的深入推进，我国在各国进行政策沟通、设施联通、贸易畅通、资金融通、民心相通五通倡议中也必然会需求大量人才，而在基础设施建设、民生建设等行业领域当中又需要较多的技术型人才，因此对于大力发展高职教育具有良好的外部环境。

二、拓展“一带一路”就业市场

在“一带一路”推进中，中国将继续鼓励有意愿、有能力、有条件的中国企业“走出去”。随着企业对外走出去的数量增多，国家对外投资领域的拓宽，也为我国高职院校培养的学生在其他国家就业提供了机遇。

三、为“走出去”企业提供技能人才支撑

随着“一带一路”的各项业务不断拓展，中国企业在“走出去”方面还存在着较多的困难，其中具有国际视野的高质量人才的短缺严重限制了中国企业在海外进行业务拓展。高职院校可以培养更多具有国际视野的生产一线指挥人才及能够承担对当地员工进行培训和指导的工程技术人才，以此更好地为“一带一路”提供人才支撑。

四、提升我国高职教育的国际影响力

“一带一路”的发展不仅是在经济领域的合作与发展，也是提升我国文化软实力的重要平台之一。“一带一路”的推动，使得提升我国高职教育国际影响力更为便利，可以通过中国高职教育发展模式、办学方式、培养模式、教学范式、评价形式、教育内容、师资队伍建设方式等方面引领发展中国家的高职教育建设。

总之，“一带一路”的发展，不仅使经济上渐趋一体化，在教育上也使得沿线各国都能携起手来，增进理解、扩大开放、加强合作、互学互鉴，谋求共同利益、直面共同命运，从而构建“一带一路”教育共同体。利用高职教育发

展可以加强“一带一路”沿线各国的交流与融合，寻求文化上特别是教育上的最大公约数和最佳契合点，促进沿线各国在教育领域上的互助互惠。

第二节　推进“政校行企盟”协同海外办学模式

推动与中国企业和产品“走出去”相配套的职业教育发展模式，要实现这样的目标就要以构建校企双主体育人思想为指导，用国际化大视野和大格局的行动推动海外办学建设，融入世界职业教育话语体系，走进世界职业教育中心，参与职业教育全球治理。“政校行企盟”协同海外办学是高职教育在“一带一路”倡议和“高铁走出去”战略下助力中资企业“走出去”的全新模式。广州铁路职业技术学院（简称广州铁职院）基于区域协同创新与相关利益者理论的深化，开展了由中马两国政府、中铁东方国际集团有限公司、中国中车（马来西亚）有限公司、拉曼大学学院和“一带一路”产教融合联盟组成的“政校行企盟”五主体协同海外办学实践，构建了“政府联动牵头、高职精准施教、区域产业（行业）支撑、企业定向培养、联盟协同办学”的“五螺旋”区域协同模型，提出了海外协同办学的三大促进行机制，即联盟协同机制、组织保障机制与产教融合机制，实现了高职教育服务“一带一路”“扩容、提质、强服务”的目标。

一、困境与反思：缺乏基于利益纽带的多主体区域协同

早在2017年和2016年,《关于进一步引导和规范境外投资方向的指导意见》及《关于做好新时期教育对外开放工作的若干意见》特别指出：“对有利于”一带一路“互联互通的基础设施境外投资予以鼓励”；“鼓励职业院校配合企业

走出去，鼓励社会力量参与境外办学”等，这些政策的出台为多主体协同海外办学提供了指引。然而，在当前职业教育成为跟随优质产业或重点企业“走出去”的重要助推力之一时，其如何办学主要面临以下 3 个问题：

（一）国际形势识别不准，资源供给与产业需求脱节

由于受到各方因素制约，海外办学因考虑不周而导致的项目不可持续和市场退出的问题较为突出：一是对国际形势判断不准，未能从政治、经济、社会文化、技术及自然等维度对海外市场进行全局把握；二是对国别区域研究不足，未能立足于境外办学政策开展系统研究，对诸如审批制度、准入门槛、投资政策、招生生源、资质报备、经费支持及土地使用等相关政策缺乏认知；三是资源供给与产业发展不符，未能跟随“走出去”企业需求进行产业结构升级与优化，从而导致资源输出缺乏相对优势。

（二）资源配置效率低下，海外办学外延拓展受限

除去上述政策等宏观层面的影响因素，因高校自身办学水平低下而导致的外延拓展受限的问题也较为突出：一是高职教育海外办学资源整合能力有限，办学特色彰显不足；二是本土化专业和课程体系等内涵建设较为滞后，高素质技术技能型人才培养的质量难以保证；三是国际化师资队伍建设不力，双语师资数量及执教资历不足；四是多主体协同组织架构尚不健全，协同管理不力，以上都成为制约高职教育“走出去”办学的短板。

（三）多主体协同运作不畅，海外办学模式缺乏创新

高职教育虽肩负着服务“一带一路”建设的历史重任，但因办学模式缺乏创新而导致的竞争力不足却成为一道难以逾越的鸿沟：从宏观层面上看，海外办学缺乏高屋建瓴的顶层推动，政府联动牵头的作用有待发挥；从中观层面来看，海外办学主要依附外部资源而非优势专业“走出去”，区域协同运行机制过于僵化；从微观层面来看，相关办学主体缺乏利益关联，加之合作形式单

一、主体权责利不清等因素，产教融合难以形成长效机制。如何创新海外办学模式进而给各方带来办学红利还处于艰难探索之中。

二、实践模式内涵：提质、扩容、强服务

针对上述问题，以广东为代表的地方政府大力推进共建“一带一路”教育行动，在《“扩容、提质、强服务”三年行动计划（2019—2021 年）》中提出要：“支持职业院校扩大与‘一带一路’沿线国家的职业教育机构合作，主动跟随优质产业或重点企业‘走出去’，配合中国企业面向当地员工开展技术技能培训和学历职业教育”。为有效贯彻上述政策，广州铁路职业技术学院作为广东省唯一一所培养轨道交通特有专业人才为主的全日制高职院校，以及华南地区轨道交通行业企业员工培训基地，把国家政策转变为发展机遇，在实践中精准对接“一带一路”中资铁路企业需求，通过对相关利益者和区域协同创新理论的深化与拓展，构建了“政府联动牵头、高职精准施教、区域产业（行业）支撑、企业定向培养、联盟协同办学”的五螺旋海外办学模式。

（一）以“提质”为核心，实施“政府联动牵头”和“企业定向培养”

学校充分发挥政府高度重视、行业背景深厚、区域产业聚集等多重优势，坚持产教融合、校企合作，对海外办学的国家梯度和人才培养等进行全局谋划：

（1）立足国际形势，聚焦国别区域研究。学校乘借中马两国战略联盟的利好东风，对接旨在推进两国设施联通、政治互信与民心相通的马来西亚南部铁路和东海岸铁路建设项目，形成依托“走出去”龙头中资企业进行轨道交通技术技能人才输出的可持续发展规划。

（2）依托政府联动牵头，组建和参与各类联盟建设。广州铁职院牵头成

立广州工业交通职业教育集团及华南“一带一路”产教融合联盟，联合跨境教育服务中介机构——广东卓越前程教育服务有限公司（以下简称卓越公司）深入马来西亚当地的工程师协会和中资铁路企业等，对跨境办学、产业结构、教育输出、教育机构、人才需求等开展实地调研，经反复论证形成实施方案。同时，依托中马政府联动牵头及“一带一路”产教融合联盟等重要平台，2019 年 6 月 13 日，在中国驻马来西亚大使馆公使衔参赞、副馆长陈辰，广州市政府副秘书长刁爱林，马来西亚前交通部部长拿督斯里廖中莱——拉曼大学学院董事会主席的见证下，广州铁职院与拉曼大学学院（由马来西亚华人总工会基金会成）铁道机车专业专科教育海外办学项目成功得以落地。

（3）选好合作契合点进行资源输出，推进优质教育资源共享。为保证教育资源供给的优质性，广州铁职院“以盟为桥”，与“走出去”中资企业——中铁东方国际集团有限公司和中国中车（马来西亚）有限公司联手做优做强轨道交通类专业，助推区域轨道交通产业发学校现代学徒制试点单位的优势，采取“学历＋培训＋订单”的三组合方式开展企业定向培养。目前已招收二批马来西亚学生，有效实现了职业教育的“提质”。

（二）以“扩容”为重点，采取“高职精准施教”和“联盟协同办学”

为推动项目务实深度合作，有力助推“政校行企盟”协同办学，广州铁职院采取基于“两支撑、双对接、四合作、四跨界”的“2244”方式培养轨道交通本土化人才。

（1）在办学特色和资源整合方面，将“育训结合”和“工学交替”作为办学特色的“两大支撑”，实施中马政府、拉曼大学学院、铁路行业、中资龙头企业及联盟中介等多主体协同办学，实行学分和学历的“双对接”，开展“合作办学、合作育人、合作就业、合作发展”的“四合作”，实施“课程跨界开发、师资跨界共享、学生跨界培训、技术跨界服务”的“四跨界”。具体包括：第一，互认学分学历，学生毕业同时获两校文凭；第二，联合中铁东方国际集团有限公司和中国中车（马来西亚）有限公司，合作共建本土化职业教育培训与生产实训实习基地，学生跨界进行实习培训并获得就业机会，按当地标准提供学业资助和实习补贴；第三，企业和学校互派人员开展技术交流，师资跨界开展技术服务与员工培训；第四，实行基于利益分配的项目合作制。

（2）在专业建设和教学资源开发方面，广州铁职院依托广东省铁道学会、中国铁路工程集团有限公司、中国铁道建筑集团有限公司、西南交通大学等联盟30余家合作成员单位，协同建成包括：《汉语HSK1-4》《可视化高铁职业汉语互动教学系统》《“铁道供电技术”国家级职业教育专业教学资源库》《城市轨道交通车辆技术专业教学资源库》在内的国家及省级教学资源库4个；《“一带一路”沿线综合资讯（广府文化主题）》在线教育平台2个；提供课程教学视频、高铁沿线景点及风俗、高铁服务礼仪知识、APEC高铁绿色技能知识30 000余条。

（3）在国际化师资队伍和课程体系建设方面，广州铁职院公开招标100万元聘请专业机构开展外语培训，归口国际合作学院和教师发展中心共同管理，协同二级学院成立包括：《铁道概论》《电力机车结构检修与维护》《电力机车检修》《动车组机械结构检修与维护》等23门本土化双语课程和教材研发小组，目前已完成《高铁情境汉语HSK1-5》等系列教材的验收。同时协同教务处、科技处设立国际课程开发、双语教材、教师引进等科研专项，用于培育教科研国际化发展，目前已获得“广东省海外名师项目”立项8项。此外，广州铁职院与拉曼大学学院及中资企业实行“三明治”组合授课，马方教师重点讲授机械、工程等通识课程，中方教师讲授铁道机车专业课程，企业工程师讲授企业实习课程，有效实现了职业教育的“扩容”。

（4）在组织架构与协同管理上，实行联合办学委员会制。委员会通过制定《联合办学委员会章程》，落实主体办学职责，项目成员包括国际合作学院院长、教务处处长、二级学院院长、专业负责人及联盟单位的项目专员等。同时设立委员会秘书事务处，其办公室分设在两校国际合作学院，实行责任人对接和月沟通机制。拉曼大学学院负责招生宣传、学生管理、日常运营、授课协助、汉语备考等；广州铁职院司职标准输出、教育教学、课程建设、校企合作、市场开发、学生注册等；卓越公司侧重市场开发、运营管理、项目运作、资源整合及对外沟通等。

（三）以“强服务”为目标，建立健全基于区域协同创新和利益相关者理论的多主体协同海外办学模式

1. 从区域协同理论、利益相关者理论到“政校行企盟”协同海外办学

区域协同创新以 1976 年哈肯提出的协同论为基础，认为不同创新主体通过协同创新能够使用区域中的子系统相互作用并产生协同效应。“政、校、行、企、盟”区域协同海外办学模式是指由具有经济转型发展需求的政府、国际合作与交流需求的高校、技术人才需求的企业和教育服务盈利需求的中介共同组成。利益相关者于 1963 年由弗里曼创立并发展，该理论认为利益相关的各主体能够对组织的生存发展产生影响，目前已由利益相关者“影响”“参与”提升到“共同治理”阶段。在高职教育海外办学领域，可以指向对海外办学产生影响的所有利益相关者，主要包括政府、高校、行业、企业和联盟中介等，都应参与海外办学的治理。从利益相关者的角度来看，让办学主体的权益分配受到同等对待，协同创新就能顺利实施。

2. “政校行企盟”协同海外办学模式的作用机理（见图 8.1）

该模式以“一带一路”区域各主体利益需求为纽带，通过不断创造新知识、新技术和新人才等生产要素，构建“政府联动牵头、高职精准施教、区域产业（行业）支撑、企业定向培养、联盟协同办学”的五螺旋模式。

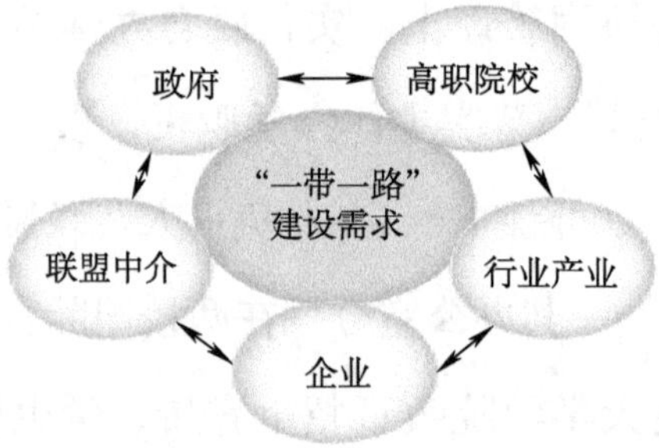

图 8.1 “政校行企盟”五螺旋区域协同作用模型

（1）政府—产业（行业）—企业—高校：协同“一带一路”区域经济发展。政府执政兴国需以经济发展为抓手，经济发展需以产业发展做支撑，产业发展需要经贸合作铺路，而经贸合作又需要企业“走出去”开展自由贸易。经济贸易走到哪里，教育民心工程自然就延伸到哪里，人才培养随之也就覆盖在哪里。政府为产业发展提供包括金融、税收、用地、人才在内的各种政策支持，其对教育行动的扎实推进为产业升级提供人力储备。教育作为政府的执政工具通过发挥其人才培养、知识发展和社会服务的三大职能助力经济发展，与企业在人才培养、技术创新、就业创业、社会服务、文化传承等方面开展合作，满足企业的用工需求。

（2）企业—产业（行业）—高校—政府：协同“一带一路”区域人才培养。企业和产业相互包含，企业是产业的载体，其转型发展能够带动产业升级，而产业升级又反过来倒逼企业释放产能、提升市场竞争力，从而联合高校开展本土化员工培养培训以汇聚发展势能。企业利用资本、技术、知识、设施、设备和管理等要素参与校企合作，促进人力资源开发；高职院校则以促进“一带一路”沿线国家与地区产业转型发展为动力，以开展更大范围、更高水平、更深层次的人文交流为时代己任，积极发挥学科和产业优势，在政府的积极引导下对接产业和用工需求向企业开放课程和师资等资源，与“走出去”企业联合培养人才，积极服务区域经贸发展。

（3）企业—联盟—学校—产业（行业）：协同“一带一路”区域海外办学。企业为了提高员工的剩余价值，具有与高校联合培养人才的天然内驱力，而“一带一路”产教融合联盟作为推进优质教育资源共享的平台，则能够扮演牵线搭桥的中介角色，吸引沿线国家相关利益者开展教育合作。联盟中的教育中介、高职院校及行业机构等诸多成员为了获得各自商业利益和社会效应，积极参与海外办学的招生宣传、课程建设、人才培养、技术转化和管理运营等。高校通过联盟平台的市场运作，根据自身特点和人才培养需要，主动联合相关企业、行业在海外开设“鲁班工坊”、人才培养基地和生产实训基地等，并通过加强科技创新、人才培养与成果转化等“教育服务”促进企业持续发展，进而实现产业升级。

三、路径机制

（一）构建“政校行企盟”海外办学的区域协同机制，形成办学合力

“政校行企盟”多主体协同海外办学有利于打造校企盟命运共同体，实现“产业、行业、企业、职业、专业”的“五业联动”，在产业链、利益链、教育链、人才链和技术链上实现有机链接：一是政府要扎实推进共建“一带一路”教育行动落地见效，加强顶层规划设计，制定加强和改进新时期对外开放工作的实施意见，推进海外办学改革发展的实施方案；二是高校要深化改革、精准发力，深化“政府联动牵头、高职精准施教、区域产业（行业）支撑、企业定向培养、联盟协同办学”多主体协同海外办学的长效发展机制；三是“高铁走出去”企业要紧密围绕“一带一路”、东盟、泛亚铁路网互联互通等发展主线进行“本土化”员工培养培训，在招生用工、人力开发、员工培训等环节与联盟、高校、政府等建立沟通对话与信息反馈机制；四是“一带一路”联盟及教

育中介组织要顺从自由市场的利润最大化原则和经济活动的规律，将教育服务劳动、人力资本等生产要素在全球范围内进行最优化的分配和运用，为多主体协同培养人才提供助力。简言之，政府绘制行动蓝图，院校开展订单培养，企业定制人才规格，联盟整合办学资源，最终形成政府推动教育、教育服务企业、企业发展产业、产业发展经济、经济发展区域、区域和谐包容、各国民心相通的良性循环。

（二）构建企业订单培养的组织保障机制，为“走出去”企业提供人才支撑

行之有效的组织保障机制能够发挥各办学主体比较优势，确保利益相关者的既得利益，其内核主要包括三点：一是实行利益相关的海外办学激励机制，确保各办学主体权责利分配。以契约形式规定工作职责、利益分配和费用结算等细项，形成多主体协同治理的长效机制；二是完善海外办学支持保障体系，确保海外办学有序运行。宏观上，“一带一路”沿线国家和地区加强联动，协同制定区域教育合作框架与海外办学实施方案，充分发挥机制创新和政策调节的作用；中观上，建立推进“一带一路”教育行动的多元投入激励机制，对有效开展海外办学的社会力量给予政策与资金支持，形成政府投入、学校自筹、行业企业支持的多渠道经费筹措机制；微观上，建立健全包括《中外合作办学管理办法》《国际学生管理办法》《来华留学生奖学金条例》《境外专家柔性引进制度》等系列管理制度；最后，深入推进国际订单班和现代学徒制。秉承共商共建、开放合作、互利共赢原则，搭建校企共赢平台，确保“员工定制”符合用工需求。

（三）构建基于利益相关的产教融合协同长效机制，实现资源共建共享

实践证明，高职院校服务“一带一路”战略取得成效的关键在于围绕

"走出去"企业需求培养高素质国际化人才，这就需要充分发挥企业的主体作用，积极探索产教融合机制：第一，加强建立校企深度合作机制。通过互利共赢合作，学校从中获得智力、专利、教育、劳务等报酬，企业则按投资比例抵免应缴教育费附加和地方教育附加等；第二，建立海外办学产教融合型企业认证制度。政府对"走出去"企业、教育联盟中介等投资海外办学进行试点，给予其"金融＋财政＋土地＋信用"的组合式激励；第三，厚植企业承担职业教育责任的社会环境，充分发挥企业和联盟单位作为重要办学主体的积极作用，推动职业院校与行业企业等形成校企命运共同体。

综上所述，在"一带一路"倡议背景下开展基于区域协同创新和相关利益者理论的"政府联动牵头、高职精准施教、区域产业（行业）支撑、企业定向培养、联盟协同办学"的"政、校、行、企、盟""五螺旋"协同海外办学模式的研究与实践是基于对我国职业教育历史性、发展性和实践性等的把握，更是对我国职业教育参与"一带一路"建设行动、增强基础设施互联互通和深化人文合作交流等历史机遇的把握，是助力中资企业"走出去"、输出轨道交通职教标准的现实选择。该模式一定程度上实现了高职教育服务"一带一路""扩容、提质、强服务"的目标，对于培养知华、友华、爱华的国际化人力资本具有重要意义，从而助推了中国"一带一路"倡议的落地。

第三节 实施高等职业教育联盟战略

教育战略联盟是高等职业院校提质增效的重要发展模式和实践探索。基于资源驱动、竞争战略驱动和学习驱动的理论视角，高等职业教育战略联盟建立有 3 个动机及其战略特征：第一，作为准营利性的组织，战略联盟构成主体具有资源集合属性，其联盟协作动机为资源获取与学习两个方面。第二，高职教育具有多链结构的特征，联盟成员为发挥特色优势协同构造竞争优势群，对于避免恶性竞争和突破能力刚性具有积极作用，从而更好地改善了竞争力。第三，作为学习型组织，知识学习贯穿于联盟的整个过程。广州铁职院在此基础上提出了构建高等职业教育战略联盟对策。

自改革开放以来，职业教育在办学、管理、投资、资助、教学科研、实训、招生、就业等方面取得了较大进展。各种体制机制改革与协同创新日益深化，尤其是在办学体制和管理体制方面，高等职业院校不断深入贯彻落实《国务院关于大力发展职业教育的决定》关于“推动公办职业学校资源整合和重组，走规模化、集团化、连锁化办学的路子”的要求，进一步完善了“政府主导、依靠企业、充分发挥行业作用、社会力量积极参与、公办与民办共同发展”的格局以及“国务院领导，分级管理、地方为主、政府统筹、社会参与”的管理体制。作为激烈市场竞争环境下求得生存与发展的重要方式，高等职业教育战略联盟无疑是完善我国高等教育体系的一次实践探索。

一、高等职业教育联盟形成的背景与现状

世界第一个大学联盟——美国大学联合会（The Association of American Universities，AAU）成立于1900年，后来相继成立了常青藤大学联盟、英国罗素集团、澳大利亚八校联盟等高等教育联盟，这些高等教育联盟在世界高等教育的发展历程中产生了重大的影响。2009年10月9日，在第七届一流大学建设系列研讨会上，我国九所首批“985工程”建设高校成立了“九校联盟”（简称C9）。此后，大学联盟现象的日益增多和泛在化，并发展演绎到高等职业教育联盟，成为其提质增效的重要发展模式。

二、高等职业教育战略联盟形成的动机

高等职业教育战略联盟建立的目的何在？建立以后能够发挥怎样的作用？这些都是联盟成员必须思考的问题。由于驱使高等职业教育建立战略联盟的动机具有多样性和复杂性，因此，将其从资源驱动、竞争战略驱动和学习驱动这3种理论视角来进行阐述和分析。

（一）资源驱动联盟的构成主体

作为战略联盟形成动机研究中较早的一种观点，资源驱动下的联盟认为时间紧迫或资源短缺会促使战略联盟形成。但无论研究结论如何，战略联盟构成主体的资源属性，都决定了资源驱动是联盟建立的关键动机。

1. 资源驱动联盟的构成主体

战略联盟的主体实际是内部资源的集合体，其联盟成员的战略能力能够为其创造竞争优势，主要包括资本、知识、组织结构、进程等各种要素。由于资源广泛分布在不同组织之中，各主体所拥有的资源极其有限。此外，由于各主体对特定资源的需求还具有不均衡性特征，完全拥有全部资源对其而言也不是最经济的。由于高等职业院校、企业、政府机构和行业协会等不同主体掌握的资源极其有限且各有优势，且拥有者存在的冗余资源对其来说可能无法有效利用，而走多元化发展道路又会偏离核心，给主体造成得不偿失的后果。因此，借助战略联盟优化资源能够帮助主体以尽量少的资源耗费取得尽量多的资源增量，从而以较低的成本有效解决资源冗余的问题，利用资源外取（Outsourcing）的方式来满足需求。

2. 模仿与学习资源

联盟成员能否成功取决于其资源学习的能力，而具有比竞争对手更快的学习能力也是联盟主体实现目标、增强竞争优势的关键。通常情况下，通过战略联盟，各成员能够模仿和学习专属性资源，如知识、产权等这类不可交易的资

源等，以此增强自身竞争优势。虽然联盟主体也可以从外部来模仿竞争对手，但是往往面临很大的困难，成本偏高且效果也不佳。通过建立战略联盟，各方主体能够深入沟通、信息也能够充分传递，不同主体能够将模仿从外至内进行，这样不仅降低了模仿的成本，而且极大提高了学习效果。

（二）竞争战略驱动联盟的竞争力提升需求

由于联盟成员希望通过参与战略联盟，提高市场运作效率，竞争力的提升便是联盟建立的主要动机。以下将围绕个体和整体竞争力两个方面，分别探讨避免恶性竞争和突破能力刚性对改善个体竞争力的作用，以及发挥特色优势和构造竞争优势群对改善整体竞争力的影响。

1. 个体竞争力的提升

（1）避免恶性竞争：市场竞争的重点特点就是竞争。良性竞争是市场保持生命活力以及组织进行技术创新的根本。然而，恶性竞争却是打乱正常市场秩序、阻碍组织提升运行效率以及提高产品服务质量水平的绊脚石。当前，随着高等教育大众化趋势的日益加强，高等职业教育的竞争愈演愈烈，众多高校为了吸引优质生源，确保培养出高素质的人才，高等职业教育招生领域也出现了恶性竞争，有的高校甚至采取一些非正常手段抢夺考生资源。因此，在高等职业教育体系内进行战略联盟，不失为解决问题的一种良策。

（2）打破核心能力刚性：核心能力刚性是指受组织惯例的影响，其核心能力日趋强化，表现在诸如包括组织成员行为模式等人力资源和非人力资源一系列载体上的一种性质。这种性质具有路径依赖性，是组织固有的特征，其主要取决于组织的各种资源特征。这种核心能力刚性如果没有受到来自外力的破坏，将长期存在且无法改变。因此，高等职业教育战略联盟是其制度安排的必然趋势，成员通过在合作中共享优势资源，以及借助合作伙伴的外力，帮助组织发现并积极打破或“融化”形成的核心能力刚性。

2. 整体竞争力的改善

（1）发挥行业特色竞争优势：在战略联盟中，专业近似的高等职业院校在资源共享和融合等方面会取得更高的收益，这一点在我国理工类高校战略合作联盟中已经得到显现。由于其在学科设置、治理模式、学术研究、师资队伍、发展定位和社会使命建设等方面具有很大的共性，联盟主体往往能够通过资源共享和优势互补实现共赢。

（2）构造竞争优势群：竞争优势群是指由不同诱因和作用空间竞争优势所构成的可持续竞争优势系统。对于组织而言，未必有能力构造竞争优势群系统，即使有能力构造也破费时日，有可能因此错失发展良机。在中国高等教育体系中，高职院校在高等教育资源分割的竞争中处于劣势地位，其与应用科技大学之间还存在着激烈竞争。因此，高等职业院校只有通过协议联盟，整体参与教育资源竞争，才有可能构造竞争优势。

（三）学习驱动的联盟学习过程

组织的成长与发展来自于提高和学习，学习速度成为其唯一的可持续竞争优势。研究表明，联盟成员之间通过相互学习知识和技能来增强应变能力是其建立战略联盟的最主要动机之一。在信息不完全的市场做出超前决策时，联盟成员希望借助伙伴的知识学习来完成，同时也反映了战略联盟成员吸收对方诀窍的义务和能力。通过这种方式，战略联盟能够为其成员提供廉价而快速的发展新能力的动态优势。

在联盟组织内部，知识学习贯穿于联盟的整个过程。根据学习的次序，可以把战略联盟的动态学习过程分为知识搜寻、组合、结合和整合 4 个阶段。如图 8.2 所示，在学习驱动下的高等职业教育战略的组织之间，知识流动的路径具有并行的特征。组织首先将组合后的知识进行开放共享，对更新后的知识进行评估并发现差距，随后即产生学习意愿。整个过程如此循环往复，形成知识流动。

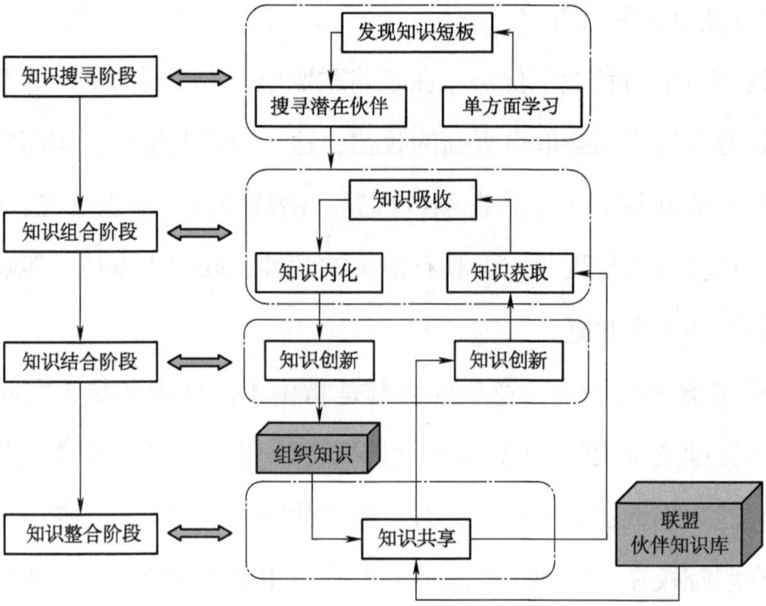

图 8.2　知识学习驱动下的战略联盟的建立

三、高等职业教育战略联盟的特征

高等职业教育战略联盟的特征与高职院校的准营利性组织特性、价值供应链形态和学习型组织密不可分。本书探讨的高等职业教育战略联盟的主要特征主要从资源配置、利用和经营运作的层面来进行分析。

（一）准营利性的组织特性

依据人力资本理论，人力资本是生产要素之一，教育支出形成的教育资本是人力资本的主要部分，高职教育在面向社会、面向市场、走向产业化的进程中，为了生存和发展必须正确处理好办学与效益的关系问题。教育机构作为某种形式上的工业部门，虽然不追求利润最大化，但也不能否认其通过得当经营而获得赢利。随着高等教育产业化进程的加快，高校的投资效益日益受到人们重视，而其准营利性组织特性具有准公共产品的特征，即消费的排他性、外在利益性与供给排除性。其资源配置也是混合式的，即市场方式和计划配置并存。

当政府提供的经费不足以维持正常运转时，高职院校即会采取招标拨款、合同拨款、薪金制、收费制、成本分担制、贷款制、组建教育银行、发行教育券等举措来实行经济核算。这也使得高等职业教育联盟建立公平和效率兼顾的人力资本投资的性质更为明显。正如美国著名的高等教育学家克拉克所认为，高等教育系统是生产知识的学术组织，以高深知识为核心是高等教育的本质特征，知识分化和管理维度构建了高等教育的逻辑体系和高等教育的内容本质特征。

（二）具有价值供应链的形态

哈佛大学教授迈克尔·波特在《竞争优势》论著中提出价值链理论，指出“价值链是一系列由各种纽带连接起来的相互依存的活动，各环节相互联系和影响，任何环节的运行质量直接影响其他环节的成本和效益。建立战略联盟可以使合作各方合用价值链并扩展其有效范围，共同获得竞争优势”。波特的价值链理论是组织分析竞争优势的基石，对于高等职业教育供应链而言，既有企业供应链的共性，又具有高等教育本质所决定的功能特殊性。由于企业的产品生产过程包括供应、采购、制造、销售与客户接受 5 个节点的供应链，高等职业教育的供应链与此对应包括高职教育需求的群体（供应）、招生与生源选拔（采购）、对学生的知识与技能培训（制造）、就业（销售）和接受高校毕业生（客户接受），如图 8.3 所示。

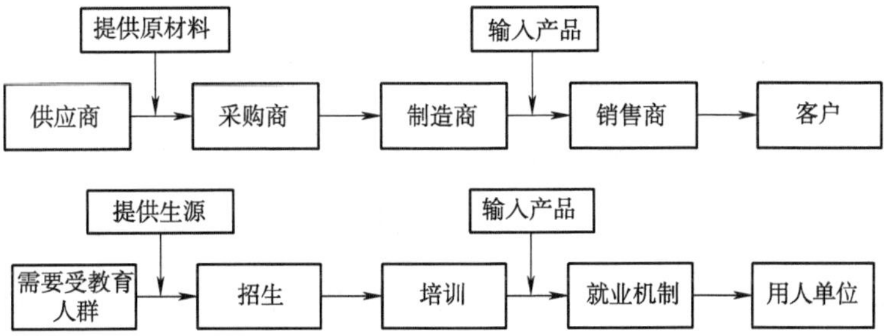

图 8.3　高职教育与一般企业中供应链的共性

此外，高等职业教育链形态具有特殊性，学生的培养同时在课堂教学、科学研究和社会活动中进行。高职院校的产品不仅包括人才，还包括科学研究社会服务的结果，其提供的“教育”的深度、广度和质量等，构成了“教育包”的综合体，它是高职院校赖以生存的生命线，决定其在社会认同度和接受度。这些复杂关系如图 8.4 所示。

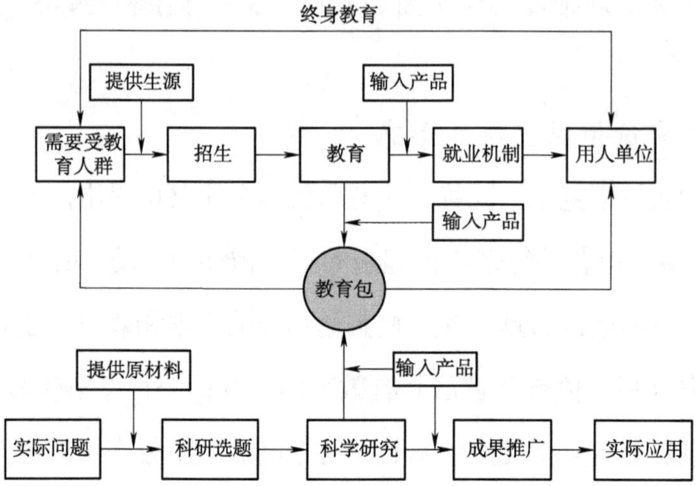

图 8.4　高职教育中供应链的多链结构

对于高等职业教育联盟成员来说，携手联合展开合作，彼此发挥各自优势，积极创造条件，可以求得高职教育供应链中资源优势的最大化，使得联盟管理的本质更加突显，在异质结构上实现学术与管理的帕累托效应。

（三）典型的学习型组织

自 20 世纪 60 年代中期开始，西方致力于“学校效能”的研究，到了 20 世纪 90 年代，逐步兴起学习型高校研究。英国学者 Southworth 指出“学习型学校”具备以下特征：（1）重视学生的学习活动；（2）教师不断学习；（3）鼓励教师相互合作学习；（4）学校是学习系统的组织；（5）学校领导学习。因此，高等职业教育联盟是特殊的知识和技能密集型的学习型组织，它如同人类社会发展的动力站，所有使命围绕知识和技术创新而展开，其任务就是造就创造性技术人才。其在建立共同愿景、分享愿景及学习如何改变方面，比单个高职院校和企业做得更好。按照波兰尼对知识的划分，高等职业院校缔结联盟创建了学习和分享无形资产的有效途径，并使得这些知识或经验在整个联盟体内渗透、扩散、协调和运用，使得组织具有持续学习的能力，具有 1+1>2 的综合绩效，从而有利于保持各方核心竞争力，降低资源消耗和创新的风险。

四、构建对策

根据以上对于高等职业教育联盟形成动机和战略特征的分析，应主要围绕如何获取资源、构造竞争优势群和学习型组织来寻求相应的解决方案。

（一）借助系统动力学进行战略联盟主体分工协同，实现资源获取

在高等职业教育战略联盟中，高职院校的优势是掌握大量项目研究信息，拥有图书馆、研究室、先进实验仪器和高素质的科研人员；企业的优势是根据市场需求变化，提高人才培养和技术研发的针对性以及实现研发成果的经济价值。因此，在具体分工时，高职院校应重点从事联盟中的人才培养、研究开发、技术改进、试生产、研发队伍培养等偏向于知识层面的事务；而联盟中的企业应重点从事实习实训、产品生产、市场信息研究、日常管理等偏向于联盟经营方面的事务。为了保证战略联盟协同分工的有效运行，合作主体在政府和行业组织的协调下，共同组建联盟常设机构及时调整人才培养方案，充分发挥各主体和谐、规范、稳定的长效协同分工的作用。

（二）在发挥特色优势上构造竞争优势群，实现利益共享

在高等职业教育联盟中，各主体通过发挥比较优势构造竞争优势群体，能够避免恶性竞争和突破能力刚性。对于高职院校来说，能够把握最新的市场技术，引进双师型教师，利用企业的设备和场地资源进行实习实训教学，开展定向培养，提升品牌效应。对于企业来说，能够利用资源进行产品研发和技术改

造，对职工进行继续教育，提升竞争力。对于行业协会来说，能够促进产业升级，提高产业竞争力，延续产业生命力，有利于行业发展。对于政府来说，能够节约管理成本和提高管理效率，使得原本由政府主导的高等职业教育管理模式转变为由市场主导政府引导的管理模式。

（三）正确处理高职教育多链结构中的博弈关系，使其良性发展

在高职教育联盟及高职教育系统内部，不同主体具有复杂的博弈关系。在此博弈中，企业期望目标明确的职业教育、成熟的产业工人和低廉的劳动力成本；政府希望价格稳定、行业差距较小的劳动力市场，同时关注文化传承、公众利益和公平；院校为了扩大毕业生就业选择，会培养基础技能扎实的普遍型技能人才，同时处于投入产出的经济效益考虑，期望能够最大限度地压缩人才培养的成本；行业协会希望职业教育能够保障本行业的利益，维持行业差异和领先地位。因此，高职教育多链结构中节点的博弈结果本身也反映了各主体在高等职业教育中的诉求，只有更多地教授广泛运用的成熟技术，实现行业技术升级，高等职业教育才有可能获得更多技能型人才并实现可持续发展。

（四）建立高等职业教育联盟资源共享机制，实现资源流动

战略联盟涵盖的不同主体实际是诸多资源的集合体，其资源可能包括资本、知识、组织结构、进程以及其他可以控制的要素。基于资源观点将高等职业教育战略联盟成员的战略能力视为一种内部资源的集合，它对联盟成员创造竞争优势具有战略上的重要性。通过资源外取，高等职业院校、企业、政府机构和行业协会等主体采取“校中园”和“厂中校”等形式以尽量少的资源耗费取得尽量大的增量资源。各方借助高等职业教育战略联盟这一平台，成立联合创新平台和研发实验中心等，共同完成培训学习和技术研发。这种空间上的“分合”既促使联盟成员集中优势力量创造获利机会，又无形扩大了组织规模的界限和获利空间。

高等职业教育战略联盟是合作伙伴建立的开放型组织，其目的是实现资源共享和实现优势互补。作为资源驱动、竞争战略驱动以及学习驱动下的各种战略联盟，其实质都是联盟成员依靠合作进行扩张和增强。实力从静态上讲，战略联盟是为了提高组织的生存能力，通过资源优势整合组成一个互惠互利的联合体。从动态上来讲，战略联盟就是联盟成员为了自身目标而采取的一种互相合作的战略安排，其最终目的都是为了应对市场不确定的需要，进而形成联盟的多方共赢。

第四节　聚焦专业特色开展铁路国际化人才培养

进入新时代，作为国民经济发展支柱和“高铁走出去”外交的亮丽名片，中国铁路迎来大发展的高光期。国家《中长期铁路网规划》提出：中国铁路营业里程在2030年将达到总规模20万公里，其中高铁4.5万公里，32个省会（直辖市）城市将全面实现高铁连通。伴随着“一带一路”倡议深入推进，中国高铁优势凸显，以“亚吉铁路”为代表的国际铁路项目正在整体输出中国管理、技术、标准和装备。“东中西”联动“六廊六路”的发展态势和开放格局对高端国际化技术人才的培养提出更高要求。“抢抓机遇，依托行业、立足广州、辐射全国、面向世界”，拓展了人才培养、技术研发与应用、师资培训交流、标准研制等国际合作领域，全面提升了学校国际化办学与人才培养的能力。

一、围绕轨道交通人才培养建机制

作为广东省唯一一所以培养轨道交通特有专业人才为主的全日制普通高等职业院校，广州铁职院于2004年9月由广州铁路（集团）公司（现中国铁路广州局集团有限公司）移交广州市政府举办，现为国家“双高计划”建设单位。学校积极克服脱离“母体企业”后面临政府单一提供教育资源的困境，积极回应多元资源办学和多元共治的需求，依托行业转制院校的天然优势，对接国家“一带一路”倡议和高铁“走出去”战略，拓展了国际合作平台，进行了“一组一院一会一联盟”的国际化发展顶层设计，建立了“学校统筹管理、区域协同育人、校企合作培养、联盟共生共长”的国际化办学新格局，其办学成效受到了业内认可，获得了马来西亚《南阳商报》、“学习强国”和《中国教育报》等国内外媒体的报道。

“一组”是指设立校院两级国际合作教育工作领导小组，成立国际合作学院和“双高”国际化建设团队，成员涵盖机车车辆、运输物流、外语商贸、信息工程等二级学院，围绕“铁道供电技术”和“城市轨道交通运营管理”两大专业群，牢固树立“抓国际合作就是抓发展，抓好国际合作促发展”意识，使“服务高铁走出去”理念入脑入心，做到“双高建设”高质量，对外交流有特色、国内国际双循环。项目组实行周例会常态管理和经费统筹动态管理制。

“一院”是指共建“亚欧高铁合作学院”。借助广东独联体科技合作联盟等平台，联合俄罗斯国立交通大学、白俄罗斯国立交通大学、乌克兰国立技术大学等共建亚欧高铁合作学院。在共建协议框架下，就人才培养和检测认证等领域开展合作与交流。目前，学校与白俄罗斯国立交通大学合作开办的铁道交通运营管理专业首批已招收 69 人，双方采取学分互认方式打通“3+2”五年贯通制人才培养，共同开发铁路信号安全等课程；在检测认证领域，依托白俄罗斯国立交通大学所具独联体国家轨道交通设备进口的检测鉴定资质，投资 480 万元与白俄罗斯国立交通大学、广东—独联体国际科技合作联盟和中车齐齐哈尔车辆有限公司合作共建“独联体国家轨道交通进口设备检测认证（中国）中心”，开展独联体国家进口我国轨道交通设备检测认证系统化技术和服务支持，各方将围绕轨道交通配套装备的寿命、可靠性检测等，开展检测认证和组织认证培训。

“一会”是指实行“联合办学委员会”。学校与马来西亚拉曼大学学院铁道机车海外办学项目成立了校企联合办学委员会。通过制定《联合办学委员会章程》，落实主体办学职责，项目成员包括双方的国际合作学院院长、教务处处长、二级学院院长、专业负责人及联盟单位的项目专员等。同时设立委员会秘书事务处，实行责任人对接和月沟通机制。马方负责招生宣传、学生管理、日常运营、授课协助、汉语备考等；中方司职标准输出、教育教学、课程建设、校企合作、市场开发、学生注册等；联盟合作单位侧重市场开发、运营管理、项目运作、资源整合及对外沟通等。

“一联盟”是指组建华南“一带一路”轨道交通产教融合联盟。学校按照走出去、引进来双向原则，联合轨道交通职业院校、行业协会、骨干企业等，于 2018 年牵头组建华南“一带一路”轨道交通产教融合联盟，在联盟支持下建设轨道交通国际合作平台，组建亚欧高铁合作学院，培育东南亚职业教育中心，拓展高铁技能培训中心国际化服务项目。联盟现有中国铁路工程集团公司、广东省铁道学会、白俄罗斯国立交通大学、马来西亚拉曼大学学院等 180 余家单位成员单位，形成了教育和产业、学校和企业之间“共建、共享、共生、共长”的校企合作格局与长效机制。

二、立足学校实际进行开拓

广州铁职院积极响应《“扩容、提质、强服务”三年行动计划（2019—2021 年）》提出的“支持职业院校扩大与‘一带一路’沿线国家的职业教育机构合作，主动跟随优质产业或重点企业‘走出去’，配合中国企业面向当地员工开展技术技能培训和学历职业教育”的政策，在属地化人才培养上先行先试，走出了一条国际化特色创新之路。

（1）聚焦轨道交通高端产业和产业高端，将“家国情怀”印记在学校的使命和愿景中，将“一带一路”倡议的认同感、归属感、责任感和使命感高度融汇在一起，将自身发展与国家利益紧密维系和高度统一。

（2）充分发挥学校粤港澳大湾区的区位优势、铁路办学特色和专业优势，瞄准“高铁走出去”国际产能合作的契机——马来西亚和中国大力推进的140多亿人民币的“南部铁路工程”和850多亿人民币的“东部沿海铁路”项目，与拉曼大学学院、中铁东方国际集团有限公司和中国中车（马来西亚）有限公司等行业巨头签署《谅解备忘录》，在两国政府的有力支持和马来西亚拉曼大学学院董事会主席、前交通部部长拿督斯里廖中莱的积极努力下，开展了校企合作属地化铁路人才培养。

（3）注重打造“铁路技能 + 标准输出”的项目合作模式，学校开展的中国—马来西亚海外办学、中国—白俄罗斯“3+2”中外合作办学、中国—老挝学历留学生等5个国际化人才培养项目，中国铁路工程集团有限公司等企业的铁道供电、运营等13个员工培训项目，均依托铁路专业技能培养，积极与国内外优秀职教机构、中资企业等联合开展标准研制与文化交流等。迄今已依托“一带一路”沿线综合资讯（广府文化主题）、联盟轨道交通在线教育等4个平台，输出《铁道概论》《信号基础设备维护》等23门课程标准、教学标准与教学课件。学校《中马校企双主体培育高铁人才海外办学项目》也因其可推广、复制的职教标准输出模式，入围教育部《中国—东盟双百职校强强合作旗舰计划》第三批“中国—东盟高职院校特色合作项目”，为培养国际产能合作急需人才贡献了中国智慧、经验和方案。

三、针对课程建设强师资

自“双高计划”（中国特色高水平高职学校和专业建设计划）建设立项以

来，广州铁职院针对双语师资不足、教法不强、教材不新等问题，实施与“三教”（职业教育的教师、教法和教材）改革同步增长的“双语建设”工程，强推师资、教法和教材国际化。一是加强教师赴境外访学、研修、培训制度。学校与白俄罗斯国立交通大学、菲律宾圣保罗大学等联合培养博士 18 名，选派访问学者 2 名，在埃塞俄比亚等国（境）外专业性组织担任职务的专任教师 11 人，引进 16 名外籍教师讲授专业课程，获得省级“海外名师”立项 8 项。二是开展外语培训及双语课程建设。学校开展了为期 1 年的英语、俄语等外语培训，强推教授、博士参与双语课程建设，形成了 90 门双语课程建设方案，组织了全英教学研讨观摩比赛，锻炼了一批中青年双语师资队伍；三是加强国际学术交流。学校举办广东省“一带一路”联盟暨产教融合会议，参加中国—东盟职业教育国际论坛等国际会议 35 人次，发表会议论文 10 篇，促进轨道交通高职教育优秀成果的海外推介。

四、聚焦学生培养强教学

（1）国际化教学——从线下国际联动转向跨境“云端”教学。学校联合国内外优质院校和轨道交通企业，充分利用国家级轨道交通类专业资源库和精品在线开放课程，将线下授课国际联动改为跨境线上授课。跨境使用腾讯课堂、腾讯会议和智慧职教等线上教学平台，将国内优秀课程教学资源通过“云”端为马来西亚等海外办学项目以及中国—白俄罗斯“铁道交通运管管理专业”合作办学项目近百名学生开展全英线上教学，做到了国际线上教学与线下教学同质等价，受到留学生一致好评，教学满意度达到 100%。

（2）国际化教材——从单语固定式转向双语融媒体活页式。学校与深圳地铁国际投资咨询有限公司开展埃及斋月十日城“鲁班工坊”项目合作，针对当地铁路职业标准、工作过程及岗位需求，校企联合开发铁路活页式双语教材和工作手册，2021 年 4 月将联手为当地铁路员工开展面向乘务、票务、站务、行调、厂调等岗位的24门培训课程的全英授课，成为了助推重点企业服务“一带一路”倡议、推进区域协同发展的先行者。为满足海外留学生学习汉语的需求，学校联合铁路行业、企业和合作院校等30余家单位，合作开发融HSK中国汉语考试和高铁情境于一体的《可视化高铁情境汉语》系列教材5本，为实现铁路知识教材的国际化奠基铺路。

附　录

附录 A　广州铁路职业技术学院国际合作大事记

一、与马来西亚拉曼大学学院开展的铁道机车专业海外办学项目大事记

（1）2017 年 6 月 27 日—7 月 5 日，学校党委书记雷忠良带队赴拉曼大学学院访问交流，与时任拉曼大学学院校长的拿督陈泽却就联合培养“一带一路”高铁人才达成共识，奠定了学校与拉曼大学学院的合作基础。

（2）2017 年 10 月 24 日—25 日，拉曼大学学院副校长谢素娟带队回访学校，两校拟在轨道交通专业、轨道交通培训基地等方面开展合作，双方在制定短期合作内容及长期合作规划达成共识。

（3）2017 年 11 月 8 日，学校校长马仁听与拉曼大学学院校长拿督陈泽却签订《拉曼大学学院与广州铁路职业技术学院教育合作备忘录》，双方确定在轨道交通方向专业共建、师生短期海外研学、马来西亚轨道交通技能培训中心筹建等方面开展合作，标志着联合办学项目正式开展。

（4）2018 年 3 月 12 日，学校与拉曼大学学院、卓越前程三方成立联合办学项目推进委员会，制定联合办学项目委员会章程，在委员会活动、审议机构、组织架构、人员对接、工作职责和沟通制度等方面形成制度文件，对于落实主体办学、高效推进项目管理起到积极作用。

（5）2018 年 3 月 4 日—13 日，学校 3 名带队老师、25 名学生组成的学生代表团赴马来西亚拉曼大学学院开展了游学交流活动，学生们体验全程动手操作的智慧物联网工作坊、SolidWorks 3D 设计工作坊，与华人学生参与了跨文化交流的趣味英语课程，还学习了旨在培养创新能力的 TRIZ 工作坊。本次赴大马交流是学校第一次大规模组织的学生跨国游学活动，在为同学们提供机会展示综合能力水平的同时，也向世界推出了闪亮的广铁职名片，使学校不断朝

着“全省一流、全国知名、世界接轨”的目标迈开了新的一步。

（6）2018 年 5 月 14 日—15 日，马来西亚拉曼大学学院组织 20 名学生来学校短期交流。学校组织开班仪式，党委副书记马仁听、卓越教育集团、马来西亚拉曼大学学院 20 名短期交流生与带队老师出席。期间学校举办了题为地铁恐袭后的应急处理、中国传统茶文化公开课并带领他们去花都示范园进行为期半天的学习体验，展现了学校与时俱进的教学模式，加强了两校了解和交流。此次短期交流加强了马方师生对中国铁路技术和中国文化的了解。

（7）2018 年 5 月 18 日，在华南“一带一路”轨道交通产交融和联盟成立大会，在中央新疆工作协调小组办公室副主任、教育部原副部长鲁昕，中国—东盟教育周组委会执行秘书长刘宝利，广州市教育局局长樊群的见证下，学校书记雷忠良与拉曼大学学院校长拿督陈泽却、广东卓越前程教育服务有限公司副总裁董炜，签署了《联合办学及东南亚轨道交通职业教育培训基地合作框架协议》；出席会议的还有中国铁路广州局集团有限公司副总经理封力民，广州地铁集团有限公司董事长丁建隆，广州无线电集团有限公司总裁黄跃珍，广州智能装备产业集团有限公司总经理景广军等 17 家企业负责人，北京交通大学、西南交通大学、湖南铁道职业技术学院、广东轻工职业技术学院等 15 所高校负责人共 100 余人参加会议。

（8）2018 年 7 月 26 日—27 日，学校党委书记雷忠良受邀参加了第十一届中国—东盟教育交流周开幕式，并在“第三届中国—东盟轨道交通教育培训联盟年会暨服务‘一带一路’项目推介会”上，发表主题为“东南亚海外办学及轨道交通职业教育培训基地研究与实践”的演讲，分享了学校借力中国—东盟国家轨道交通人才培养联盟平台，充分发挥华南“一带一路”轨道交通职业教育联盟作用，创新二级教学机构办学模式等经验做法。

（9）2018 年 8 月 2 日，学校选派 12 名学生参加马来西亚高校 Solid Works 技能大赛，来自马来西亚莫纳什大学、泰莱大学等 18 所高等院校共 150 多名学生参加了角逐，2016级机械设计与制造专业的陈泽新和机械制造与自动化专业的张铭劲分别夺得大赛的第一名和第二名。这是学校首次参加该类项目的国际竞赛，也是近年来学院在一流校项目国际交流建设和组建华南“一带一路”轨道交通产教融合联盟取得的阶段性成果。

(10) 2018年8月6日—8月10日，学校党委书记雷忠良带队赴马来西亚进行“一带一路”轨道交通产业教育合作交流，与拉曼大学学院、卓越教育集团就马来西亚合作办学、留学生教育教学、马来西亚轨道交通企业员工培训等领域进行了深入探讨与研究。三方走访了中铁海外项目部、马来西亚GAMUDA公司和马来西亚Global Rail公司，调研了马来西亚对轨道交通人才需求及岗位技能要求，对马来西亚轨道交通本土化人才培养途径形成了共识。

(11) 2018年12月14日，拉曼大学学院新任校长李仕伟、副校长谢素娟、会计、金融及商业学院院长王祖国在卓越集团海外项目部总监汪萦华一行的陪同下来学校访问交流。学校党委书记雷忠良主持会议，广州市教育局高教处副处长王桢桢（主持工作）、学校副院长李晓明出席会议，教务处、国际合作学院、电气工程学院、机械与电子学院、机车车辆学院的主要负责人及代表参加会议。双方在联合办学意向上达成高度一致。两校将依托“一带一路”倡议的契机，推动中国高铁人才培养培训标准体系的国际交流，在轨道交通类专业开展联合办学、师生培训和学术交流等方面的合作。

(12) 2019年3月15日—3月22日，学校副校长李晓明率队一行6人赴马来西亚进行“一带一路”轨道交通产业教育合作交流，在前期与其共建轨道交通类工程相关专业合作成果基础上，就铁道机车、城市轨道交通机电技术、动车组检修技术等3个专业的课程体系、教师授课内容与课时、授课场地与方式等马来西亚属地化轨道交通工程人才培养方案的细节进行了确认。与卓越教育集团一起走访了中铁海外项目部，详细了解轨道交通人才需求。

（13）2019 年 4 月 12 日，学校副校长李晓明带队参加“一带一路”铁路国际人才教育联盟第一届校（院）长论坛，围绕国内输出型和沿线本地化两类国际人才培养培训主题进行发言，分享了我院在国际人才培养培训的实践经验，并就联盟统筹资源、出版英语教材、聚焦高质量发展等方面提出了建议。

（14）2019 年 6 月 13 日，在中国驻马来西亚大使馆公使衔参赞、副馆长陈辰，广州市政府副秘书长刁爱林，马来西亚拉曼大学学院董事会主席、前交通部部长拿督斯里廖中莱的见证下，在马来西亚拉曼大学学院，校长马仁听与马来西亚拉曼大学学院校长李仕伟、广东卓越前程教育服务有限公司总裁唐俊京签署《关于举办铁道机车专业专科教育项目协议备忘录》，校长马仁听与马来西亚拉曼大学学院校长李仕伟，分别与马来西亚中车轨道交通装备有限公司总经理吴彬，中铁东方国际集团有限公司人力资源部、党委干部部长秦富华签署《谅解备忘录》，确定校企三方共建轨道交通职业教育培训基地，共享学术知识和行业前沿技术，标志着铁道机车专业马来西亚联合办学及轨道交通职业教育培训基地在马来西亚正式启动。

（15）2019 年 11 日—30 日首批马来西亚 11 名留学生完成注册，3 名专任教师赴拉曼大学学院完成《铁道概论》，建立了海外教学模式：教学备课（Preparation）、课程设计（Course Plan）、过程资产（Process Assets）、考核评价（Performance Evaluation）、学生反馈（Positive Feedback），开启了学校全英海外授课新征程。

（16）2019 年 10 月 13 日—10 月 22 日，学校组织 20 名学生赴拉曼大学学院开展信息技术短期研学项目，通过智能协作机器人、跨文化交流主题、英语能力提升、马来智能智造企业参观学习、马来西亚历史及文化发展等课程，拓宽了视野、优化了知识结构、深化了专业水平。

（17）2020 年 8 月 26 日，中国教育国际交流协会公布了第三批“中国—东盟高职院校特色合作项目”名单，学校“中马校企双主体培育高铁人才海外办学项目”成功入选。此次评选由中国教育国际交流协会主办，落实“中国—东盟双百职校强强合作旗舰计划”，经专家组通信评议、集中评议及公示等流程，全国仅20所高职院校入选。

（18）2020年5月15日，学校铁道机车专业海外办学项目面对突如其来的新冠疫情，专业团队及时调整开展《电力机车结构检修与维护》课程的线上跨境直播授课，开创了后疫情时代“互联网+”线上授课的新常态模式。

（19）2020年7月—10月，学校与拉曼大学学院由线下招生转为线上招生，面向2020级学生开展线上招生宣讲活动，全力做好疫情期间的招生工作，确保在特殊时期招生工作有序开展，第二批招收7名留学生。

（20）2020年10月—2021年3月，学校铁道机车专业海外办学项目教学团队针对2019级开展《电力机车检修基础》和《铁道概论》的线上跨境直播授课，针对2020级开展《动车组机械结构检修与维护》和《汉语课程》的线上跨境直播授课。

二、与白俄罗斯国立交通大学铁道运营管理专业合作办学项目大事记

（1）2017年4月26日—28日，白俄罗斯交通大学副校长卡扎科夫·尼古拉一行来校合作洽谈，双方签署“共建《亚欧高铁合作学院》框架合作协议”，就合作建设亚欧高铁合作学院达成共识，奠定了双方合作基础。

（2）2017年11月23日—25日，校长景广军与白俄罗斯国立交通大学签署《广州铁路职业技术学院与白俄罗斯国立交通大学联合办学合作协议》，确定铁道运营管理为合作办学专业。未来双方将在轨道交通领域开展人才培养、教学研究、教材开发等合作。在白俄罗斯戈梅利举办的第八届国际学术会议上，王亚妮在主论坛“交通安全问题”做了《中国高速铁路安全运输供电技

术》论文宣读，与出席会议的专家学者针对论文研究成果和研究方法进行了交流。

(3) 2018 年 12 月 12 日—12 月 19 日，学校党委副书记马仁听带队赴白俄罗斯国立交通大学和乌克兰国家科学研究院访问交流，代表学校与白俄罗斯国立交通大学签署了《关于落实“白俄罗斯国立交通大学与广州铁路职业技术学院合作协议”的备忘录》，就中外合作办学、学生游学、教师进修、教师访问学者等事项达成共识。

(4) 2019 年 3 月，经过近 3 年的前期工作准备，学校与白俄罗斯国立交通大学签订了中外合作办学协议，并于同年 5 月收到《广东省教育厅关于广州铁路职业技术学院与白俄罗斯国立交通大学合作举办铁道交通运营管理专业专科教育项目的批复》(粤教外函〔2019〕180 号)，同年 9 月收到教育部《关于中外合作办学项目备案编号的复函》(教外司办学〔2019〕2622 号)。

(5) 2019 年 11 月，学校共有 3 个项目获得广东省科学技术厅（广东省外国专家局）广东省海外名师项目立项，其中包括信息工程学院王金兰主持的《中—乌轨道交通信息技术国际科技和教育合作基地》《中—乌信息技术国际联合研发中中心》及运输物流学院朱宛平主持的《中—白轨道交通国际教育和人才培养中心》。建设期内，邀请乌克兰国立技术大学、乌克兰国家科学院控制学研究所和白俄罗斯国立交通大学的 7 位专家学者来我院开展铁道交通前沿领域的学术研讨及独联体国家轨道交通进口设备检测认证（中国）中心的建设。

(6) 2019 年 11 月 21 日，由白俄罗斯驻广州总领事馆主办、广东—独联体国际科技合作联盟和广州铁路职业技术学院协办的“广州铁职院—白俄罗斯国立交通大学”合作办学项目启动仪式及推介会召开。广东省科学技术厅副巡视员何棣华，广州市政协副秘书长王延廷，广州市政协经济委员会主任顾涧清，广州市教育局党组成员、副局长谷忠鹏，广州市白云区政协副主席徐晓兵，白俄罗斯驻广州总领事馆前任总领事巴加诺夫斯基，白俄罗斯驻广州总领事馆现任总领事波波夫，俄罗斯驻广州总领事馆总领事帕什科夫，俄罗斯工业联合会联席主席刘维宁，联盟秘书长郭凤志，广州铁职院党委书记张竹筠、校长马仁听、副校长李晓明出席会议。本次交流会以广州铁职院与白俄罗斯国立交通大学中外合作办学项目的成功获批为契机，旨在促进广东地区政府、中白合作办学者、教育从业者以及专家学者合作交流、分享经验，共同探讨新时代背景下教育科技合作的创新举措，同时服务政府决策、指导办学实践。

（7）2020 年 10 月 12 日，学校与白交大线上视频会议在第一教学楼录播室召开。学校副校长王亚妮，白交大校长尤里·库拉任科、第一副校长尤里·萨莫杜、主管科研副校长亚历山大·埃罗费耶夫、主管教学副校长尼古拉·卡扎科夫，广东—独联体国际科技合作联盟秘书长郭凤志出席会议，国际合作学院、运输物流学院和继续教育学院相关人员参加会议。双方充分肯定近年来卓有成效的互动交流与合作成果，随着合作不断深入，合作方向也由教育教学项目拓展到国际科技合作和国际社会服务。

（8）2020 年 10 月 14 日，学校共有 5 个项目成功入选“海外名师”项目计划，入选数量位居全省同类院校首位。其中，包括《中俄轨道交通国际教育、人才交流和科研合作基地》《中白轨道交通信息技术院士专家工作站》《中白铁道交通运营管理专业技术技能人才联合培养》《高速脉冲液压成型技术交流》《电工机械关键零部件材料选择及使用问题研究》。

（9）2020 年 12 月 4 日，学校和广东轻工职院联合承办广东省“一带一路”职业教育联盟暨华南“一带一路”轨道交通产教融合联盟 2020 年度活动。会上，学校与白俄罗斯国立交通大学、中国中车齐齐哈尔车辆有限公司、广东—独联体国际科技合作联盟共同签署《共建独联体国家轨道交通进口设备检测认证（中国）中心框架合作协议》。本项目创新多元化教育合作机制，探索了高职院校服务“走出去”轨道交通相关企业的新路径。

（10）2020 年 12 月 31 日，学校中外合作办学铁道交通运营管理专业与白俄罗斯国立交通大学举办庆元旦及“俄语语言及文化”课堂互动活动。白方副校长卡扎科夫·尼古拉，留学生学院院长塔季扬娜·芙拉休克，课程授课老师娜塔莉·库拉任科等，中方副校长王亚妮，国际合作学院、运输物流学院相关负责人参与本次活动。此次活动通过线上方式进行，是一个崭新的尝试，做到了线上或线下学习一个样、现场或远程学习一个样，有利于高质量地完成学习任务。

三、与老挝教育与体育部技术与职业教育司合作留学生项目大事记

（1）2016 年 8 月 1 日，校长景广军受组委会邀请在“中国—东盟轨道交通教育培训高峰论坛”发表了题为“聚焦轨道交通发展深化国际交流合作”的引导性发言，学校与老挝教育与体育部技术与职业教育司于中国—东盟教育交流周签订《高等教育合作框架协议》，推动了学校国际合作办学的广泛开展，为学校与老挝教育与体育部联合办学奠定坚实基础的合作基础。

（2）2016 年 11 月 17 日至 19 日，老挝教育与体育部技术与职业教育司 Nouphanh Outsa 司长来访学校，双方共同签订轨道交通教育合作备忘录，双方提出了依托中老铁路建设的契机，在轨道交通类专业开展学生培养、师资培训的初步计划，满足老挝未来铁路人才需求。

（3）2016 年 6 月 27 日—7 月 5 日，学校党委书记雷忠良人赴老挝等国进行轨道交通国际教育合作交流，雷忠良一行先后拜访了有关政府部门、中铁驻有关国家机构及有关企业与万象省技术学院。双方签订《中 – 老轨道交通类专业合作协议书》，就“一带一路”倡议、高铁人才培养、共育轨道交通师资队

伍、优选留学生、开展轨道交通技能培训等工作展开了细致讨论，并达成合作意向。

（4）2017年9月，老挝教育与体育部在万象省四所高职院校（万象省技术学院、巴巴萨技术学院、老德技术学院、理工学院）中选拔了21名专业相关、成绩优秀的学生参加为期半年的汉语学习，并从中推选了19名学生参加最终招生考试。

（5）2018年5月15日，学校相关招生专业带头人和骨干老师与技术与职业教育司共同选拔第一批留学生。经考核和综合评价，录取了18名老挝学生（其中男生15名，女生3名）入读我院铁道供电、铁道机车和铁道交通运营管理3个专业，每个专业6名学生。

（6）2018年上半年，马仁听副书记多次召开相关部门协调会与研讨会，确定以插班形式组织教学，国际合作交流处（国际合作学院）为国际学生归口管理部门，各二级学院为国际学生具体教学组织实施部门，相关职能部门按照趋同化管理的原则，承担各自职责范围内涉及国际学生的事务。

（7）2019年9月5日—9日，学校组织老挝留学生参加第五届东盟留学生汉字听写大赛、“一带一路”暨金砖国家技能发展与技术创新大赛，分获团体优秀奖和三等奖。

（8）2020年6月15日，与老挝国教育与体育部技术与职业教育司合作培养的首批17名老挝来华留学生顺利毕业。他们完成了铁道供电、铁道机车和铁道交通运营管理3个专业的学习，已成为中老铁路技术骨干。这是学校主动对接国家“一带一路”项目建设，特别是“中国高铁走出去”国际化技术技能人才培养培训，推进中国高铁人才培养培训标准国际交流的具体行动，也是华南“一带一路”轨道交通产教融合联盟的重大项目。

（9）2020年11月，9名老挝毕业生就职于中老铁路并成为骨干力量。学生李珂因为综合表现突出，被老中铁路有限公司分到高级班，并荣获全班一等奖学金。

（10）2020 年 8 月，学校紧跟国家防疫布署，积极奉行人类健康共同体理念，与海外各合作伙伴保持紧密联系，并不时伸出援手，表达了守望相助、共同抗疫的决心。学校党委书记张竹筠和校长马仁听的联名慰问信已成功转达留学生并复信。

附录 B　广州铁路职业技术学院国际合作新闻

新闻宣传网站

（1）2020 年 12 月 22 日广东省教育厅官网：广州铁职院获第四届中英“一带一路”国际青年创新创业技能大赛线上决赛二等奖和优秀学生奖。

（2）2020 年 12 月 5 日东方网国际频道：广州铁职院服务“一带一路”，助力轨道交通企业“走出去”。

（3）2020 年 12 月 4 日广东教育头条：广州铁职院服务“一带一路”，助力轨道交通企业“走出去。

（4）2020 年 12 月 4 日网易首页：广州铁职院服务“一带一路”，助力轨道交通企业“走出去”。

（5）2020 年 12 月 4 日潇湘晨报公众号：国际科技合作、对口广州科技合作同获新成果。

（6）2020 年 12 月 4 日广州日报大洋网新闻频道：广东省“一带一路”职业教育联盟 2020 年度活动举行。

（7）2020 年 12 月 4 日广东教育：广东省“一带一路”职业教育联盟暨华南“一带一路”轨道交通产教融合联盟 2020 年度活动举行。

（8）2020 年 12 月 4 日广东教育头条：广州铁职院服务“一带一路”，助力轨道交通企业“走去”。

（9）2020 年 11 月 16 日广东省教育厅官网：广州铁职院获“2020 亚太职业院校影响力 50 强”和“2020 全国职业院校产教融合 50 强”荣誉称号。

（10）2020 年 10 月 15 日中国教育报第 7 版：服务“一带一路”广州铁职

院在行动。

（11）2020 年 10 月 15 日云南网：博采众长、育才献智、合作共赢，助推人类命运共同体建设服务“一带一路”广州铁职院在行动。

（12）2020 年 10 月 13 日高考直通车新媒体矩阵平台：学校共有 5 个项目成功入选“海外名师”项目计划，入选数量位居全省同类院校第一。

（13）2019 年 12 月 30 日广东省教育厅官网：广州铁路职业技术学院获第三届“中英‘一带一路’国际青年创新创业技能大赛”中国区总决赛 2 项二等奖。

（14）2019 年 11 月 22 日中国报道网社会纵横教育栏目：广州铁职院与白俄罗斯合作办学在穗启动。

（15）2019 年 6 月 18 日广东省教育厅官网：老挝巴巴萨技术学院院长一行访问广州铁路职业技术学院。

（16）2019 年 6 月 18 日广东省教育厅官网：广州铁路职业技术学院马来西亚联合办学项目及轨道交通职业教育培训基地正式启动。

（17）2019 年 4 月 14 日历史新知网：中白联合培养轨道交通人才。

（18）2018 年 9 月 21 日广东省教育厅官网：广州铁职院举行首批留学生开学典礼 17 名来自老挝的留学生分别入读 3 个轨道类专业。

（19）2018 年 9 月 21 日广东省教育厅官网：广州铁职院举行首批留学生开学典礼。

（20）2018 年 5 月 19 日搜狐网：卓越教育推动华南“一带一路”轨道交通产教融合。

（21）2018 年 5 月 24 日中国职业技术教育网新闻频道：广州铁路职业技术学院牵头组建华南“一带一路”轨道交通产教融合联盟。

（22）2017 年 7 月 21 日广东省教育厅官网：赞比亚铁路官员研修班来广州

铁路职业技术学院参访交流。

（23）2017 年 4 月 28 日国际在线新闻网：广州与白俄罗斯将共建高铁国际学院。

（24）2015 年 6 月 4 日广东省教育厅官网：广州铁职院应邀参加亚太经合组织（APEC）“职业教育系统开发绿色技能”项目启动会。

参考文献

[1] 郭丹 . 现代化进程中高等教育国际化的价值、需求与实践策略 [J]. 教育理论与实践，2020，40（36）：7-9.

[2] 周浩波，单春艳 . 地方“双一流”建设高校国际化的新起点与新思路 [J]. 中国教研究，2020（12）：69-74.

[3] 郑亚莉，刘仿强，魏吉 .“双高计划”背景下高职院校国际化水平提升的路径研究 [J]. 职教论坛，2020，36（10）：130-135.

[4] 眭依凡 . 转向大学内部治理体系创新：高等教育治理体系现代化的紧要议程 [J]. 教育研究，2020，41（12）：67-85.

[5] 钟秉林 .“十四五”期间我国高等教育发展的基础与关键 [J]. 河北师范大学学报（教育科学版），2021，23（01）：1-8.

[6] 陈佩云 .“一带一路”倡议背景下高职院校的角色定位与责任担当 [J]. 高等职业教育探索，2020，19（02）：16-23.

[7] 段世飞，叶赋桂 . 新阶段、新理念、新格局教育发展战略学术研讨会综述 [J]. 清华大学教育研究，2020，41（06）：143-148.

[8] 2019 年全国教育经费执行情况统计 [EB/OL].（2019）.http：//www.moe.gov.cn/srcsite/A05/s3040/202011/t20201103_497961.html.

[9] 魏崇辉，王岩 . 新时代协商治理：内在机理与基本立场 [J]. 理论与改革，2021（01）：108-118，155.

[10] 王学军 . 我国政府绩效管理的治理转型 [J]. 理论探索，2020（06）：5-13.

[11] 国家信息中心“一带一路”大数据中心 .“一带一路”大数据报告 [M]. 北京：商务印书馆，2018.

[12] 李作聚 . 京津冀协同发展视域下职教联盟的内涵、现状及路径 [J]. 教育与职业，2017（18）：14-19.

[13] 孙永尧 . 公共治理与政府内部控制重构 [J/OL]. 财会月刊：1-10 [2021-02-18]. http：//kns.cnki.net/kc.

[14] NANDAVP.The "Good Governance" Concept Revisited [J].The Annals of the American Academy of Political and Social Science，2006（603）：269-283.

[15] 李营."双高计划"背景下高职技术技能创新服务平台建设的探索与实践[J].广东交通职业技术学院学报，2020，19（04）：66-69，73.

[16] 林红梅.高职院校国际化人才培养路径研究与实践：以广州铁路职业技术学院为例[J].辽宁高职学报，2020，22（07）：10-13.

[17] 刘兴凤，林红梅.高职教育"政校行企盟"协同海外办学模式研究与实践[J].齐齐哈尔大学学报（哲学社会科学版），2020（09）：168-171，177.

[18] 张倩菡，骆秀红."一带一路"倡议下高职院校轨道交通类专业中外合作办学发展的路径研究[J].南方职业教育学刊，2020，10（04）：44-48.

[19] 韩荔.新型国际关系视域下"一带一路"合作机制研究[J].现代职业教育，2020（17）：184-185.

[20] 林红梅，刘兴凤."一带一路"倡议下轨道交通高职院校国际化发展路径探析与实践：以广州铁路职业技术学院为例[J].广东交通职业技术学院学报，2020，19（01）：113-118，128.

[21] 刘兴凤，李营.高职院校治理的VRIO视域：以广州铁路职业技术学院为例[J].南方职业教育学刊，2019，9（04）：13-18.

[22] 刘智焕.基于"一带一路"的广东高职专业建设国际化路径研究：以物流管理专业为例[J].现代职业教育，2019（18）：16-18.

[23] 王向岭."一带一路"倡议下政校行企合作办学体制机制实证研究[J].现代商贸工业，2019，40（06）：131-133.

[24] 刘兴凤.发达国家高职教育的历史变迁对我国高职教育创新发展的启示[J].山东农业工程学院学报，2018，35（12）：184-186.

[25] 刘兴凤.广州与深圳国家示范高职院校内涵建设对比及政府行动策略[J].内蒙古师范大学学报（教育科学版），2018，31（04）：13-20.

[26] 刘兴凤，周天松.高等职业教育战略联盟的形成动机与特征及构建对策[J].职教论坛，2017（27）：45-49.

[27] 胡英芹 .“一带一路”战略下中国铁路职业教育的机遇与挑战：基于耦合理论的分析［J］. 中国职业技术教育，2017（11）：31-35.

[28] 李营，林红梅 . 职业教育开发“绿色技能”的若干思考［J］. 南方职业教育学刊，2016，6（06）：16-21.

[29] 李文山 . 高等教育国际化发展历程、动因及趋势析［J］. 首都师范大学学报（社会科学版），2006（01）：61-64.

[30] 聂伟进 . 高等教育国际化的发展历程及其特征［J］. 理工高教研究，2010，29（03）：71-74.

[31] KNIGHT J.Internationalization of Higher Education：New Directions，New Challenges［R］.2005 IAU Global Survey Report.International Association of Universities，2005.

[32] KNIGHT J.Borderless，Offshore，Transnational and Cross-border Education：Definition and Data Dilemmas［R］.Report for Observatory for Borderless Higher Education,2005.

[33] 陈振明 . 公共管理学［M］. 北京：中国人民大学出版社，2005.

[34] 奥斯特罗姆 . 公共资源的未来：超越市场失灵和政府管制［M］. 郭冠清，译 . 北京：中国人民大学出版社，2015.

[35] 邹东升 . 公共治理视域的欧盟职业教育与培训研究［M］. 广州：世界图书出版广东有限公司，2017.

[36] FEERICKS.EQAVET Indicators'Tollkit［R］.French：2014.

[37] KNIGHT J.Higher Education Crossing Borders：A Guide to the Implications of GATS for Cross Border Education［G］.Commonwealth of Learning and UNESCO，2006.

[illegible]“[illegible]”[illegible]

[illegible] 2013 (01): 31-33.

[8] [illegible]

2013, 6 (06): 16-21.

[9] [illegible]

[illegible], 2006 (05): 61-64.

[10] [illegible], 2010, 2 [illegible]

(05): [illegible]

[11] [illegible] International [illegible] for Higher Education: New Directions, New Challenges [R]. 2005 [illegible] Report [illegible] Association [illegible]

[12] [illegible] Leadership [illegible] Foundations [illegible] [R]. [illegible] Education [illegible]

[13] [illegible]

[illegible]

[14] [illegible]

[illegible]

[15] [illegible] 2010.

[16] [illegible] A Study of the [illegible] Education, [illegible] 2000.